헬로소프트 **이재우** 지음

개정판

생능북스

2장 36페이지 Designed by macrovector / Freepik

2장 37페이지 Designed by Freepik / Freepik

5장 111페이지 Designed by surang from Flaticon

5장 111페이지 Designed by macrovector / Freepik

7장 149페이지 Designed by Freepik / Freepik

8장 166페이지 Designed by wanicon from Flaticon

10장 206페이지 Designed by Eucalyp from Flaticon

11장 234페이지 Designed by rawpixel.com / Freepik

11장 238페이지 Designed by rawpixel.com / Freepik

12장 259페이지 Designed by Pixelmeetup from Flaticon

14장 306페이지 Designed by Flat Icons from Flaticon

15장 335페이지 Designed by freepik / Freepik

15장 339페이지 Designed by studiogstock / Freepik

15장 351페이지 Designed by freepik / Freepik

16장 358페이지 Designed by freepik / Freepik

17장 384페이지 Designed by brgfx / Freepik

17장 384페이지 Designed by pch.vector / Freepik

17장 386페이지 Designed by macrovector / Freepik

18장 409페이지 Designed by macrovector / Freepik

18장 409페이지 Designed by brgfx / Freepik

초판발행 2020년 8월 27일
개정판발행 2022년 12월 4일

지은이 ｜ 이재우
펴낸이 ｜ 김승기
펴낸곳 ｜ ㈜생능출판사 / **주소** 경기도 파주시 광인사길 143
브랜드 ｜ 생능북스
출판사 등록일 ｜ 2005년 1월 21일 / **신고번호** 제406-2005-000002호
대표전화 ｜ (031) 955-0761 / **팩스** (031) 955-0768
홈페이지 ｜ www.booksr.co.kr

책임편집 ｜ 유제훈 / **편집** 신성민, 이종무, 김민보
마케팅 ｜ 최복락, 김민수, 심수경, 차종필, 백수정, 송성환, 최태웅, 명하나, 김민정
인쇄/제본 ｜ 상지사

ISBN 978-89-7050-554-1 93000
값 24,000원

인공지능이 빠르게 세상을 변화시키고 있습니다. 2008년 애플이 최초의 스마트폰 개념의 아이폰을 출시한 이후에 스마트폰을 통해 세상이 변했습니다. 마찬가지로 2016년 딥러닝 기반의 알파고가 이세돌 바둑기사를 이긴 후에 인공지능 기술을 통해 세상이 더 빠르게 변하고 있습니다. 이제는 모든 기업이 자사의 제품과 서비스에 인공지능 기술을 접목하고 있습니다. 세계 각국에서 정부 차원의 인공지능 기술개발과 전문인력 양성을 추진하고 있습니다. 이제 인공지능 기술 수준이 국가경쟁력을 평가하는 중요한 잣대가 되었습니다.

하지만 아직 인공지능과 관련된 교육을 받을 수 있는 기회는 매우 적습니다. 인공지능 기술 자체가 매우 어렵고, 파이썬, 자바와 같은 전문 프로그래밍 언어를 다룰 줄 알아야 하기 때문입니다. 비전공자나 초·중·고등학생들이 쉽게 배울 수 있는 인공지능 교육이 전혀 없었습니다. 그리고 텐서플로와 같은 전문적인 인공지능 플랫폼은 성능은 막강하지만, 모델 학습에 몇 시간에서 며칠의 시간이 걸리기 때문에 60분~90분 안에 수업을 마쳐야 하는 국내 수업환경과는 맞지 않습니다.

이러한 인공지능 교육의 문제를 해결하기 위해 이 책을 출판하게 되었습니다. 이 책은 비전공자와 초·중·고등학생들도 쉽게 배울 수 있고, 이 내용을 가르치는 선생님과 강사의 역량에 맞추어, 주어진 수업시간과 수업환경에서 진행할 수 있는 다양한 인공지능 프로젝트들을 담고 있습니다. 특히 초·중등 교과서에 나오는 '스크래치' 툴을 이용하여 마우스 클릭만으로 누구나 쉽게 프로젝트를 수정하거나 응용할 수 있습니다.

이 책은 총 15가지의 다양한 인공지능 프로젝트를 소개합니다. 각각의 프로젝트에는 주제가 있으며 주제와 관련된 실제 인공지능 제품, 서비스 사례와 참고자료(유튜브 영상)가 제공됩니다. 그리고 실습을 뒷받침해주는 인공지능 관련 이론도 실려있습니다. 모든 프로젝트에는 예제파일, 동영상 강의, 선생님들을 위한 수업용 PPT 파일이 무료로 제공됩니다. 다양한 학습자료를 통해 학생들이 집에서 혼자 학습을 진행할 수도 있고, 학교 또는 학원에서 수업을 진행할 수도 있습니다.

15가지의 프로젝트 이외에도 헬로소프트 홈페이지(http://hellosoft.fun/aiscratch)에서 책에 담지 못한 24가지 이상의 프로젝트를 추가로 무상으로 제공합니다. 모두 합쳐 39가지 이상의 다양한 프로젝트를 제공하므로, 선생님들은 수업 환경과 주제에 맞추어 학습 프로젝트를 선별하고, 학생 맞춤형 수업을 진행하실 수 있습니다.

이 책을 통해서 학생들은 인공지능의 다양한 개념을 쉽게 이해하고 다양한 프로젝트를 통해 인공지능 서비스를 기획하고 개발하는 과정을 실습하게 됩니다. 선생님들은 주어진 수업환경에 맞추어 인공지능 수업을 더욱 쉽고 효율적으로 준비하고 진행할 수 있습니다. 나아가 다양한 전공 분야와 관심사를 가진 학생들이 다양한 산업 분야와 인공지능 기술을 융합하여 새로운 부가가치를 만들어내는 4차 산업혁명 시대의 원동력이 될 수 있기를 희망합니다.

마지막으로 이 책을 빠르게 출판할 수 있도록 도와주신 생능출판사의 김민수 이사님, 유제훈 과장님께 감사드립니다. 그리고 제가 꾸준히 책을 쓸 수 있도록 힘이 되어 준 사랑하는 아내(추경)와 세 아들(시온, 지안, 하진)에게도 감사의 인사를 전합니다.

2020년 8월
이재우 드림

다음 자료들은 헬로소프트 홈페이지(http://hellosoft.fun/aiscratch)에서 확인할 수 있으며, 이 책의 독자에게 모두 무료로 제공됩니다.

❶ 저자의 유튜브 동영상 강의를 제공합니다.

❷ 본문에 들어간 모든 프로젝트의 예제 파일을 제공합니다.

❸ 책에 수록된 15가지 프로젝트와는 별도로, 24가지 이상의 프로젝트를 제공합니다.

❹ 선생님들을 위한 강의용 PPT와 강의계획서(예시)를 제공합니다.

추가 프로젝트 안내 ★★★★★★★★★★★★★★★★★★★★★★★★★★★★★★★★★

헬로소프트 홈페이지(http://hellosoft.fun/aiscratch)에서 책에 담지 못한 24가지 이상의 프로젝트를 무상으로 제공합니다. 프로젝트별 수업지도안, 교재, 예제파일, 동영상 강의가 무료로 제공됩니다. 웹캠, 마이크, 스피커를 활용한 인터렉티브한 프로젝트도 준비되어 있습니다.

번호	프로젝트명	프로젝트 설명	이미지
1	**스마트 교실** [초급] 텍스트 인식, 자연어 처리, 스마트 어시스턴트, 첫 프로젝트	인공지능 모델에게 "선풍기 켜", "선풍기 켜줘", "너무 더워" 처럼 선풍기와 조명을 켜고 끄기 위한 다양한 명령어를 학습시킵니다. 학습된 인공지능 모델에게 기존에 없던 새로운 명령어를 입력하여 조명과 선풍기를 제어할 수 있는지 살펴봅니다.	
2	**좋은말 나쁜말** [초급] 텍스트인식, 자연어 처리, 욕설방지, 스프라이트 그리기	인공지능 모델에게 "좋아해", "싫어해", "고마워" 등등 일상생활에서 사용하는 좋은 말과 나쁜 말을 구분하여 학습시킵니다. 학습된 인공지능 모델은 새로운 문장을 좋은 말과 나쁜 말로 분류할 수 있고, 결과에 따라 표정을 변화시킵니다.	
3	**같은 카드 맞추기** [초급] 이미지인식, 이미지 분류, 카메라 게임	인공지능 모델에게 4가지 카드 사진을 학습시킵니다. 컴퓨터가 카드를 랜덤하게 고른 후, 웹캠으로 사용자의 카드를 촬영합니다. 학습된 인공지능 모델이 카드의 모양을 인식하여 같은 모양의 카드가 나오면 "맞춤!"이라고 표시합니다(웹캠 필수).	

번호	프로젝트명	프로젝트 설명	이미지
4	**카멜레온 위장술** [초급] 이미지인식, 이미지분류, 색상감지, 카메라 인터렉티브	인공지능 모델에게 3가지 색상의 여러 가지 물건 사진을 학습시킵니다. 웹캠으로 특정한 색상의 물건을 보여주면 화면상의 카멜레온이 비슷한 색상으로 모양을 바꿉니다(웹캠 필수).	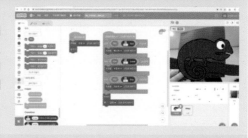
5	**타이타닉 생존여부** [초급] 숫자인식, 현실기반, 의사결정트리, 예측모델	인공지능 모델에게 712명의 타이타닉 승객 데이터(생존 여부, 성별, 나이, 가족, 티켓 등)를 학습시킵니다. 이후 영화 '타이타닉'(1997)의 주인공 정보를 입력하여 생존 여부를 예측합니다.	
6	**주소 자동 분류** [초급] 이미지인식, 광학문자판독(OCR), 손글씨, 사진 분류	인공지능 모델에게 "서울", "부산", "광주"라고 쓴 손글씨를 학습시킵니다. 학습된 인공지능 모델이 스크래치의 손글씨를 인식하여 택배를 해당 지역의 택배 트럭으로 이동시킵니다.	
7	**사진 자동 분류** [초급] 이미지인식, 사진분류, 구글이미지검색, 다양한 응용	인공지능 모델에게 구글 이미지에서 가져온 자동차와 컵 사진을 각각 10장씩 학습시킵니다. 학습된 인공지능 모델에게 22장의 사진을 입력하면 스스로 판단하여 사진을 화면의 좌우 방향으로 자동 분류하여 배치합니다.	
8	**얼굴인식 잠금해제** [중급] 이미지인식, 얼굴인식, 피규어 대체, 모바일 화면	인공지능 모델에게 웹캠으로 촬영한 내 얼굴과 다른 사람의 얼굴 사진을 학습시킵니다. 학습된 인공지능 모델에게 웹캠 사진을 보여주어 내 얼굴인지 판단하게 합니다. 만약 내 얼굴로 인증되면 화면에 "잠금해제"라고 표시합니다(웹캠 필수).	

추가 프로젝트 안내

Artificial Intelligence
SCRATCH

번호	프로젝트명	프로젝트 설명	이미지
9	**뉴스섹션 분류** [중급] 텍스트인식, 자연어 처리, 텍스트분류, 섹 션선택, 24강 연계	포털의 뉴스는 섹션(정치, 경제, 사회, 생활/문화, 세계, IT/과학)별로 분류되 어 제공됩니다. 인공지능 모델에게 다 양한 섹션의 뉴스 기사 제목을 학습시 킵니다. 새로운 뉴스 기사 제목을 입 력하면 자동으로 분류해 줍니다.	
10	**부끄럼쟁이 판다** [중급] 이미지인식, 카메라 인터렉티브, 동작인 식, 사진분류	인공지능 모델에게 눈을 손으로 가 린 얼굴 사진과 가리지 않은 얼굴 사 진을 웹캠으로 촬영하여 학습시킵니 다. 학습된 인공지능 모델에게 웹캠 으로 내 얼굴을 보여줍니다. 손으로 눈을 가리면 판다가 춤을 추다가 손 을 떼면 판다가 부끄러운 표정을 짓 습니다(웹캠 필수).	
11	**외계언어 마스터** [중급] 소리인식, 2초 녹음, 실시간 훈련, 인터렉 티브	나만의 외계 언어로 "왼쪽으로 이 동", "오른쪽으로 이동"을 뜻하는 소 리를 만듭니다. 마이크를 이용하여 인공지능 모델에게 두 외계 단어를 학습시킵니다. 마이크로 외계 언어 를 말하면, 이를 판단하여 귀여운 외 계인을 이동시킵니다(마이크 필수).	
12	**인공지능 팩맨** [중급] 숫자인식, XY좌표, 인공지능 게임, 강화 학습 모델	고스트를 피해다니는 팩맨 게임이 준비되어 있습니다. 우리가 게임을 플레이하면 팩맨과 고스트의 현재 위치(좌표)에 따라 팩맨의 이동 방 향이 인공지능 모델에게 학습시킵니 다.학습된 인공지능 모델이 자동으 로 팩맨을 조종하여 고스트를 피해 다닙니다.	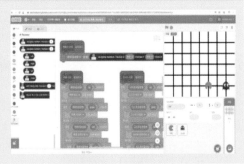

번호	프로젝트명	프로젝트 설명	이미지
13	**올빼미 해설사** [중급] 텍스트인식, 자연어처리, 주제분류, 채팅로봇	인공지능 모델에게 올빼미와 관련된 5가지 주제(먹이, 수명, 지역, 종류, 크기 등)에 해당하는 질문을 학습시킵니다. 우리가 올빼미에게 여러가지 질문을 입력하면 학습된 인공지능 모델이 질문의 주제를 파악하여 준비된 답변을 말해줍니다.	
14	**좀비호텔 탈출** [중급] 숫자인식, 센서선택, 게임인공지능, 예측모델, 강화학습	여러분은 로봇과 센서를 이용해 좀비 호텔을 탈출해야 합니다. 어떤 방에 좀비가 있는지 예측하기 위해 센서를 선택하고 인공지능 모델을 학습시킵니다. 학습된 인공지능 모델은 센서 값을 이용하여 좀비가 없는 방을 예측하고 추천해 줍니다.	
15	**사이버 펫** [중급] 이미지인식, 행동감지, 사진분류, 카메라 인터렉티브	사이버 펫은 가상의 애완동물입니다. 3가지 감정 지수(슬픔, 목마름, 배고픔)를 가지고 있으며, 시간이 지날수록 지수가 커집니다. 사이버 펫을 보살피기 위해 우리는 웹캠으로 '음식', '물', '사랑'과 관련된 행동을 보여줍니다(웹캠 필수).	
16	**나들이 추천앱** [중급] 텍스트인식, 자연어처리, 주제분류, 학습편향, 추천모델	나들이 추천 앱은 사람들의 관심사에 맞추어 최적의 장소를 추천해주는 앱입니다. 인공지능 모델에게 박물관, 테마파크, 미술관, 체육관과 관련된 질문을 학습시킵니다. 사람들이 입력한 질문을 바탕으로 적절한 나들이 장소를 선택하여 지도 화면에 표시합니다.	

추가 프로젝트 안내 | Artificial Intelligence SCRATCH

번호	프로젝트명	프로젝트 설명	이미지
17	**음성 스파이 코드** [고급] 소리인식, 2초녹음, 실시간훈련, 인터렉티브	인공지능 모델에게 음성으로 "호텔", "교회", "경기장", "주유소"와 관련된 스파이 암호 코드를 학습시킵니다. 학습된 인공지능 모델은 마이크로 입력된 음성을 분석하여 화면상의 스파이를 해당 장소로 이동시킵니다(마이크, 스피커 필수).	
18	**웹캠 가위바위보** [고급] 이미지인식, 사진분류, 게임, 카메라 인터렉티브	인공지능 모델에게 웹캠으로 촬영한 가위, 바위, 보 손 모양을 학습시킵니다. 학습된 인공지능 모델은 웹캠으로 입력된 손 모양을 판단하여 가위바위보를 판별합니다. 웹캠으로 컴퓨터와 가위바위보 게임을 진행합니다(웹캠 필수).	
19	**책 표지 분류** [고급] 이미지인식, 사진분류, 인터넷 서점, 분야선택	책은 분야에 따라 비슷한 표지를 가지고 있습니다. 인공지능 모델에게 분야별 책 표지 이미지를 학습시킵니다. 새로운 책 표지 이미지를 보여주고, 사람과 컴퓨터가 책의 분야를 각각 맞추는 게임을 제작합니다.	
20	**숨은 캐릭터 찾기** [고급] 이미지인식, 물체탐지, 구역분할, 랜덤그림생성, 월리를 찾아라	인공지능 모델로 배경 속에 숨어 있는 캐릭터를 자동으로 찾아냅니다. 다양한 배경과 10개의 캐릭터를 이용하여 숨은 캐릭터 찾기 그림을 만들어 냅니다. 구역을 나누어 인공지능 모델을 학습시키면 새로운 그림 속에서 캐릭터의 위치를 찾아 냅니다.	

번호	프로젝트명	프로젝트 설명	이미지
21	**잉크 반점 심리검사** [고급] 이미지인식, 이미지 분류, 사이코패스, MIT 연구 프로젝트	두 대의 서로 다른 인공지능 모델을 학습시킵니다. 하나는 과일을, 하나는 동물을 그림 속에서 인식할 수 있도록 학습시킵니다. 추상적인 잉크 반점 그림을 보여주고 두 모델의 대답을 서로 비교합니다. 이것은 실제 인공지능 연구과제를 응용한 것입니다.	
22	**트위터 여론 조사** [고급] 텍스트인식, 자연어 처리, 실시간 트윗 데이터, 감성분석	트위터의 최신 트윗 메시지를 긍정적인 글과 부정적인 글, 중립적인 글로 학습시킵니다. 이후 특정 키워드의 최신 트윗 20개를 불러온 후 메시지의 긍정, 부정, 중립 감성을 조사하여 결과를 그래프 형태로 화면에 표시합니다.	
23	**인공지능 틱택토** [고급] 숫자인식, 게임 인공지능, 예측모델, 강화학습	틱택토는 3X3의 칸에서 먼저 빙고를 만들면 이기는 삼목 게임입니다. 간단한 알고리즘을 가진 컴퓨터와 게임을 하면서 인공지능 모델에게 플레이 사례를 학습시킵니다. 게임을 진행할수록 인공지능 모델의 실력이 향상되어 결국 사람을 이길 수 있게 됩니다.	
24	**학습모델 성능테스트** [고급] 텍스트인식, 자연어 처리, 9강 연계, 성능테스트	'9번. 뉴스섹션 분류' 프로젝트에서 모델의 성능테스트를 추가로 다룬 심화 과정입니다. 인공지능 학습모델이 뉴스 제목을 섹션별로 자동분류 하도록 학습시킵니다. 간단한 테스트 도구를 만들어 모델의 성능을 테스트합니다.	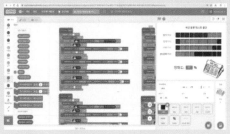

추가 프로젝트 안내

Artificial Intelligence
SCRATCH

선생님들을 위한 팁 ★★★★★★★★★★★★★★★★★★★★★★★★★★★★★★★

선생님들은 다음과 같은 강의계획서를 활용하여 다양한 교육기관(학교, 방과후교실, 영재학급, 청소년수련관, 도서관 등)에서 인공지능 교육 프로그램을 진행하실 수 있습니다.

강의계획서(예시)

강좌명	스크래치를 이용한 인공지능 프로젝트(실제 인공지능 활용 사례를 활용한 모델 학습과 AI 서비스 제작)	강사명	이재우 (주)헬로소프트 대표
대상	초등/중등/고등학생 및 IT 비전공 대학생	교육 기간	최대 39차시 / 60분~90분
준비물	컴퓨터 또는 노트북	교재	인공지능 with 스크래치
강좌 소개	학생들에게 친숙한 스크래치 툴에 IBM의 인공지능 API를 결합하여 다양한 인공지능 프로젝트를 제작합니다. 학생들이 직접 데이터를 수집하고 인공지능 모델을 다양한 유형(텍스트, 이미지, 웹캠, 숫자, 소리, 마이크)으로 학습시킵니다. 학습된 인공지능 모델을 이용하여 실생활에 사용되고 있는 다양한 인공지능 서비스를 직접 제작합니다. 초중등 교과서에 나오는 스크래치는 마우스 클릭으로 명령어 블록을 레고처럼 조립하여 캐릭터를 조작하는 교육용 프로그래밍 언어로, 타자를 못 치거나 코딩을 전혀 모르는 학생들도 교육을 받을 수 있습니다. 대부분 프로젝트는 일반 PC 및 노트북으로 수업이 가능하며, 부가적으로 웹캠, 마이크, 스피커를 활용할 경우 좀 더 흥미 있는 인터렉티브 프로젝트를 진행할 수 있습니다. 인공지능의 개념과 이론을 담은 단행본 교재뿐만 아니라 웹사이트에서 무상으로 제공되는 교재 파일을 이용하여 교육 후에도 학생들이 집에서 혼자 39가지 프로젝트를 무료로 제작할 수 있습니다. 프로젝트별 예제파일과 무료 동영상 강의가 제공됩니다. 다양한 인공지능 프로젝트를 이용하여 기계학습(Machine Learning)과 인공지능(AI)의 개념을 쉽게 학습할 수 있는 실용적인 교육 과정입니다. 인공지능 모델을 어설프게 흉내 내는 것이 아니라, 전 세계적으로 널리 사용되는 인공지능 API 기술을 이용하여 높은 성능의 인공지능 모델을 직접 제작합니다.		
차시	강의 내용		비고

1차시	• 인공지능(AI) 이론
	  – 인공지능의 개념과 종류
	  – 인공지능의 역사, 필요성, 개발 방법
	  – 인공지능 학습의 방식
	• 회원가입 및 기초 사용법
	  – IBM 사이트 가입 및 API 발급(무료)
	  – Machine Learning for Kids 사이트 가입(무료)
	  – 스크래치 기본 사용법 안내
	• 스마트홈 프로젝트 제작
	  – AI스피커를 이용해 TV와 선풍기를 제어하는 인공지능 모델 제작
			• PPT와 동영상을 이용한 이론 학습
			
			• 스크래치를 이용한 프로젝트 제작

차시	강의 내용	비고

2~39차시	• 인공지능 모델 학습 및 스크래치 프로젝트 제작
	  – 단행본 교재(15개)와 사이트(24개)에서 제공하는 프로젝트 제작
	  – 프로젝트별 수업지도안, 교재, 예제파일, 동영상 강의 제공
	  – 상세한 안내로 초등학생도 쉽게 수업이 가능
	
	• 텍스트 인식 프로젝트(14개)
	학생들은 텍스트(문장) 형태의 데이터를 수집하고 분류하여 인공지능 모델을 학습시킵니다. 학습된 인공지능 모델은 새로운 문장의 구조와 단어를 분석하고 분류합니다. 인공지능 모델의 인식결과를 이용하여 인공지능 스피커, 챗봇, 주제 분류, SNS 감성분석, 대화분석 등의 14가지 스크래치 프로젝트를 제작합니다.
	
	• 이미지 파일 인식 프로젝트(11개)
	학생들은 웹사이트에서 이미지 파일을 수집하고 인공지능 모델을 학습시킵니다. 학습된 인공지능 모델은 이미지 파일의 영역별 색상 패턴을 분석하고 분류합니다. 인공지능 모델의 인식결과를 이용하여 책 표지 인식, 잡초 인식, 캐릭터 찾기, 광학문자인식(OCR), 지능형 CCTV 등의 11가지 스크래치 프로젝트를 제작합니다.
	
	• 숫자(통계) 인식 프로젝트(7개)
	학생들은 인터넷에서 통계 수치를 수집하거나, 게임을 직접 플레이하며 인공지능 모델을 학습시킵니다. 학습된 인공지능 모델은 새로운 데이터의 특성을 의사결정모형으로 분석하고 결과를 예측합니다. 인공지능 모델의 인식결과를 이용하여 통계적 예측, 게임 인공지능 등 7가지 스크래치 프로젝트를 제작합니다.
	
	• 웹캠 사진 인식 프로젝트(5개)
	학생들은 웹캠을 이용해 사진을 찍어 인공지능 모델을 학습시킵니다. 학습된 인공지능 모델은 새로운 웹캠 사진을 분석하고 분류합니다. 인공지능 모델의 인식결과를 이용하여 안면 인식, 사물 인식, 손동작 인식 등 5가지 스크래치 프로젝트를 제작합니다.
	
	• 마이크 소리 인식 프로젝트(2개)
	학생들은 마이크를 통해 음성이나 소리를 녹음하여 인공지능 모델을 학습시킵니다. 학습된 인공지능 모델은 마이크를 통해 주변 소리를 분석하고 분류합니다. 인공지능 모델의 인식결과를 이용하여 음성인식, 캐릭터 조종 등 2가지 스크래치 프로젝트를 제작합니다.
		체험 방식의 프로젝트 제작

선생님들을 위한 팁 | Artificial Intelligence
SCRATCH

목차

1편 인공지능 스크래치 기초

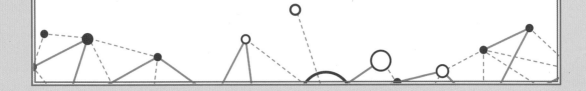

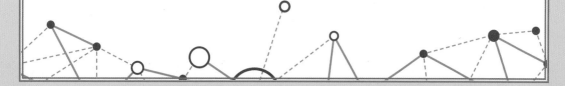

차례 | Artificial Intelligence SCRATCH

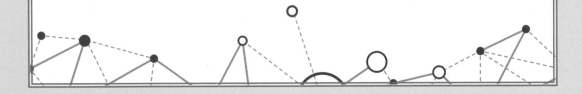

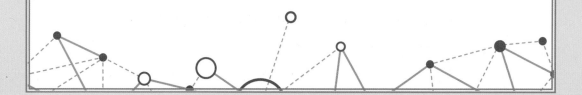

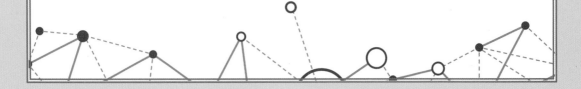

1편
인공지능 스크래치
기초

인공지능 스크래치 프로젝트를 만들기 전에 미리 준비할 것들이 있습니다.
1편은 인공지능 스크래치 학습을 진행하기 전에 미리 해야 할 작업들을 소개합니다.
인공지능에 대한 기초 지식을 학습합니다. 그리고 프로젝트를 만들기 위한 계정을 만들고,
간단하게 스크래치 사용법도 알아봅니다.

학습목차

1장
인공지능 기초 학습

동영상 강의 http://hellosoft.fun/bookais01

1. 인공지능이란 무엇인가요?

'인공지능'에 대한 정의는 다양합니다. 우선 인공지능(Artificial Intelligence)이라는 용어는 1956년에 처음 사용되었습니다. 미국의 컴퓨터 과학자이자 인지 과학자였던 존 매카시(John McCarthy, 1927~2011) 박사는 1955년에 처음으로 인공지능이라는 용어를 만들었고, 이듬해 1956년에 다트머스 학술회의를 개최하고 참석자들에게 인공지능 연구를 시작하자고 설득했습니다. 이후 이 다트머스 학술회의에 참석했던 10여 명의 연구자가 인공지능 연구의 선구자가 되었습니다.

컴퓨터 과학에서 인공지능은 '인지' 또는 '학습'처럼 인간의 지적 능력을 '컴퓨터를 이용해 구현하는 지능'을 의미합니다. 쉽게 말해 컴퓨터로 인간의 지능을 흉내 내는 것입니다.

그렇다면 컴퓨터가 인공지능을 가졌는지 어떻게 판단할까요? 1950년에 앨런 튜링이 제안한 '튜링 테스트'가 있습니다. 완전히 분리된 방에 있는 참여자(C)가 컴퓨터(A)와 사람(B)에게 글을 통해 질문하고

인공지능의 아버지 존 매카시

답변을 얻은 후 누가 컴퓨터인지 찾아내는 테스트입니다.

이 테스트는 인공지능이 무엇인지 명확하게 정의하고 인공지능의 기준선을 정하는 대신, 인간이 보기에 인간 같다면 인간의 지능을 가지고 있는 것으로 간주하자는 제안이었습니다.

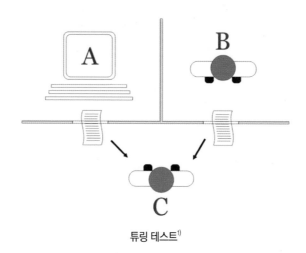

튜링 테스트[1]

인공지능의 범위에 대해 살펴보겠습니다.

넓은 의미에서 인공지능은 '사람의 지능을 구현'하는 모든 시스템을 뜻합니다. 하지만 좁은 의미에서는 스스로 학습(머신러닝, 딥러닝)하고 판단(분류, 예측, 추천, 선택 등)할 수 있는 시스템을 의미합니다.

인공지능의 범위는 구현하는 방식에 따라서 크게 세 가지로 나누어 얘기할 수 있습니다. 우선 '규칙기반'과 '학습기반'으로 나눌 수 있습니다.

---

1) 출처 : 위키백과(https://en.wikipedia.org/wiki/Turing_test)

인공지능 기초 학습 1장 | Artificial Intelligence SCRATCH

인공지능의 범위

1 규칙기반 인공지능

규칙기반 방식은 전문성을 가진 개발자가 정교한 규칙을 이용해 프로그램을 만드는 방식입니다. 새로운 문제가 입력되면 정해진 규칙에 따라 작동한다는 것이 일반적인 프로그램과 차이가 없지만, 규칙을 매우 정교하게 만들면 마치 인공지능을 가진 것처럼 보일 수 있습니다. 규칙기반은 넓은 의미의 인공지능에 포함됩니다.

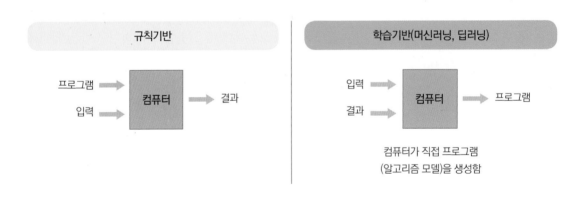

규칙기반과 학습기반의 차이점

규칙기반 인공지능도 높은 성능을 낼 수 있습니다. 1997년 체스 세계챔피언을 이겼던 IBM의 딥블루 컴퓨터와 한글 맞춤법 검사기 중에 가장 좋은 평가를 받고 있는 부산대 맞춤법 검사기가 규칙기반의 방식으로 만들어진 인공지능입니다.

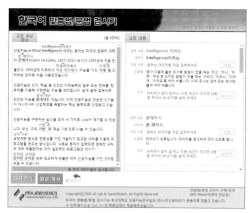

| IBM 딥블루 | 부산대 맞춤법 검사기 |

② 머신러닝

반대로 학습기반 방식은 개발자가 프로그램을 짜지 않습니다. 대신에 다양한 입력과 출력 사례를 입력합니다. 컴퓨터는 입력된 훈련 데이터를 이용하여 스스로 프로그램(알고리즘)을 만듭니다. 그리고 새로운 입력값이 들어오면 스스로 만든 프로그램에 따라 작동하여 결과를 출력합니다. 머신러닝이 좁은 의미의 인공지능에 해당합니다.

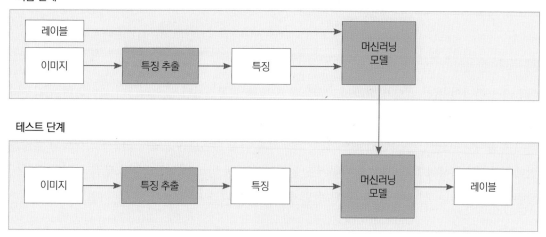

머신러닝 이미지 분류모델의 제작 단계

인공지능 기초 학습 1장 Artificial Intelligence SCRATCH

이렇게 컴퓨터가 스스로 학습하는 기술을 '머신러닝'(기계학습)이라고 부릅니다. 머신러닝을 통해 컴퓨터는 스스로 프로그램을 만듭니다. 그리고 만들어진 프로그램을 이용해 다시 훈련 데이터를 테스트하고 프로그램의 성능을 검증합니다. 훈련 데이터가 많을수록 컴퓨터의 성능이 높아집니다.

머신러닝 기술이 등장한 시기에는 컴퓨터의 처리 속도가 지금처럼 빠르지 않았습니다. 그래서 컴퓨터에 데이터를 입력하기 전에 미리 목적에 맞게 정형화하는 작업이 필요했습니다. 사람이 컴퓨터의 학습에 관여하면서 컴퓨터의 학습 부담은 줄어들었지만, 완전히 독립된 학습은 아니었습니다.

머신러닝 방식의 인공지능에는 우리가 책에서 사용하는 IBM의 왓슨 어시스턴트(챗봇), 쇼핑몰에 방문 후에 나타나는 맞춤형 광고, 구글의 검색엔진, 넷플릭스의 추천 서비스 등이 있습니다.

IBM 왓슨 어시스턴트

넷플릭스 추천 알고리즘

❸ 딥러닝

이후에 컴퓨터의 처리 속도가 빨라지고 두뇌를 모방한 인공신경망 알고리즘이 나타나면서 컴퓨터는 사람의 도움 없이 더 많은 데이터를 학습할 수 있게 되었습니다. 이러한 방식을 딥러닝 방식이라고 부릅니다. 딥러닝은 사람의 관여 없이 스스로 학습할 수 있으며, 인터넷에서 정형화되지 않은 빅데이터를 수집하여 학습합니다. 이렇게 만들어진 딥러닝 방식의 인공지능 모델은 다양한 분야에 활용이 가능합니다. 딥러닝은 머신러닝과 별개의 것이 아니라 머신러닝의 한 분야입니다.

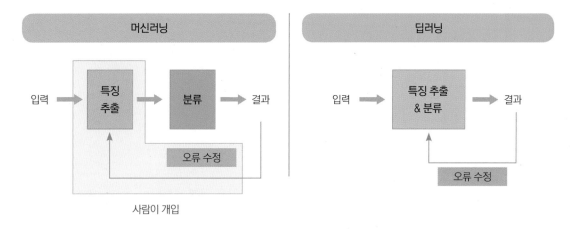

머신러닝과 딥러닝의 차이점

대신 딥러닝 학습에는 엄청난 시간, 높은 성능의 하드웨어, 방대한 데이터가 필요합니다. 예를 들어, 알파고는 1,920개의 CPU와 280개의 GPU를 사용했으며, 이세돌과의 대결을 앞두고 7개월 동안 학습을 했습니다. 이미지 분류를 인공지능 모델을 만들 때, 머신러닝 방식은 분류당 10 장의 이미지가 필요하지만, 딥러닝 방식은 일반적으로 분류당 5,000장의 이미지가 사용됩니다. 딥러닝 방식의 인공지능에는 알파고, 구글의 인공지능 포토샵 딥드림, 페이스북의 페이스 태깅 기 술 등이 있습니다.

구글 딥드림

페이스북 페이스 태깅

인공지능 기초 학습 1장 Artificial Intelligence SCRATCH

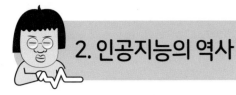

2. 인공지능의 역사

이번에는 간단히 인공지능의 역사와 전망에 대해 알아보겠습니다.

1 인공지능 개념의 정립 및 황금기

인공지능에 대한 개념이 1956년 다트머스 학술회의에서 처음 등장했습니다. 이후 1974년까지를 인공지능 연구의 황금기라고 부릅니다. 새로운 연구 분야에 미국 정부 기관은 막대한 예산을 투자했고 이때 연구자들은 탐색 추리, 자연어 처리 등의 인공지능과 관련된 역사적인 기술을 개발했습니다.

2 1차 암흑기

하지만 70년대에 이르러 정부의 막대한 투자에도 컴퓨터의 처리 속도 한계 등으로 연구 성과가 나타나지 않자 인공지능은 비판의 대상이 되었습니다. 덕분에 재정적 지원이 사라져 많은 연구가 강제로 중지되었습니다.

3 전문가 시스템의 붐

이후 1980년대에 다시 '전문가 시스템'이라고 불리는 인공지능 프로그램이 주목받기 시작하면서 붐이 일었습니다. 전문가 시스템은 특정한 지식 범위 안에서 문제를 해결해 주거나 질문에 대답을 해주는 프로그램이었습니다. 많은 분야에서 전문가 시스템이 사용되었습니다.

4 2차 암흑기

하지만 뜻밖에도 1987년 애플과 IBM이 출시한 데스크톱 컴퓨터의 성능이 너무 뛰어난 것이 문제가 되었습니다. 당시 전문가 시스템은 구축과 유지비용이 훨씬 비싼데도 데스크톱 컴퓨터보다 성능이 낮았습니다. 이에 대한 부정적인 시각으로 다시 인공지능에 대한 투자가 사라져 버렸습니다. 이때를 인공지능의 겨울이라고 부릅니다.

5 인공지능의 부흥기

그 이후 인공지능은 데이터가 축적되고, 하드웨어의 성능이 향상하고, 딥러닝 알고리즘의 진화하면서 다시 부흥기를 맞고 있습니다. 1997년에는 IBM의 딥블루가 당시 세계 체스 챔피언을 이겼고 2011년에는 IBM의 왓슨이 미국의 TV 퀴즈쇼 〈제퍼디!〉에서 우승했습니다. 특히 2016년 구글의 알파고가 바둑에서 이세돌에게 4승 1패로 승리하면서 전 세계인들이 인공지능 기술의 발전에 큰 관심을 가지게 되었습니다.

6 인공지능의 발전 전망

이제 인공지능 기술은 과학자들만의 연구 분야가 아닙니다. 현재 많은 국가에서 정부 차원의 투자를 통해 인공지능 핵심기술을 개발하고 전문 인력을 양성하고 있습니다. 향후에는 초소형 AI칩이 상용화되어 웨어러블 같은 초소형 장치에도 인공지능이 구현될 것으로 보입니다. 그리고 고도화된 뇌 연구를 바탕으로 현재의 딥러닝 기반 인공지능의 한계를 뛰어넘는 차세대 알고리즘이 나타날 것입니다. 인공지능의 발전속도는 점차 가속화되어, 향후 10여 년간의 변화가 인공지능 탄생 이후 현재까지 60년의 변화를 뛰어넘을 것으로 예상되고 있습니다.

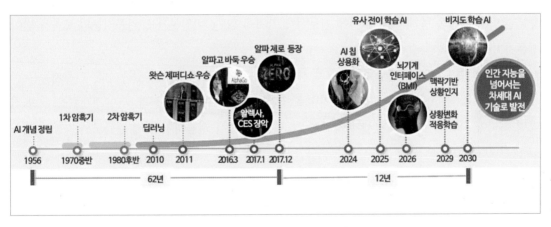

인공지능 기술의 역사와 발전 전망[2]

---

2) 출처: 과학기술정보통신부

인공지능 기초 학습 1장 | Artificial Intelligence SCRATCH

3. 인공지능의 필요성

인공지능은 왜 만들어졌고 계속해서 개발하고 있는 것일까요? 인간은 자신을 닮은 무언가를 창조하고자 하는 욕구를 가지고 있었던 것으로 보입니다. 고대 신화에서 등장하는 신들은 인간의 모습을 닮고 있습니다. 인공지능은 이미 수천 년부터 고대 신화, 전설에서부터 찾아볼 수 있으며 여러 문학작품에서도 나타납니다.

그리스 신화에서 대장장이의 신 헤파이스토스가 만든 청동 거인 '탈로스'는 자율적으로 크레타섬을 하루 세 번 순찰하며 침입자를 막는데, 이는 최초의 인공지능을 가진 로봇으로 볼 수 있습니다. 우리가 잘 아는 피노키오도 나무 인형이지만 인간의 지능과 감정을 가지고 있습니다.

또한 우리가 인공지능을 개발하는 이유 중의 하나는 사람이 하기 싫어하는 일, 즉 어렵거나 위험하거나 더러운 일을 사람처럼 대신할 수 있는 기계를 만들기 위해서입니다. 인공지능은 이제까지 사람이 직접 해야 했던 많은 일들을 최소화하거나 대신해 주고 있습니다.

또 기존에 전문가만 할 수 있었던 일을 비전문가도 할 수 있도록 도와주고 있습니다. 인공지능이 충분한 반복 학습을 통해 특정 분야에 전문성을 가지게 되면, 비전문가도 인공지능의 도움을 받아 전문가처럼 일을 해낼 수 있습니다.

2016년 이후 인공지능은 국가 차원의 4차 산업 핵심 동력으로 인식되고 있습니다. 인공지능은 미래의 경제와 사회 전반을 혁신할 근본 기술로 평가받고 있으며, 삶의 질과 국가 경쟁력을 위한 전략적 기술이 되었습니다. 현재 세계 각국이 인공지능 산업을 선점하기 위해 대규모 투자를 진행하고 있습니다.

우리나라 정부는 2018년 인공지능 R&D 전략을 수립하고 인공지능 기술개발과 인재양성에 적극적으로 투자하고 있습니다.

세계적 수준의 인공지능 기술력 및 R&D 생태계 확보
- 향후 5년간('18~'22) 2.2조원 투자 -

▌전략목표('22)

 세계 4대
AI강국 도약

우수 인재
5천여명 확보

AI 데이터
1.6억여건 구축

범용 : 1.1억건 산업 : 4.8천만건
* 한국어 이해 : 152.7억 어절

▌투자 방향

| 민간 투자가 어려운 공공영역과 고위험·차세대 기술 분야 집중 | 민간 경쟁력이 있는 분야에 대한 초기시장 창출 지원 |

2018 인공지능 R&D 전략 비전[3]

4. 인공지능 제작 방법

인공지능은 어떻게 만들 수 있을까요? 당연히 컴퓨터 프로그래밍을 통해 만들어집니다. 인공지능의 연구가 처음 시작된 1960대에는 'LISP'라는 프로그래밍 언어가 많이 사용되었습니다. 최근에는 파이썬, 자바, C++, R, LISP, Prolog 등의 다양한 프로그래밍 언어를 사용할 수 있습니다.

인공지능을 만든다는 것은 '인공지능 플랫폼'을 만드는 것과 '인공지능 서비스'를 만드는 것으로 구분할 수 있습니다.

---

3) 출처: 과학기술정보통신부

인공지능 기초 학습 **1장** | Artificial Intelligence
SCRATCH

인공지능 플랫폼의 구성[4]

인공지능 플랫폼은 인공지능의 핵심기술(머신러닝, 시각, 청각, 언어 지능, 지능형 에이전트 등)을 이용하여 인공지능 서비스를 만들어 내는 시스템입니다. 인공지능 서비스를 제공하기 위해서는 대량의 데이터를 학습할 수 있는 클라우드 서버 및 고성능 컴퓨터 인프라도 필요합니다. 따라서 인공지능 플랫폼은 개인이 만들 수 없습니다. 대부분 거대 IT기업들이 인공지능 플랫폼을 만들고 있습니다.

가장 많이 사용되는 인공지능 플랫폼에는 마이크로소프트 코타나(Cortana), 아마존 알렉사(Alexa), 구글 텐서플로(TensorFlow), IBM 왓슨(Watson) 등이 있습니다. 국내에는 삼성전자의 '빅스비', 네이버의 '클로바', 카카오의 '카카오 i' 등이 있습니다. 이 책에서는 'IBM 왓슨' 인공지능 플랫폼을 사용합니다.

인공지능 플랫폼에서 제공하는 인공지능 기술을 이용하여 '인공지능 서비스'를 만들 수 있습니다. 인공지능 플랫폼은 인공지능 기술을 보유하고 있지 않은 개발자도 플랫폼에서 제공하는 인공지능 기술을 활용하여 자신의 제품이나 서비스를 개발할 수 있도록 도와줍니다.

---

4) 출처: 과학기술정보통신부

인공지능 서비스를 만드는 데는 프로그래밍 능력보다 기획과 데이터 분석 능력이 더 중요합니다. 인공지능 서비스를 기획하고, 필요한 데이터를 획득하고, 데이터를 가공해서 인공지능 모델을 학습시켜야 합니다. 학습을 여러 번 반복하면서 인공지능 모델을 수정하고, 성능을 향상시킵니다. 만족할 만한 인공지능 모델이 완성되면 다른 기술과 접목하여 서비스를 제공합니다.

인공지능 서비스를 만들기 위해서 꼭 프로그래밍을 알아야 하는 것은 아닙니다. '카카오 i 오픈 빌더'나 '네이버 챗봇 빌더'를 사용하면 프로그래밍 스킬(Skill)이 없어도 인공지능 챗봇 서비스를 제작하고 라인, 톡톡, 카카오톡, 페이스북 등의 메신저와 연계할 수 있습니다.

카카오 i 오픈빌더: https://i.kakao.com/
네이버 클로바 챗봇 빌더: https://www.ncloud.com/product/aiService/chatbot

인공지능 기초 학습 **1장** Artificial Intelligence
SCRATCH

5. 머신러닝 모델의 종류

좁은 의미의 인공지능은 바로 '머신러닝'(기계학습)을 통해 학습하는 능력입니다.

머신러닝을 이용한 인공지능 모델은 종류에 따라 여러 가지 문제를 해결할 수 있습니다. 각각의 모델은 다른 방식으로 학습이 이루어집니다. 가장 대표적인 인공지능 모델과 학습 유형은 다음과 같습니다.

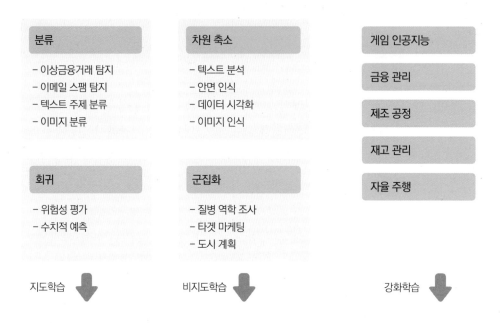

1 분류(Classification)

인공지능의 가장 대표적인 활용 분야입니다. 데이터를 입력하면 이 데이터가 여러 카테고리 중에서 어디에 속하는지 알려줍니다. 글의 주제를 분류하거나 이미지를 분류하거나 음성을 감정으로 분류할 수 있습니다. 모델의 실행 결과는 카테고리(범주)입니다. 이 책에 나와 있는 프로젝트 대부분은 이 분류 모델을 사용합니다.

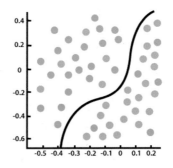

2 회귀(Regression)

데이터를 입력하여 수치를 예측하는 통계 분석에 사용합니다. 분류 모델과 비슷하지만 모델의 결과가 수치로 나온다는 것이 다릅니다. 입력된 데이터의 관계를 분석해 수학적 모형을 만들고 이를 이용해 새로운 데이터의 결과를 예측할 수 있습니다. 예를 들어, 진학사의 합격 예측 서비스는 자신의 내신, 수능 성적 등을 입력하여 원하는 학과의 합격률을 예측하여 알려줍니다.

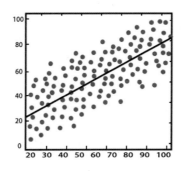

3 차원 축소(Dimensionality Reduction)

복잡한 데이터를 단순하게 만들어 파악할 때 사용합니다. 인공지능이 데이터를 이용해 모형을 만들 때 특징의 개수만큼 차원(축)을 가지게 됩니다. 이 축이 많으면 복잡한 모형이 만들어져 관계를 파악하기가 어려워집니다. 이때 관련성이 적은 특징을 제거하거나 여러 특징을 조합해 하나의 특징을 만드는 방식으로 축의 개수를 줄일 수 있습니다. 예를 들어, 암을 발견하기 위한 30개 검사 항목을 분석하려면 30개 축의 모형이 만들어집니다. 차원 축소 모델은 이 모형을 2개 축으로 축소하여 우리가 파악하기 쉬운 2차원 그래프 형태로 만들어 줍니다.

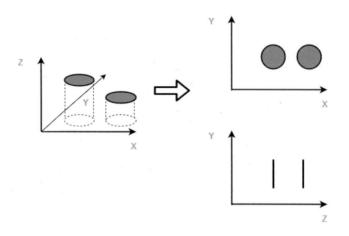

4 군집화(Clustering)

데이터들을 그룹으로 묶을 때 사용합니다. 특히 우리가 결과를 예측하지 못하는 다양한 데이터에서 특징을 찾아 서로 연결할 때 사용합니다. 예를 들어, 넷플릭스의 동영상 추천 알고리즘은 고객의 시청 기록을 이용해서 비슷한 성향을 가진 고객들을 찾아 그룹으로 묶고, 같은 그룹에 있는 고객들끼리 선호하는 동영상을 공유하여 추천하는 서비스를 제공합니다.

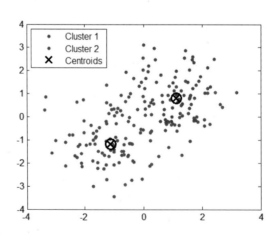

5 강화학습을 이용한 모델

인공지능이 스스로 최적의 결과를 찾는 강화학습 방식은 목적과 분야에 따라 다양한 유형의 모델을 만들어 냅니다. 강화학습을 이용한 모델은 금융 분야, 자율 주행 자동차처럼 예측하지 못한 다양한 변수가 발생하는 상황에서 반복학습을 통해 더 나은 결과를 만들 때 사용합니다.

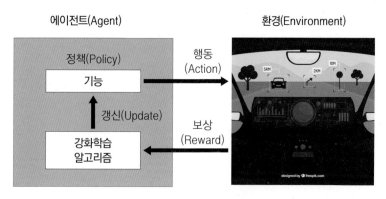

자율주행차의 강화학습 모델

6. 머신러닝의 학습 방식

앞서 우리는 머신러닝 모델의 다양한 유형에 대해 살펴보았습니다. 머신러닝 모델의 유형에 따라 학습방식이 달라집니다. 머신러닝 모델을 학습시키는 방식은 크게 세 가지가 있습니다. 바로 지도학습, 비지도학습, 강화학습입니다.

세 가지 방식을 좀 더 쉽게 설명하기 위해 사례를 들어 보겠습니다.
여러분이 편의점의 사장이라고 가정해 보겠습니다. 오늘 신입 아르바이트생이 첫 근무를 하게 되었습니다. 여러분은 신입 아르바이트생이 매장 내에 있는 상품을 잘 진열할 수 있도록 가르쳐야 합니다. 어떻게 지도할 수 있을까요?

인공지능 기초 학습 1장 | Artificial Intelligence SCRATCH

1 지도학습

첫 번째 방법은 교재(매뉴얼)를 이용하는 것입니다. 여러분은 신입 아르바이트생에게 상품 진열 방법에 대한 매뉴얼을 학습시키고, 매뉴얼대로 행동하도록 가르칠 수 있습니다. 매뉴얼에는 각각의 상품을 어떻게 진열해야 하는지 정답이 나와 있습니다. 이 경우 신입 아르바이트생에 대한 평가 기준은 '매뉴얼과 똑같이 진열했는가?'가 될 수 있습니다.

인공지능에서는 이것을 지도학습이라고 부릅니다. 입력 데이터(상품)와 올바른 결과 데이터(진열 방법)를 동시에 알려주고 학습시키는 방식입니다. 지도학습 방식은 분류모델, 회귀(예측)모델에 사용됩니다.

지도학습

"여기 있는 메뉴얼을 충분히 익힌 후 진열해 주세요."

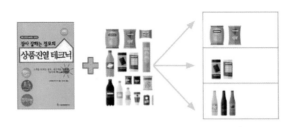

② 비지도학습

만약 처음부터 상품 진열에 관한 매뉴얼이 없거나, 상품이 자꾸 바뀌기 때문에 매뉴얼이 있어도 효과가 없는 경우에는 어떻게 해야 할까요? 여러분은 신입 아르바이트생에게 그냥 '알아서' 진열해보라고 할 수 있습니다.

사장이 이렇게 얘기한다면, 아르바이트생은 어떻게 해야 할까요? 정말 마음대로 진열하면 될까요? 우선 각각의 상품의 특성을 찾아내야 합니다. 상품의 가격, 색상, 종류, 무게, 크기, 브랜드, 보관 방법, 포장 방식, 구매연령층, 주로 판매되는 시간대 등 다양한 특성을 수집할 수 있습니다. 그리고 특성을 종합적으로 고려하여 진열 기준을 만들고 실행할 수 있습니다. 이 경우 신입 아르바이트생의 평가 기준은 '비슷한 특성을 가진 상품끼리 얼마나 잘 진열했는가?'가 될 수 있습니다.

이것을 비지도학습이라고 부릅니다. 우리는 오로지 입력 데이터(상품)만 주고 컴퓨터를 학습시킵니다. 결과(올바른 진열 방법)는 알려주지 않습니다. 컴퓨터는 스스로 입력 데이터를 분석하고 특성을 찾아내 학습해야 합니다. 비지도학습 방식은 차원축소 모델, 군집화 모델처럼 정답이 없는 문제(사람의 취향, 마케팅에서 고객의 니즈 등)를 분석하는 데 사용됩니다.

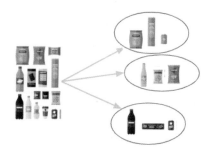

비지도학습

"보기 좋게 알아서 진열해주세요."

❸ 강화학습

지도학습과 비지도학습은 '상품을 얼마나 잘 진열하는가?'를 목적으로 합니다. 그러나 '상품을 잘 진열하는 것'이 '편의점의 매출'을 보장하는 것은 아닙니다. 여러분은 신입 아르바이트생에게 "상품을 진열해서 매출이 늘어나면 인센티브(수당)를 드리겠습니다."라고 말할 수 있습니다.

신입 아르바이트생은 이제 상품 진열을 '잘' 하는 것이 목표가 아닙니다. 매출을 올리는 것이 목적이고, 상품진열은 그 수단이 됩니다. 신입 아르바이트생은 처음에는 아무것도 모릅니다. 그래서 여러 가지 상품 진열 방식을 시도해봅니다. 그래서 만약 매출이 늘어나면 해당 방식의 사용 범위를 늘리고, 매출이 줄어들면 해당 방식의 사용 범위를 줄입니다. 이런 방식으로 계속 시도하다보면 점점 경험과 노하우가 쌓이고 결국 매출이 늘어나는 방향으로 상품 진열 방식이 변화하게 됩니다. 이 경우 신입 아르바이트생의 평가 기준은 '매출이 늘어나는 방향으로 상품 진열을 했는가?'가 됩니다.

이것을 강화학습이라고 부릅니다. 우리는 컴퓨터에게 정답을 찾으라고 요구하지 않습니다. 대신 많은 시도를 통해 더 많은 보상을 가지라고 합니다. 컴퓨터가 어떤 판단을 하면 우리는 그 결과에 대해 당근과 채찍을 줍니다. 컴퓨터는 보상을 통해 '목적'에 최적화된 모델을 학습을 하게 됩니다. 강화학습 방식은 자율 주행 자동차, 주식 투자처럼 다양한 변수가 발생하는 환경에서 적절한 판단을 해야하는 상황에 사용됩니다.

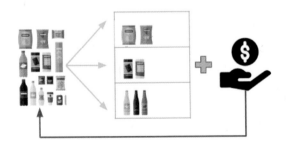

강화학습

"상품이 많이 팔리면 인센티브 드릴게요."

2장
계정 만들기

동영상 강의 | http://hellosoft.fun/bookais02

1. 유형별 작품 제작 방식

본문에서 사용할 Machine Learning for Kids(머신러닝 포 키즈) 사이트는 회원가입 없이도 인공지능 프로젝트를 제작할 수 있습니다. 하지만 작성한 프로젝트를 저장하려면 회원가입을 해야 합니다.

제작하려는 프로젝트의 인식 유형에 따라 계정을 만드는 과정이 달라집니다. 텍스트 인식 프로젝트는 좀 더 복잡한 과정이 필요하며, 이미지 인식 또는 숫자 인식 프로젝트는 무료 회원가입 후 바로 만들 수 있습니다.

1 텍스트 인식 프로젝트 제작 방법

텍스트 인식 프로젝트를 제작하는 방법에는 다음의 3가지 방법이 있습니다.

❶ 로그인 없이 그냥 만들기

Machine Learning for Kids 사이트(https://machinelearningforkids.co.uk)에 접속한 후 상단 메뉴에서 [로그인] 버튼을 눌러 로그인 웹페이지로 이동합니다. '등록 건너뛰기' 항목의 지금 실행해 보기 버튼을 클릭하면 회원가입 없이 바로 텍스트 인식 프로젝트를 제작할 수 있습니다. 책에 있는 모든 프로젝트를 제작할 수 있지만, 프로젝트를 저장할 수 없고 웹브라우저를 종료하면 프로젝트가 사라집니다.

❷ 임시 계정으로 로그인해서 만들기

헬로소프트에서 제공하는 70개의 임시 아이디 중 하나를 사용하여 프로젝트를 제작할 수 있습니다. 프로젝트는 저장되지만 다른 사람이 같은 아이디로 로그인해서 프로젝트를 삭제할 수도 있습니다.

> 아이디: hellosoft_01 부터 hellosoft_70 까지 (70개 중 하나를 선택하여 입력)
> 비밀번호: wing=motion (공통)

❸ IBM 사이트에서 Watson Assistant API를 발급받아 사용하기

IBM 클라우드에서 제공하는 텍스트 인식 API를 발급받은 후 Machine Learning for Kids 사이트의 회원 설정에서 API를 등록하면 프로젝트를 만들 수 있습니다. 이렇게 만들어진 프로젝트는 다른 사람이 삭제할 수도 없고 자동으로 삭제되지도 않습니다. 단, 추후 IBM에서 API를 무료에서 유료로 변경할 가능성은 있습니다. IBM은 기존에 무료였던 이미지 인식 API인 Visual Recognition API를 유료로 변경했던 적이 있습니다.

간단히 실습을 해보는 수준이라면 '❶ 로그인 없이 그냥 만들기'를 추천합니다.
학교 또는 대회에 제출하는 과제를 만드는 것이라면 '❸ IBM 사이트에서 Watson Assistant API를 발급받아 사용하기'를 추천합니다.

❷ 이미지 또는 숫자 인식 프로젝트 제작 방법

이미지 인식 프로젝트 또는 숫자 인식 프로젝트는 더욱 간단하게 제작할 수 있습니다.

❶ 로그인 없이 그냥 만들기

Machine Learning for Kids 사이트에 회원가입 하는 것이 귀찮다면 로그인 화면에서 '등록 건너뛰기' 항목의 [지금 실행해 보기] 버튼을 클릭해서 바로 프로젝트를 만들 수 있습니다. 단, 프로젝트는 저장되지 않습니다.

❷ 로그인 후 만들기

Machine Learning for Kids 사이트에 무료 회원가입을 한 후 프로젝트를 생성할 수 있습니다. 회원 가입 시 최초 1회 이메일 인증이 필요합니다. 별도의 API 등록 과정 없이 바로 책에 있는 모든 프로젝트를 만들 수 있습니다. 만들어진 프로젝트는 내 계정에 저장됩니다.

2. Machine Learning for Kids 사이트 회원가입

인공지능 스크래치 프로젝트를 제작하는 웹사이트인 Machine Learning for Kids에 회원가입을 하겠습니다. 회원가입을 하면 최대 3개의 프로젝트를 저장할 수 있으며, 학생 계정을 만들어 다른 사람들을 초대할 수 있습니다.

Machine Learning for Kids 사이트에는 두 가지 유형의 회원 계정이 있습니다. '교사 혹은 코딩클럽의 리더' 계정과 '학생' 계정입니다. '교사 혹은 코딩클럽의 리더' 계정은 웹사이트에서 회원가입을 해서 만들 수 있습니다. 반면에 '학생' 계정은 웹사이트에서 회원 가입해서 만드는 것이 아니라, 교사 혹은 코딩클럽의 리더 계정으로 로그인한 후에 별도 메뉴에서 생성하는 계정입니다.

두 계정의 차이점은 다음과 같습니다.

유형	교사 혹은 코딩클럽의 리더	학생
생성	• 웹사이트에서 회원가입 • 이메일 인증 필요 • 비밀번호 설정 가능	• 교사가 별도 메뉴에서 일괄 생성 • 이메일 인증 과정 없음 • 비밀번호 랜덤 선택
특징	• IBM API 등록 가능 • 최대 30개의 학생 계정 생성 가능 • 본인과 학생의 모든 프로젝트 관리 • 프로젝트 개수 제한 없음 • 훈련된 머신러닝 모델 지속시간 무제한 • 학생 계정의 제약사항 설정 가능	• 자신의 프로젝트만 관리 • 프로젝트 최대 3개 보유 가능 • 훈련된 머신러닝 모델 최대 24시간 지속

스스로 계정을 만든다면 '교사 혹은 코딩클럽의 리더' 계정으로 가입하면 됩니다. 이 경우 이메일 인증 과정이 필요합니다.

웹브라우저를 실행하고 구글에서 'machine learning for kids'라고 검색한 후 첫 번째 페이지에 들어갑니다. 브라우저의 주소창에 https://machinelearningforkids.co.uk라는 주소를 입력하여 접속해도 됩니다.

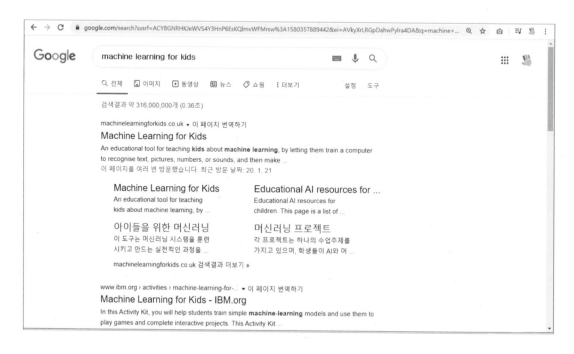

'인공지능 게임을 만들어봐요'라는 문구의 화면이 나타납니다.
화면 상단의 [로그인] 버튼을 클릭합니다.

[계정 만들기] 버튼을 클릭합니다.

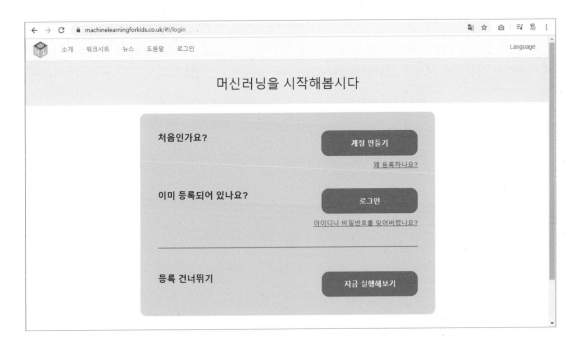

계정 유형에서 [교사 혹은 코딩 클럽의 리더] 버튼을 클릭합니다.

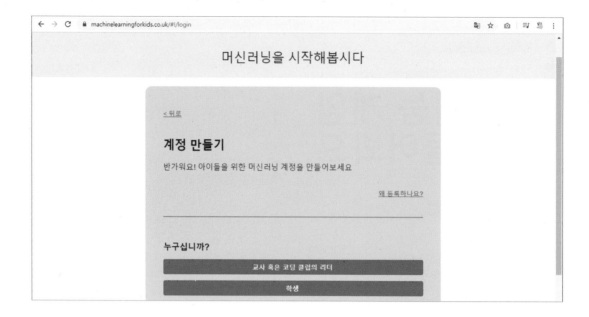

교실 계정 유형에서 왼쪽 '등록되지 않는 교실 계정을 만들기'에 있는 [계정 만들기] 버튼을 클릭합니다. 화면 오른쪽의 '관리되는 교실 계정 만들기' 기능은 Machine Learning for Kids 웹사이트의 직원이 사용하는 기능으로 우리와 상관없습니다.

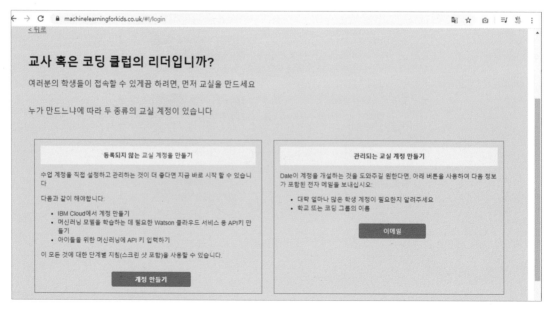

아이디, 이메일을 입력합니다. intended use(사용 목적)는 선택사항이므로 입력하지 않아도 되며, 필요하다면 'for study'라고 입력합니다. 하단에 [CREATE CLASS ACCOUNT] 버튼을 클릭합니다.

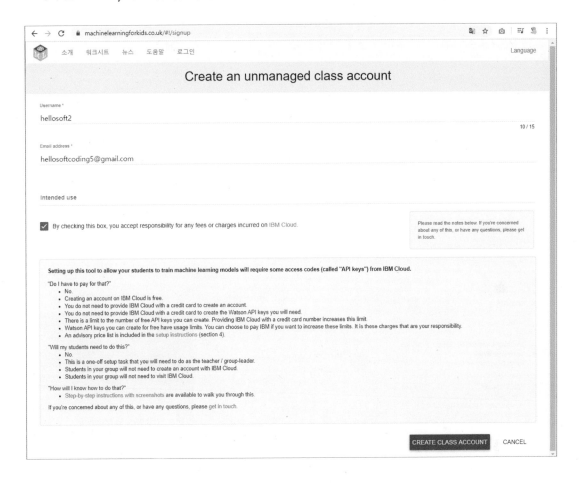

계정 만들기 2장 Artificial Intelligence SCRATCH

인증을 위한 이메일이 발송됩니다.

이때, 주의할 점이 있습니다. 우리는 비밀번호를 따로 입력하지 않았습니다. 비밀번호는 웹사이트에서 랜덤하게 지정해줍니다. 아래 예시 그림에서는 'tnBdUVk83nck'가 임시 비밀번호입니다. 이 비밀번호는 나중에 '비밀번호 찾기' 기능을 통해서 변경할 수 있습니다.

> Your account has been created - your password is **tnBdUVk83nck**
> Check your inbox for a confirmation email. You need to click the link in the email to activate your class account.

본인 메일 계정의 받은 메일함에 가보면 'Machine Learning for Kids'에서 발송한 메일이 보일 것입니다. 다음 그림은 스마트폰으로 메일을 확인한 예시입니다.

해당 메일을 클릭합니다. 본문에 [Confirm my account] 버튼을 클릭합니다. 인증되었다는 메시지가 나타납니다. [OK] 버튼을 클릭합니다.

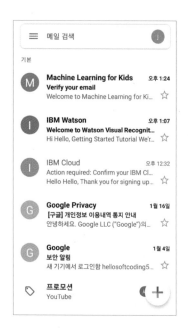  

다시 Machine Learning for Kids 사이트의 홈 화면으로 돌아갑니다.
상단의 [로그인] 버튼을 클릭하여 로그인 화면으로 들어갑니다.

이제 로그인을 하면 되는데, 임시 비밀번호가 너무 어렵기 때문에 먼저 변경하도록 하겠습니다. '비밀번호 찾기' 기능을 이용해서 변경해 보겠습니다.

로그인 화면에서 [아이디나 비밀번호를 잊어버렸나요?] 링크를 클릭합니다.

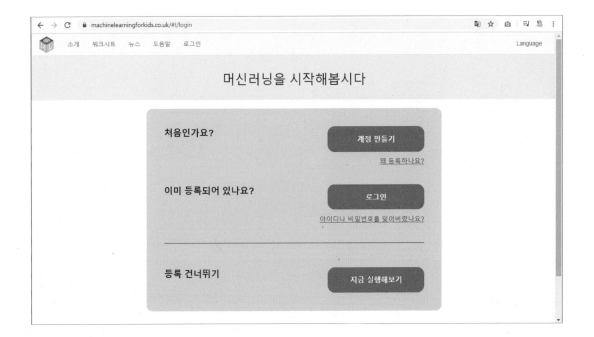

Artificial Intelligence
SCRATCH

[교사 혹은 코딩 클럽의 리더] 버튼을 클릭합니다.

가입된 이메일 주소를 입력하고 [SEND EMAIL 〉] 버튼을 클릭합니다.

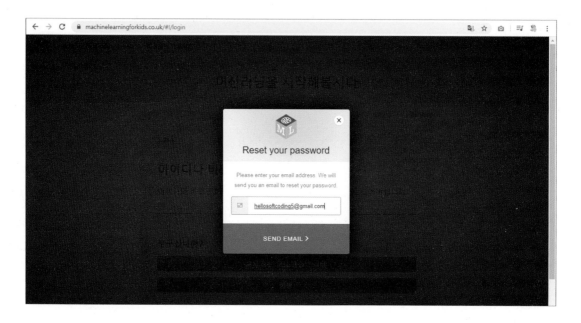

받은 메일함에 가보면 'Reset your password'라는 새로운 메일이 와 있습니다. 본문에 있는 [clicking here] 링크를 클릭합니다. 새로운 비밀번호를 입력하고 하단 **〉** 버튼을 클릭합니다. 비밀번호가 변경되었습니다. 다음은 스마트폰에서 확인한 예시입니다.

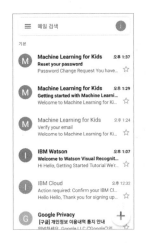   

다시 Machine Learning for Kids 사이트의 홈 화면으로 돌아갑니다.
상단의 [로그인] 버튼을 클릭하여 로그인 화면으로 들어갑니다. [로그인] 버튼을 클릭합니다.
나타나는 팝업창에 아이디(또는 이메일 주소)와 변경한 비밀번호를 입력하여 로그인합니다.

회원가입 및 로그인이 완료되면 화면 상단에 [로그인] 버튼이 [로그아웃] 버튼으로 변경됩니다.
웹사이트 가입 및 로그인이 완료되었습니다.

중요!!

Machine Learning for Kids 사이트에 회원가입을 하고 나면 책에 있는 이미지 인식 프로젝트와 숫자 인식 프로젝트를 바로 제작할 수 있습니다.

텍스트 인식 프로젝트는 '로그인 없이 그냥 만들기' 또는 '헬로소프트가 제공하는 임시 계정으로 로그인해서 만들기' 방식을 권장합니다. 만약 'IBM 사이트에서 Watson Assistant API 발급받아 사용하기' 방식을 사용하고자 한다면 출판사에서 관련 자료를 다운로드받아 진행할 수 있습니다.

생능출판사 홈페이지(https://booksr.co.kr/)에서 '시간순삭'으로 검색 → 해당 도서명을 찾아 클릭 → [보조 자료]에서 다운로드

3. 학생 계정 생성 및 관리

이 단계는 학교 또는 교육기관에서 인공지능 스크래치 수업을 진행하려는 선생님들을 위한 내용입니다. 선생님이 아닌 '개인' 또는 '학생'들은 이 단계를 건너뛰어도 됩니다.

'교사 및 코딩클럽의 리더'는 버튼 클릭 한 번으로 최대 30개의 '학생' 계정을 만들 수 있습니다. 학생 계정은 이메일 인증이 필요 없다는 장점이 있습니다. 또한 교사 계정은 학생 계정의 아이디, 비밀번호, 프로젝트, 머신러닝 모델을 관리할 수 있습니다.

학교 또는 교육기관에서 인공지능 스크래치 수업을 진행하고자 하는 선생님들은 학생들이 모두 '교사 혹은 코딩클럽의 리더' 계정으로 가입하는 방식과 '학생' 계정을 생성하고 배포하는 방식 중에서 하나를 선택할 수 있습니다.

두 방식의 차이점은 다음과 같습니다.

유형	학생들이 '교사 혹은 코딩클럽의 리더'로 개별적으로 가입하는 방식	'학생' 계정을 일괄적으로 생성하여 학생들에게 배포하는 방식
장점	• 아이디, 비밀번호를 본인이 설정 가능	• 개인 이메일 주소가 없는 학생도 수업 가능 • 별도 준비사항 없이 바로 수업 진행 • 공용 프로젝트 생성 가능 • 학생 프로젝트 통합 관리(조회 · 삭제) • 아이디, 비밀번호 관리가 편리 • 단체 계정으로 여러 그룹 수업 가능
단점	• 학생들이 개인 이메일 주소를 각각 가지고 있어야 함 • 계정 생성에 많은 시간 소요(20분 이상) • 학생들 프로젝트 통합 관리 안 됨	• 비밀번호 랜덤 지정
요약	• 중학생 이상 잘 관리되는 그룹 • 중장기적, 깊이 있는 프로젝트 실습에 추천	• 초등학생 이하 • 단기적이고 간단한 프로젝트 실습에 추천

Machine Learning for Kids 사이트에서 '교사 혹은 코딩클럽의 리더' 계정으로 로그인합니다.
상단 메뉴에서 [선생님] 버튼을 클릭하여 관리자 화면에 들어갑니다.
[학생 관리] 버튼을 클릭합니다.

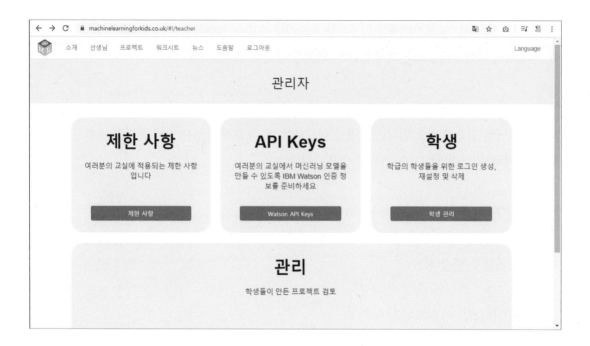

학생 계정은 최대 30명까지 생성할 수 있습니다.
학생은 하나씩 추가할 수도 있고, 일련번호를 붙여 대량으로 생성할 수 있습니다. 대량으로 생성해
보겠습니다. [+ 여러 학생 추가] 버튼을 클릭합니다.

아이디의 공통 텍스트와 생성 개수를 입력합니다.

비밀번호는 마음대로 설정할 수 없습니다. 랜덤으로 생성되는 항목 중에 하나를 고를 수 있습니다. 새로고침 아이콘을 클릭하면 다른 비밀번호를 확인할 수 있습니다. 학생들이 최대한 외우기 쉬운 비밀번호를 선택해 줍니다. [추가] 버튼을 클릭합니다.

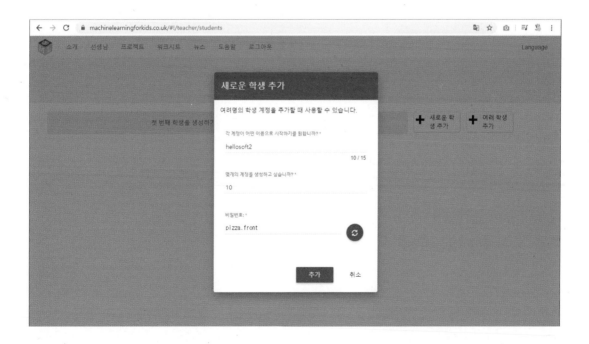

학생 계정이 대량으로 생성되었습니다.

이제 이 아이디와 비밀번호로 Machine Learning for Kids 사이트에 로그인할 수 있습니다.
만약 비밀번호를 잃어버린 경우, 하단의 [모든 학생 패스워드 리셋] 버튼을 클릭하여 비밀번호를 초기화할 수 있습니다.

학생 계정은 '교사 혹은 코딩클럽의 리더' 계정에서 입력한 API 키를 공유하여 사용합니다. API 키는 사용량에 제한이 있기 때문에, 학생 계정의 사용량을 제어하는 것이 중요합니다.
그래서 학생 계정에 사용량 제한을 설정하는 기능이 있습니다.

상단 메뉴에서 [선생님] 메뉴를 클릭합니다. [제한사항] 버튼을 클릭합니다.
학생 계정의 제한사항을 확인할 수 있습니다.

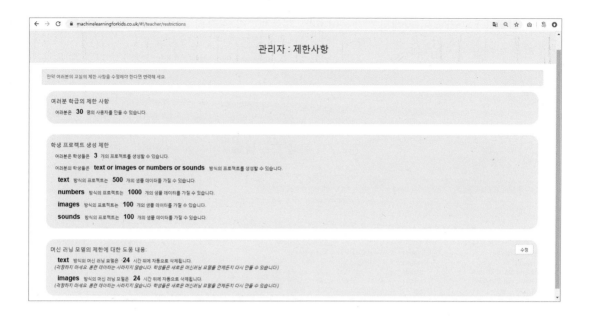

오른쪽 하단의 [수정] 버튼을 클릭하여 머신러닝 모델의 훈련 지속시간을 변경할 수 있습니다. 예를 들어, 동일한 학생 계정으로 2시간마다 학생들이 바뀐다면 지속시간을 2시간으로 설정해 놓으면 자동으로 기존의 머신러닝 모델이 삭제되어, 새로운 머신러닝 모델을 생성할 수 있습니다.

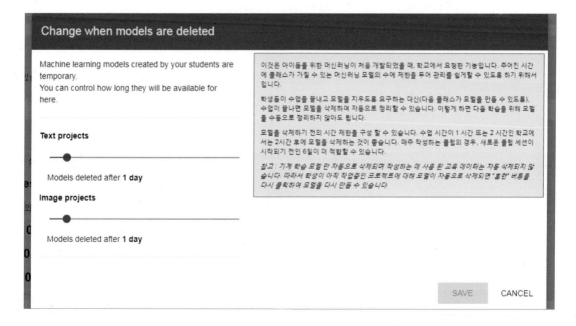

계정 만들기 2장 | Artificial Intelligence
SCRATCH

그리고 '선생님 〉 관리' 페이지에서 학생들이 만든 프로젝트와 훈련된 머신러닝 모델을 확인하고, 필요에 따라 삭제할 수 있습니다.

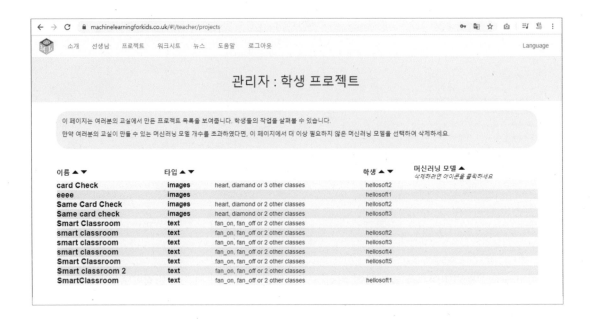

3장
스크래치 기초 학습

동영상 강의   http://hellosoft.fun/bookais03

1. 스크래치란?

스크래치는 미국 MIT 대학에서 개발하여 전 세계 40개 언어로 번역되어 무료로 제공되는 교육용 프로그래밍 언어입니다. C언어나 자바 언어처럼 키보드를 이용하여 코드를 입력하는 대신, 마우스를 이용해 블록을 서로 붙이는 방식으로 프로그램을 제작할 수 있습니다.

스크래치는 직관적인 인터페이스와 다양한 라이브러리(캐릭터, 배경, 음악 등) 덕분에 프로그래밍에 대한 기초지식이 없어도 쉽게 작품을 만들 수 있어서 전 세계적으로 소프트웨어 교육을 처음 시작하는 학생이 가장 많이 사용하는 툴입니다.

2020년 3월 기준으로 150개 이상의 국가에서 5,400만 명이 회원가입했으며, 매달 100만 개 이상의 프로젝트가 새롭게 만들어지고 있습니다. 국내에서는 네이버에서 운영하는 '엔트리'와 함께 국내 초등/중학교 교과서에서 코딩교육용으로 가장 많이 사용되는 언어입니다. 또한 국내 200권 이상의 도서가 출판되어 서점과 도서관에서 쉽게 만날 수 있습니다.

스크래치는 해외에서 더 유명한 툴입니다. 국내 사용자는 전 세계 사용자의 0.1%에 불과합니다. 한글 번역이 잘 되어 있어서 이용에 불편함이 없으며 전 세계의 다양한 사용자들과 수준 높은 프로젝트들을 만날 수 있습니다.

스크래치 접속 주소: https://scratch.mit.edu

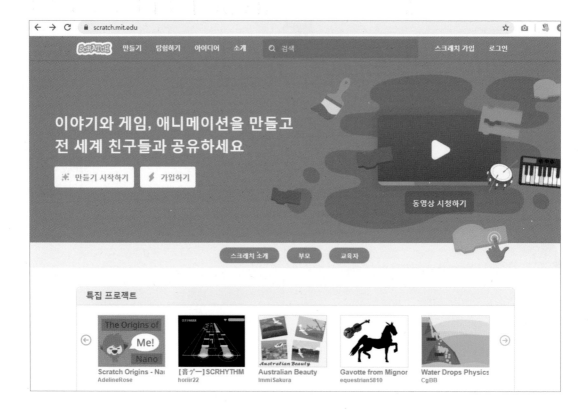

2. 스크래치의 화면 구성

스크래치는 오픈소스로 공개되어 있어서 누구나 자신의 제품, 서비스에 접목하여 새로운 버전의 스크래치 플랫폼을 만들 수 있습니다. 이 책에서 우리가 사용하는 Machine Learning for Kids 사이트도 이와 같은 방식으로 스크래치와 인공지능 학습을 결합하여 서비스를 제공합니다.

이 책에서는 MIT에서 운영하는 스크래치 서비스(https://scratch.mit.edu)가 아닌 Machine Learning for Kids 사이트에서 운영하는 스크래치 서비스를 이용합니다.

웹브라우저를 실행하고 Machine Learning for Kids에서 제공하는 스크래치 사이트에 접속합니다.

https://scratch.machinelearningforkids.co.uk/

먼저 스크래치3 버전의 프로젝트 에디터 화면을 살펴보겠습니다.

– '무대 영역' 안에서 명령에 따라 작동하는 캐릭터나 버튼을 모두 '스프라이트'라고 부릅니다. 프로젝트에 추가된 스프라이트들은 '스프라이트 영역'에서 관리합니다.

– 각각의 스프라이트에 명령을 주기 위해서는 명령어 블록을 '블록 영역'에서 '스크립트 영역'으로 끌어와서 조립해야 합니다.

– 명령어 블록은 기능에 따라 같은 색상의 '카테고리 영역' 안에 속해 있습니다.

– '탭 영역'에서 스프라이트의 코드, 모양, 소리를 관리합니다.

– '상단 메뉴'에서 프로젝트를 불러오거나 저장합니다.

– '무대 영역' 위에 있는 ⚑ 버튼을 클릭하면 '스크립트 영역'에 만들어진 스크립트에 따라 '스프라이트'가 작동합니다.

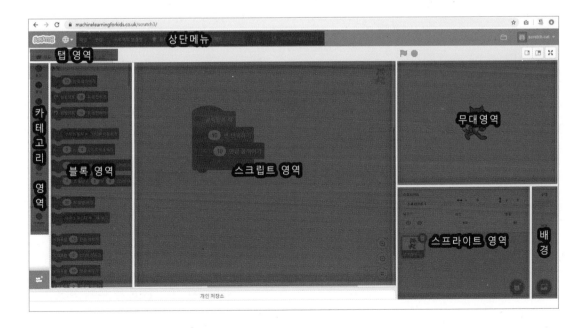

스크래치 기초 학습 3장 Artificial Intelligence SCRATCH

3. 스크래치의 좌표와 방향

스크래치에서 만든 작품은 모두 '무대 영역' 안에서 작동합니다. 이 무대 영역은 2차원 좌표로 되어 있으며 가로 방향을 X축, 세로 방향을 Y축으로 나타냅니다.

가로 방향 X축은 정 가운데가 0이며, 맨 왼쪽이 −240, 맨 오른쪽이 240입니다. 가로의 길이는 합쳐서 480입니다. 세로 방향 Y축은 정 가운데가 0이며, 맨 위쪽이 180, 맨 아래쪽이 −180입니다. 세로의 길이는 합쳐서 360입니다.

아래의 그림에서 고양이는 X축 100, Y축 100 위치에 있습니다.

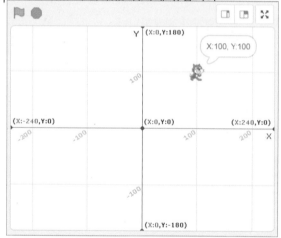

스프라이트를 원하는 위치에 이동시키는 방법은 크게 두 가지가 있습니다.

우선 스프라이트 영역에서 스프라이트의 x 축과 y 축의 값을 수정할 수 있습니다. 또는 동작 카테고리의 '이동하기' 등의 명령어 블록을 실행하여 이동시킬 수 있습니다.

스프라이트 속성에서 변경
명령어 블록을 실행하여 변경

스프라이트를 회전시키거나 특정한 방향으로 움직일 때는 방향이 중요합니다. 스크래치에서 방향은 위쪽(12시) 방향이 0°입니다. 오른쪽으로 회전할수록 각도가 점점 증가하여 한 바퀴를 돌면 360°가 됩니다. 반면에 왼쪽으로 회전시키면 각도가 점점 감소하여 한 바퀴를 돌면 −360°가 됩니다. 따라서 스크래치에서는 90°와 −270°는 똑같이 3시 방향(오른쪽)을 의미합니다.

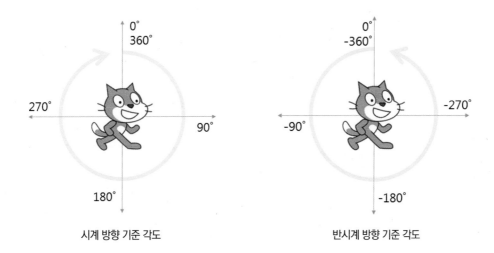

시계 방향 기준 각도
반시계 방향 기준 각도

스크래치 기초 학습 3장

Artificial Intelligence
SCRATCH

스프라이트의 방향을 바꾸는 방법은 두 가지입니다.

우선 스프라이트 영역에서 스프라이트의 방향 수치를 직접 입력할 수 있습니다. 또는 동작 카테고리의 '방향 보기' 등의 명령어 블록을 실행하여 회전시킬 수 있습니다.

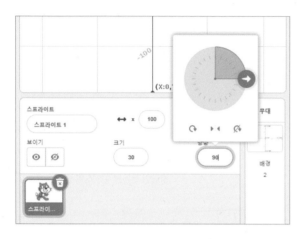

스프라이트 속성에서 변경

명령어 블록을 실행하여 변경

4. 스크래치의 명령어 블록

스크래치의 명령어 블록은 프로젝트를 작동시키는 가장 중요한 요소입니다. 스크래치는 10개 카테고리에 120개 명령어 블록을 가지고 있습니다.

카테고리명	설명	블록 개수	블록 예시
동작	스프라이트를 회전시키거나 원하는 좌표나 길이만큼 이동시킵니다.	18	10 만큼 움직이기
형태	스프라이트의 모양, 크기, 보이기 여부를 바꾸거나 말풍선으로 문장을 표시합니다.	20	안녕! 말하기
소리	스피커로 배경음악이나 효과음을 재생합니다.	9	야옹 ▼ 재생하기
이벤트	명령어 블록을 언제 작동시킬 것인지 지정합니다. 다른 스프라이트로 신호를 보낼 수 있습니다. 모든 블록은 이벤트 블록 아래에 조립되어야 합니다.	8	⚑ 클릭했을 때
제어	반복, 조건, 대기, 종료처럼 스크립트를 작동시키는 흐름(구조)을 제어합니다. 스프라이트를 복제할 수 있습니다.	11	만약 (이)라면
감지	키보드, 마우스 입력을 감지할 수 있습니다. 사용자에게 질문하고 대답을 입력받거나 타이머를 작동시킬 수 있습니다.	18	라고 묻고 기다리기
연산	사칙연산부터 삼각함수까지 수학적 계산을 할 수 있습니다. 문자열을 탐색, 분리, 조합할 수 있습니다.	18	1 부터 10 사이의 난수
변수	변수와 리스트를 만들고 값을 처리할 수 있습니다. 개별적인 데이터는 변수로, 연속된 데이터는 리스트를 사용합니다.	15	변수 ▼ 을(를) 로 정하기
내 블록	다른 블록들을 묶어 하나의 블록으로 정의하고 사용할 수 있습니다. 스크립트를 보기 좋게 정리하거나 반복해서 실행할 때 사용합니다.	사용자가 생성	블록 이름
Images	Machine Learning for Kids에서 제공하는 카테고리로 이미지 인식 프로젝트의 훈련과 테스트에 사용합니다.	3	costume image

스크래치 기초 학습 **3장** | Artificial Intelligence SCRATCH

5. 표정 바꾸는 캐릭터 만들기

스크래치에 대한 추가적인 설명은 프로젝트를 만들면서 소개하도록 하겠습니다. 우리가 만들어 볼 프로젝트는 입력하는 메시지에 따라서 표정이 바뀌는 캐릭터입니다.

웹브라우저를 실행하고 Machine Learning for Kids에서 제공하는 스크래치 사이트에 접속합니다.

https://scratch.machinelearningforkids.co.uk/

스크래치3 에디터 화면이 나타납니다. 스프라이트 영역에서 '스프라이트1'(고양이)을 삭제합니다.

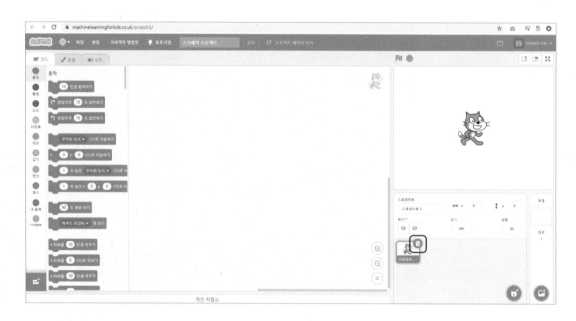

스프라이트 영역의 우측 하단에 있는 '스프라이트 고르기' 아이콘에서 '그리기' 붓 모양 아이콘을 클릭합니다. '스프라이트 고르기' 아이콘을 그냥 클릭할 경우 스크래치에서 제공하는 여러 가지 이미지를 사용할 수 있습니다. 하지만 이번에는 직접 그림을 그리기 위해 '그리기' 아이콘을 클릭해야 합니다.

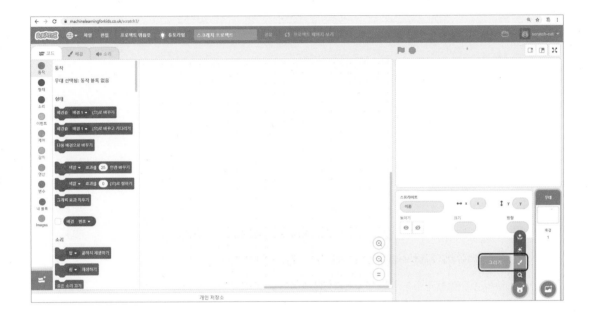

스크래치 기초 학습 **3장** | Artificial Intelligence SCRATCH

새로운 스프라이트(스프라이트1)가 만들어지고, '모양' 탭의 그림판이 나타납니다. 이곳에서 스프라이트의 모양을 그리거나 편집할 수 있습니다.

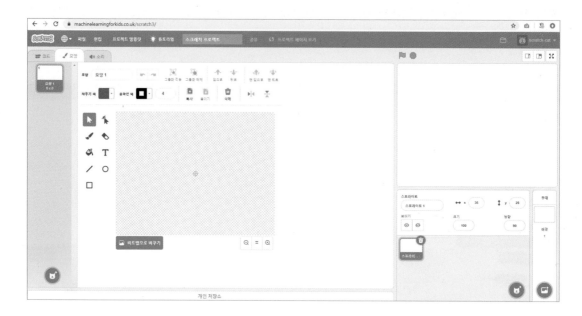

'원' 툴을 이용하여 캐릭터의 얼굴과 눈을 그려줍니다.

채우기 색, 윤곽선 색, 선 두께를 선택한 후 '원' 툴을 클릭하면 마우스를 이용하여 그림을 그릴 수 있습니다. 이미 그려진 동그라미는 '선택' 툴을 이용하여 수정할 수 있습니다. 만약 그림을 잘못 그린 경우에는 '되돌리기' 🡤 🡥 버튼을 클릭하여 작업을 취소할 수 있습니다.

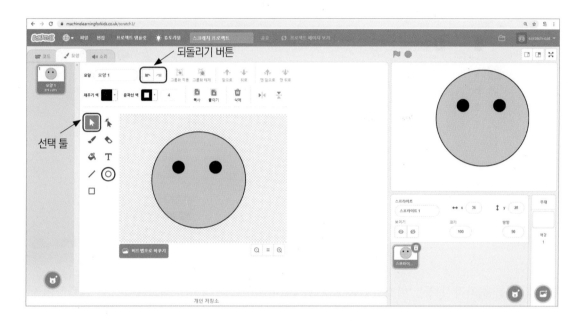

스크래치 기초 학습 3장 | Artificial Intelligence SCRATCH

왼쪽 1번 모양 목록에서 현재의 '모양1'에 마우스 오른쪽 클릭을 한 후 팝업창에서 '복사'를 클릭합니다. 복사를 두 번 하면 같은 모양이 세 개 만들어집니다.

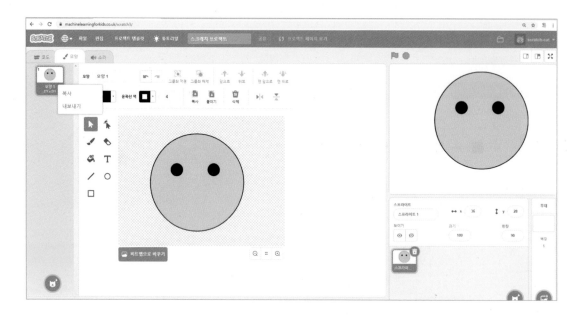

모양의 이름을 각각 '보통', '미소', '슬픔'으로 변경합니다. '모양' 항목의 텍스트 박스를 클릭하여 이름을 수정할 수 있습니다.

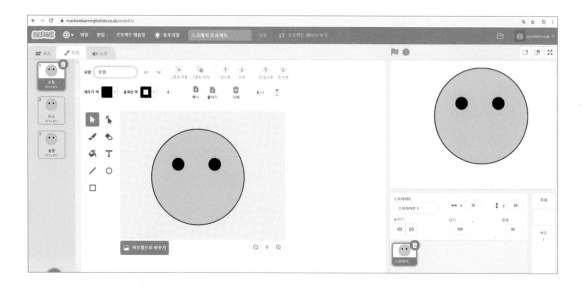

각각의 모양에 입을 그려줍니다.

'보통' 모양에는 '선' 툴을 이용하여 입을 일자로 그려줍니다.

'웃음' 모양에는 '선', '형태 고치기', '채우기 색' 툴을 이용하여 웃는 입 모양을 그려줍니다.

'슬픔' 모양에는 '붓' 툴을 이용하여 눈물을 그려줍니다.

| 보통 | 웃음 | 슬픔 |

모양 제작이 완료되었습니다. 이제 스크립트를 제작하겠습니다.

탭 영역에서 '코드' 탭을 클릭합니다.

스크래치 기초 학습 3장 | Artificial Intelligence SCRATCH

다음과 같이 스크립트를 작성합니다. 각각의 블록은 고유한 카테고리 색상을 가지고 있습니다. 따라서 블록의 색상을 이용하면 카테고리를 알 수 있습니다. 만약 블록을 잘못 조립했다면, 스크립트 영역에 있는 블록을 다시 블록 영역에 끌어다 놓으면 삭제됩니다.

무대 영역의 상단에 있는 🏳 아이콘을 클릭하면 프로젝트가 실행됩니다.

하단의 텍스트 박스에 '기뻐' 혹은 '슬퍼'를 입력하고 엔터키를 눌러보세요. 캐릭터의 표정이 바뀝니다.

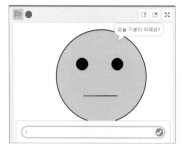

질문할 때

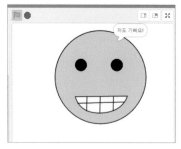

'기뻐' 입력 시

'슬퍼' 입력 시

프로젝트를 저장하겠습니다.

우선 프로젝트의 이름을 바꾸겠습니다. 상단 메뉴의 '스크래치 프로젝트'를 '표정 캐릭터'로 변경합니다.

그리고 상단 메뉴에서 파일 〉 컴퓨터에 저장하기를 클릭합니다. '표정 캐릭터.sb3' 파일이 다운로드되어 다운로드 폴더에 저장됩니다.

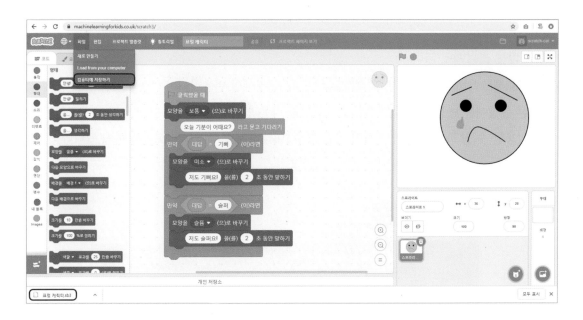

스크래치 기초 학습 **3장** | Artificial Intelligence SCRATCH

6. 프로젝트 기능 추가하기

우리는 아주 간단한 프로젝트를 제작했습니다. 이제 스크래치에서 가장 많이 사용되는 기능들을 이용해서 프로젝트를 업그레이드시켜 보겠습니다.

1 더 많은 문장에 반응하기

현재 프로젝트의 캐릭터는 오직 "기뻐" 또는 "슬퍼" 문장에만 반응합니다. "오늘은 좀 슬프네"와 같이 다른 문장에는 반응하지 않습니다. 스크립트를 다음과 같이 수정하면 특정한 단어가 포함된 문장에 반응할 수 있고, 문장을 인식하지 못할 경우 "이해하지 못했어요"라고 반응하게 됩니다.

```
클릭했을 때
모양을 보통 ▼ (으)로 바꾸기
    오늘 기분이 어때요? 라고 묻고 기다리기
만약  < 대답 이(가) 기뻐 을(를) 포함하는가? > 또는 < 대답 이(가) 기쁜 을(를) 포함하는가? > (이)라면
    모양을 미소 ▼ (으)로 바꾸기
        저도 기뻐요! 을(를) 2 초 동안 말하기
아니면
    만약  < 대답 이(가) 슬퍼 을(를) 포함하는가? > 또는 < 대답 이(가) 슬프 을(를) 포함하는가? > (이)라면
        모양을 슬픔 ▼ (으)로 바꾸기
            저도 슬퍼요! 을(를) 2 초 동안 말하기
    아니면
        무슨 말인지 이해하지 못했어요! 을(를) 2 초 동안 말하기
```

❷ 대화를 반복하기

현재 프로젝트를 실행하면 오직 한 번만 질문을 하게 됩니다. 스크립트에 다음과 같이 '무한 반복하기' 블록을 추가하면 캐릭터와 계속해서 대화를 하고 반응을 살펴볼 수 있습니다.

❸ 스크립트를 보기 좋게 분할하기

현재 스크립트는 하나의 통으로 이루어져 있습니다. 스크립트의 크기가 커질수록 관리가 어려워집니다. '내 블록' 기능을 이용하면 스크립트를 분할하여 더 직관적으로 관리할 수 있습니다.

스크래치 기초 학습 3장 | Artificial Intelligence SCRATCH

카테고리 영역에서 '내 블록' 카테고리를 선택합니다.

[블록 만들기] 버튼을 클릭합니다.

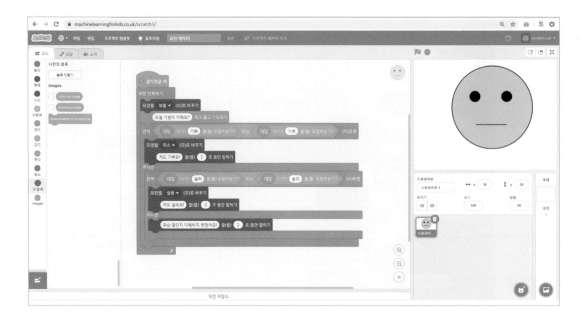

블록 만들기 팝업창이 나타납니다. 블록 이름을 '슬픔'이라고 입력하고 [확인] 버튼을 클릭합니다.

'내 블록' 카테고리에 '슬픔' 블록이 새롭게 생깁니다. 그리고 '스크립트 영역'에 '[슬픔] 정의하기' 블록이 생겼습니다.

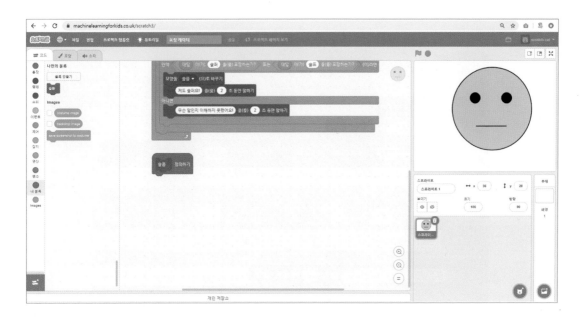

같은 방식으로 내 블록 카테고리에 '기쁨' 블록을 추가합니다.

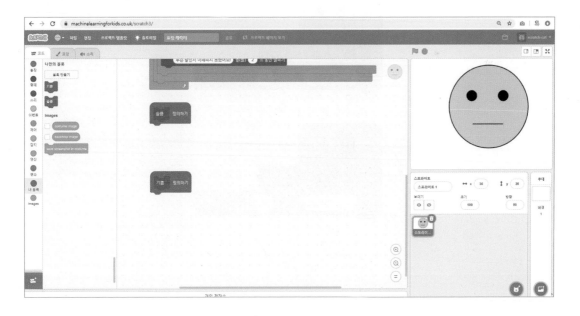

스크래치 기초 학습 3장

Artificial Intelligence
SCRATCH

이제 기존의 스크립트를 다음과 같이 수정합니다.

이 스크립트는 기존의 하나로 된 스크립트와 동일하게 작동합니다. 다만 스크립트를 분할하여 프로그램의 흐름을 파악하기 쉬워졌습니다.

4 다른 스프라이트에 신호 주기

만약 캐릭터가 사용자의 '슬픔'을 인식했을 때 응원을 위해 화면에 새로운 캐릭터가 나타나서 춤을
추게 하려면 어떻게 해야 할까요? 이럴 때 '신호 보내기' 기능을 사용합니다.

'[슬픔] 정의하기' 스크립트에 다음과 같이 '[춤추기] 신호 보내기' 블록을 추가합니다.

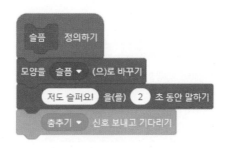

'[춤추기] 신호 보내기' 블록은 다음과 같은 순서로 추가할 수 있습니다.

| '[메시지1] 신호 보내기' 추가 | '메시지1' 클릭 후
'새로운 메시지' 클릭 | '춤추기' 입력 후 [확인] 클릭 |

이제 새로운 스프라이트를 추가하겠습니다.

화면 오른쪽 하단의 '스프라이트 고르기' 아이콘을 클릭합니다.

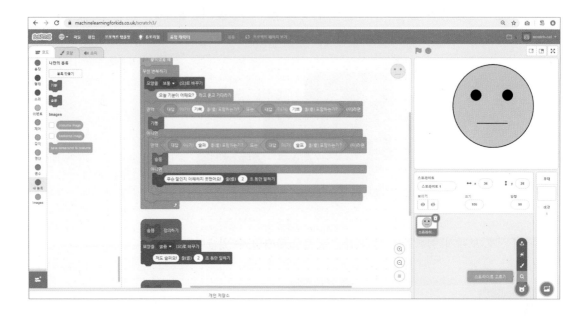

스프라이트 고르기 화면이 나타나면 상단의 카테고리 중에서 '댄스'를 선택하고 'Champ99' 스프라이트를 클릭합니다.

새로운 스프라이트(Champ99)가 추가되어 '무대 영역'과 '스프라이트 영역'에 나타납니다.

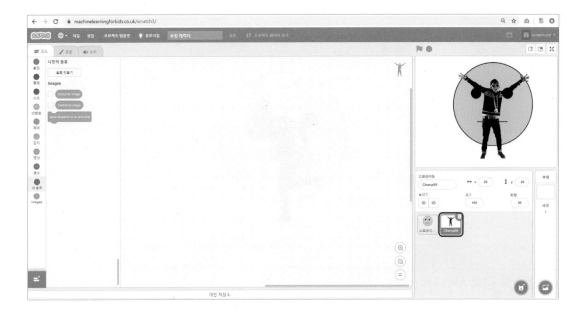

다음과 같이 스크립트를 추가합니다.

스크래치 기초 학습 3장 | Artificial Intelligence SCRATCH

▶ 을 클릭하여 프로젝트를 실행합니다.

질문에 "슬퍼요"라고 입력해 봅시다. 새로운 캐릭터가 나타나서 춤을 추고 다시 사라집니다.

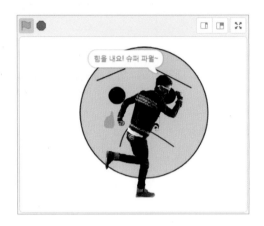

⑤ 변수로 감성 지수 나타내기

현재는 캐릭터와 여러 번 대화를 하더라도 대화와 대화 사이는 단절되어 있습니다. 변수를 이용하여 감성 지수를 만들면 대화를 서로 연결할 수 있습니다.

'스프라이트1' 스프라이트를 선택합니다. '변수' 카테고리에서 [변수 만들기] 버튼을 클릭합니다.

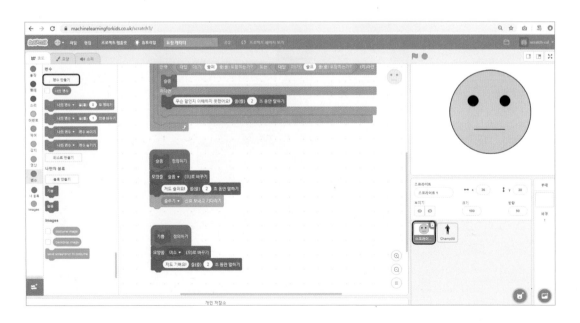

변수 이름을 '감성지수'로 입력하고 [확인] 버튼을 클릭합니다.

다음과 같이 스크립트를 수정합니다.
'[슬픔] 정의하기' 스크립트와 '[기쁨] 정의하기' 스크립트에 '변수 값을 ~만큼 바꾸기' 블록을 추가합니다.
'⚑ 을 클릭했을 때' 블록을 하나 더 추가해 줍니다.

을 클릭하여 프로젝트를 실행합니다.

캐릭터가 '기쁨'을 인식하면 감성지수가 1 증가하고, '슬픔'을 인식하면 감성지수가 1 감소합니다.

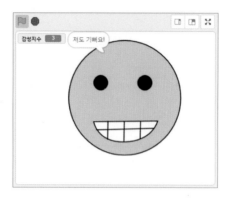

우리는 디자인(그림판)과 코딩(블록 스크립트)을 통해 다양한 기능을 가진 프로젝트를 만들어 봤습니다. 이제부터 본격적으로 인공지능 학습을 이용한 다양한 프로젝트를 제작해 보겠습니다. 이때 여러분이 스크래치를 잘할 수 있다면 기존의 프로젝트를 여러 방향으로 응용할 수 있을 것입니다.

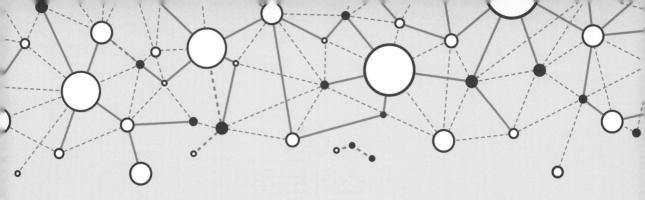

2편
텍스트 인식
프로젝트

2편부터 본격적으로 인공지능 스크래치 프로젝트를 제작하게 됩니다.
2편에서 우리는 '텍스트' 인식과 관련된 프로젝트 7개를 제작합니다. 인공지능 스피커,
욕설 탐지, 챗봇, 트위터를 통한 소셜 분석, 자연어 처리, 추천 모델 등에 대해 살펴보고 실
제 머신러닝 모델을 만들고, 학습시키고, 스크래치로 테스트해 봅니다.

 학습목차

4장
스마트 홈

동영상 강의 http://hellosoft.fun/bookais04

1. 프로젝트 소개

여러분은 인공지능 스피커를 본 적이 있나요? 인공지능 스피커는 음성 인식 기술에 스피커가 결합된 형태로 대화를 통해 음악, 날씨를 물어보거나 음식배달을 할 수 있는 제품입니다. 2019년 말 기준으로 전국에 약 800만 대가 보급된 것으로 추정하고 있습니다.

이 프로젝트에서 우리는 일상 언어(자연어)를 이해하고 반응하는 인공지능 스피커를 제작합니다. 여러분은 인공지능 스피커에 말을 입력하여 TV를 조작하거나 음식을 주문할 수 있습니다.

여러분은 우선 '규칙기반'의 방식으로 프로그램을 제작합니다. 이 방식은 특정한 명령어에 반응하도록 프로그램을 만드는 것으로 컴퓨터를 '학습'시키지 않습니다. 다만 아주 정교하게 규칙을 만들어 인공지능을 구현하는 방식입니다.

그 다음으로 우리는 '머신러닝' 방식으로 프로그램을 제작합니다. 우리는 명령어의 규칙을 입력하거나 직접 프로그래밍을 하지 않습니다. 단지 특정한 명령을 수행하도록 하는 다양한 명령어의 사례를 입력하여 컴퓨터를 '학습'시킵니다. 학습된 머신러닝 모델은 학습한 명령어뿐만 아니라 학습하지 않은 새로운 명령어도 인식할 수 있습니다.

우선 미리 만들어져 제공되는 예제 파일을 살펴보도록 하겠습니다.

컴퓨터의 웹브라우저 프로그램을 실행하고, https://scratch.machinelearningforkids.co.uk/ 사이트에 접속합니다.

스크래치3 에디터 화면이 나타납니다. 예제 파일을 찾아 불러오겠습니다.

상단 메뉴의 파일 〉 Load from you computer 메뉴를 클릭합니다.

예제 파일 폴더에서 '04장_스마트홈_예제.sb3' 파일을 선택하고, [열기] 버튼을 클릭합니다.

예제 파일이 없는 경우에는 헬로소프트 홈페이지 http://hellosoft.fun/aiscratch에서 예제 파일을 다운로드 받을 수 있습니다.

예제 파일은 윈도우 탐색기에서 파일을 더블 클릭해서 열 수 없습니다. 반드시 스크래치3 에디터 화면에서 불러오기 기능을 이용해서 열어야 합니다.

스마트 홈 4장 | Artificial Intelligence SCRATCH

예제 파일이 열리면 미리 제작된 'AI스피커', 'TV', '배달원' 스프라이트를 볼 수 있습니다.

우선 AI스피커 스프라이트의 '🏁 을 클릭했을 때' 스크립트를 살펴보면 사용자가 입력한 명령어(대답)에 따라서 각기 다른 신호를 보내는 것을 볼 수 있습니다. 이 신호는 'TV'와 '배달원' 스프라이트에 전달됩니다.

이번에는 'TV' 스프라이트를 클릭합니다. '모양' 탭을 클릭하면 '켜짐'과 '꺼짐' 모양이 있는 것을 볼수 있습니다. 다시 '코드' 탭을 클릭하여 스크립트를 살펴봅니다. '티비켜기' 신호와 '티비끄기' 신호에 따라 TV의 모양을 바꾸는 스크립트를 볼 수 있습니다.

'[티비켜기] 신호를 받았을 때' 블록을 마우스로 클릭하면 블록이 바로 생성되며, 무대 속 TV의 모양이 바뀌는 것을 볼 수 있습니다.

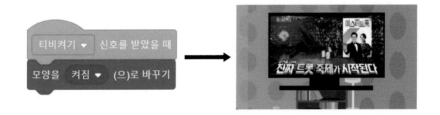

이번에는 '배달원' 스프라이트를 클릭합니다. 스크립트를 살펴보면 '자장면주문' 신호와 '피자주문' 신호를 받았을 때 각각 화면에 나타나 음식을 내려놓은 모습을 보여줍니다.

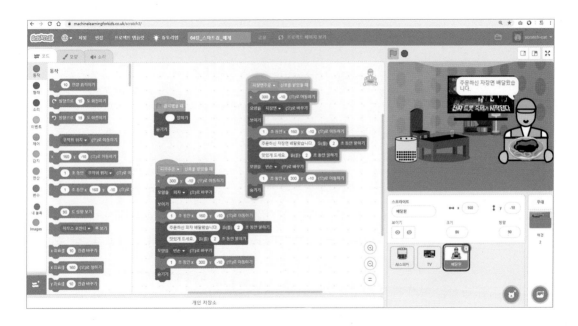

다시 'AI스피커' 스프라이트를 클릭합니다.

🏳 버튼을 클릭하여 프로젝트를 실행합니다.

프로젝트가 시작되면 "무엇을 도와드릴까요?" 메시지가 나타나고 하단에 글자를 입력할 수 있습니다. "티비켜줘"를 입력하고 엔터키를 누릅니다. TV가 켜지는 것을 볼 수 있습니다.

Artificial Intelligence
SCRATCH

"티비꺼줘", "피자시켜줘", "자장면시켜줘" 명령어를 각각 입력하고 결과를 살펴봅시다.

이번에는 "티비 켜줘"라고 중간에 빈칸을 넣어 입력해 봅시다. 작동하지 않는 걸 볼 수 있습니다. 만약 이 명령어를 추가하고 싶다면 다음과 같이 '만약' 블록을 만들어 새로운 명령어를 추가해주면 됩니다.

만약, 이러한 명령어를 무수히 많이 추가해 놓는다면 인공지능 스피커가 다양한 명령어를 인식하고 반응할 수 있을 것입니다. 그리고 마치 '지능'을 가진 것처럼 보일 수 있습니다. 이러한 방식의 인공지능을 규칙기반의 인공지능(Rules-based AI)이라고 하고 넓은 의미의 인공지능에 해당합니다.

하지만 이러한 방식은 여러 가지 한계를 가지고 있습니다. 우선 개발자가 미래에 사용자들이 사용할 만한 명령어들을 예측해야 한다는 것입니다. 게다가 맞춤법 오류, 존댓말과 반말, 사투리, 띄어쓰기 사용의 경우의 수를 모두 고려하여 무수히 많은 명령어를 제작해야 합니다. 그리고 제품이 한번 판매되면 새로운 명령어를 입력하기가 매우 어렵습니다.

이러한 한계를 극복하기 위해 우리는 다음으로 학습기반의 인공지능(Learning-based AI)을 만들어 볼 것입니다. 컴퓨터를 학습시켜 명령어를 스스로 인식할 수 있도록 만드는 것입니다.

2. 머신러닝 모델 훈련

이제 머신러닝 방식의 프로젝트를 만들어 보도록 하겠습니다.

예제 파일의 원리는 확인했으므로, 열려 있는 스크래치 에디터 창은 저장하지 않고 닫습니다.

새로운 웹브라우저 창을 열고, https://machinelearningforkids.co.uk/ 사이트에 접속합니다.

상단 메뉴에서 [로그인] 버튼을 클릭합니다. 다시 [로그인] 버튼을 클릭합니다.

본인의 아이디(username)와 비밀번호(password)를 입력하여 로그인합니다.

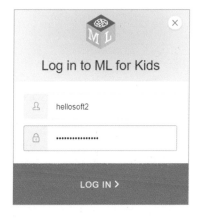

상단 메뉴의 [프로젝트] 를 클릭합니다

화면 오른쪽 상단의 [+ 프로젝트 추가] 버튼을 클릭합니다.

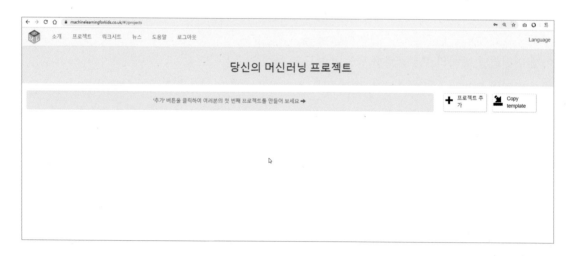

프로젝트 이름은 'AI Speaker', 인식 방법은 '텍스트', 언어는 'Korean'을 선택합니다. 프로젝트 이름에는 한글을 사용할 수 없으므로 주의하도록 합니다. [만들기] 버튼을 클릭합니다.

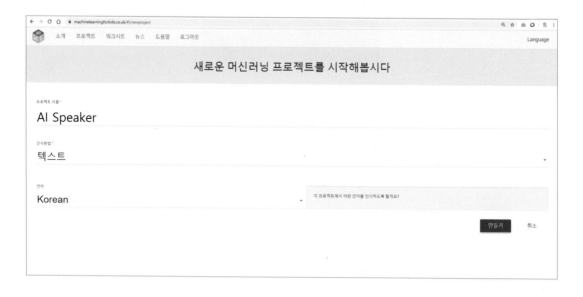

만약 학생 계정이 아닌, 선생님 계정으로 로그인하여 프로젝트를 만드는 경우에는 다음과 같이 '모든 학생을 위한 프로젝트입니까?'라는 체크박스가 나타납니다.

여기에 체크를 하고 만들면 연결된 모든 학생이 이 프로젝트를 공동으로 진행할 수 있습니다. 다만 학생들은 사용 범위가 제한됩니다. 예를 들어 학생들은 프로젝트의 레이블을 추가/삭제하거나 새로운 머신러닝 모델을 훈련시킬 수 없습니다.

이러한 공동 프로젝트는 무료 버전으로 만들 수 있는 모델의 개수가 제한되어 있거나 데이터 수집에 많은 시간이 걸릴 때 협동을 통해 시간을 절약할 때 사용할 수 있습니다.

Artificial Intelligence
SCRATCH

화면에 회색으로 'AI Speaker' 회색 박스가 만들어진 것을 볼 수 있습니다. 박스를 클릭합니다.

'훈련', '학습&평가', '만들기' 메뉴가 나타납니다. 훈련 메뉴에서 훈련 데이터를 입력하고, 학습&평가 메뉴에서 훈련 데이터를 이용해서 머신러닝 모델을 만들어 냅니다. 그 다음 만들기 메뉴에서 머신러닝 모델을 이용한 스크래치 프로젝트를 만들게 됩니다.

먼저 [훈련] 버튼을 클릭합니다.

화면 오른쪽에 [+ 새로운 레이블 추가] 버튼을 클릭합니다.

레이블은 머신러닝 모델이 데이터를 인식하고 분류하여 내놓는 결과를 의미합니다. 우리는 네 가지 종류의 동작을 인식하는 인공지능 스피커를 만들 것이므로, 레이블이 네 개 필요합니다.

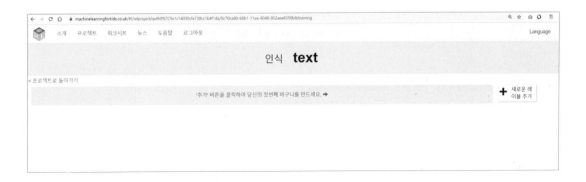

새로운 레이블 추가 팝업창에 'tv on'을 입력하고 [추가] 버튼을 클릭합니다.

스마트 홈 4장 | Artificial Intelligence SCRATCH

'tv_on' 박스가 만들어집니다. 레이블 이름에서 빈칸은 밑줄(_)로 자동으로 바뀝니다. 이 박스 안에 훈련 데이터가 입력되는데, 이것을 '버킷(Bucket)'이라고 부릅니다.

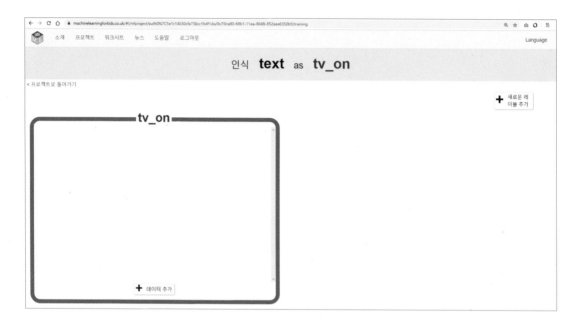

같은 방식으로 'tv off', 'order jajang', 'order pizza' 레이블을 추가합니다.

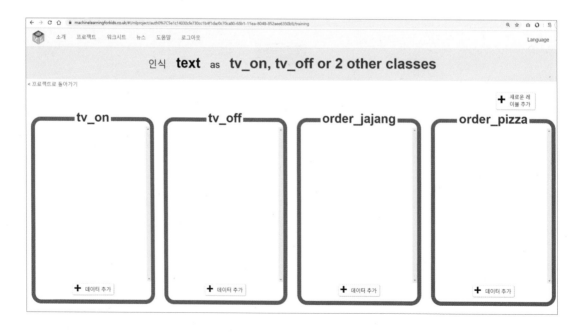

이제 훈련 데이터를 입력하겠습니다. 'tv_on' 버킷 하단의 [+ 데이터 추가] 버튼을 클릭합니다.
여기에 TV를 켜는 동작을 위한 명령어 사례 5가지를 입력하겠습니다.
우선 "티비 켜줘"라고 입력하고 [추가] 버튼을 클릭합니다.

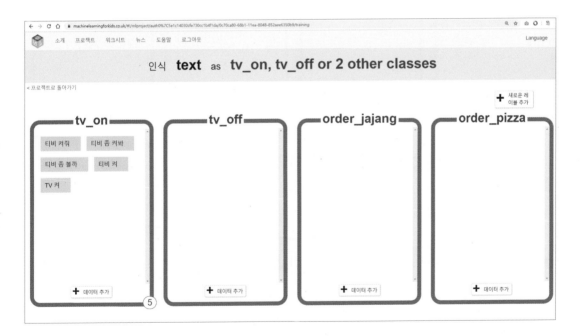

다시 [+ 데이터 추가] 버튼을 클릭하고, "티비 좀 켜봐", "티비 좀 볼까", "티비 켜", "TV 켜"처럼
다양한 명령어를 추가합니다.

같은 방식으로 나머지 세 개의 버킷에도 데이터를 5개씩 추가해 줍니다.

'tv_off'에는 TV를 끄기 위한 명령어, 'order_jajang'에는 자장면을 주문하기 위한 명령어, 'order_pizza'에는 피자를 주문하는 명령어 사례를 입력합니다.

명령어는 그림을 참고하여 여러분들이 자유롭게 입력해 주세요.

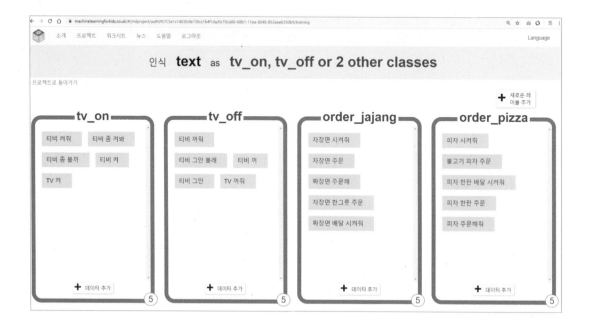

머신러닝 모델 훈련을 위해서는 버킷마다 일정 개수 이상의 훈련 데이터가 필요합니다. 텍스트 인식 프로젝트의 경우 최소 개수는 5개입니다.

또한 훈련 데이터를 추가할 때 팁은 다음과 같습니다.

❶ 더 많은 훈련 데이터를 만드세요. 여러분이 더 많은 데이터(사례)를 추가할수록, 컴퓨터가 여러분의 명령어를 더 잘 인식합니다.

❷ 버킷별로 비슷한 개수의 훈련 데이터를 추가하세요. 만약 특정한 버킷에만 더 많은 데이터를 추가하게 되면, 컴퓨터가 새로운 데이터를 인식할 때 해당 레이블로 인식할 확률이 더 높아집니다.

❸ 다른 사람들의 도움을 받아 훈련 데이터를 수집하세요. 어떤 사람들은 여러분이 사용하지 않는 단어나 문장 구조를 사용할 수도 있습니다. 다양한 사람들에게서 데이터를 수집할수록 컴퓨터의 인식 능력이 향상됩니다.

❹ 훈련 데이터를 다양하게 조합하세요. 훈련 데이터를 다양한 형태로 만들어 주세요. 예를 들어, 긴 문장과 짧은 문장, 띄어쓰기와 붙여쓰기, 존댓말과 반말, 영어단어와 한글발음 등을 다양하게 조합하여 입력해 주세요.

훈련 데이터 추가가 완료되었다면, [〈프로젝트로 돌아가기] 버튼을 클릭합니다.
그리고 [학습&평가] 버튼을 클릭합니다. 이곳에서는 여러분이 수집한 데이터의 개수를 살펴볼 수 있습니다.
화면 하단의 [새로운 머신 러닝 모델을 훈련시켜보세요.] 버튼을 클릭합니다.

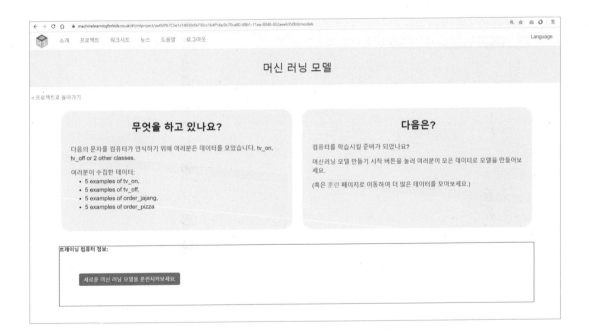

스마트 홈 4장 | Artificial Intelligence SCRATCH

IBM의 인공지능 API를 이용하여 새로운 머신러닝 모델이 생성되고, 훈련 데이터를 이용하여 훈련됩니다. 하단에 나타나는 퀴즈는 필수가 아니므로 원하는 경우에만 풀어 보도록 합니다.

텍스트 인식 유형의 프로젝트는 훈련에 30초 이내의 시간이 걸립니다. 만약 버킷의 훈련 데이터 개수가 최소 5개가 되지 않으면 훈련이 되지 않으므로, 훈련 데이터를 추가한 후 다시 진행합니다.

훈련이 완료되면 '모델의 상태' 값이 'Available'로 변경됩니다. 그리고 화면 중간에 테스트를 위한 텍스트 박스가 생성됩니다.

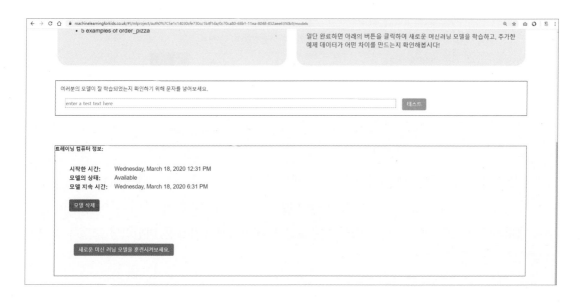

머신러닝 모델이 잘 훈련되었는지 테스트해 보겠습니다. 텍스트 박스에 훈련 데이터로 입력한 문장 "티비 켜줘"를 입력한 후 [테스트] 버튼을 클릭합니다. 컴퓨터가 문장을 인식하여 결과 레이블(label)과 정확도(confidence)를 출력합니다. 정확도가 100%가 나오는 것을 볼 수 있습니다.

스마트 홈 4장

Artificial Intelligence
SCRATCH

이번에는 훈련 데이터로 입력하지 않은 새로운 문장을 테스트 해 보겠습니다. "티비 좀 보여줘"를 입력한 후 ▌**테스트** ▌ 버튼을 클릭합니다. 정확도는 낮아졌지만, 레이블이 잘 출력되었습니다.

다양한 명령어를 입력하여, 네 가지 종류의 명령어를 잘 인식하는지 테스트해 보세요.

만약 머신러닝 모델의 인식 결과가 마음에 들지 않는다면 다시 '훈련' 페이지로 돌아가서 더 많은 훈련 데이터를 추가합니다. 그리고 다시 '학습&평가' 페이지에서 새로운 머신러닝 모델을 훈련시켜 줍니다.

3. 스크래치 프로젝트 제작

이제 훈련된 머신러닝 모델을 이용한 스크래치 프로젝트를 제작하도록 하겠습니다.

[〈프로젝트로 돌아가기] 버튼을 클릭합니다. [만들기] 버튼을 클릭합니다.

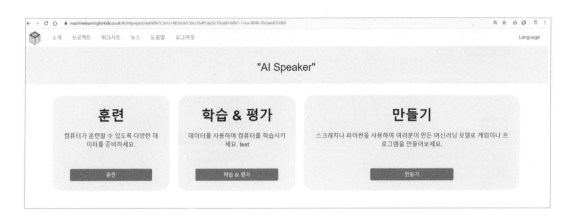

[스크래치 3] 버튼을 클릭합니다.

스마트 홈 4장

Artificial Intelligence
SCRATCH

[스크래치 3 열기] 버튼을 클릭합니다.

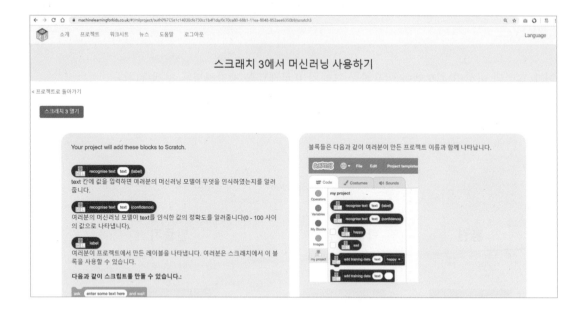

스크래치 에디터 화면이 나타납니다. 예제 파일을 다시 한번 불러오겠습니다.

상단 메뉴에서 파일 〉 Load from your computer 를 클릭합니다. 예제 파일 폴더에서 '4장_스마트
홈_예제.sb3' 파일을 찾아 [열기]를 해줍니다.

프로젝트가 열립니다. 화면 좌측의 블록 카테고리 맨 아래에 'AI Speaker' 카테고리가 새롭게 생긴 것을 볼 수 있습니다. 카테고리를 클릭합니다. 실행 블록과 레이블 블록을 볼 수 있습니다.

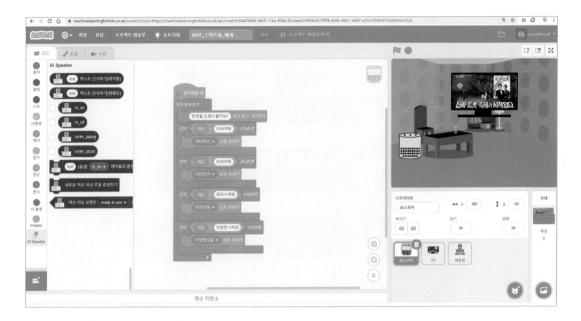

스마트 홈 4장 Artificial Intelligence
SCRATCH

'AI스피커' 스프라이트를 선택합니다. 기존에 있던 스크립트를 아래와 같이 수정합니다. 곤색 블록은 모두 'AI Speaker' 카테고리에 있는 블록입니다.

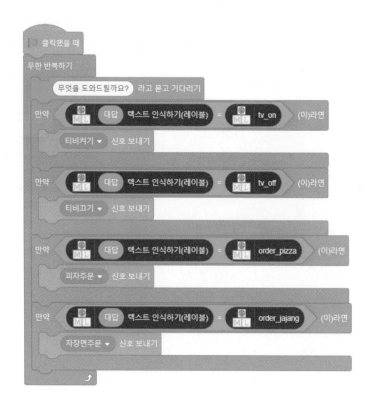

스크래치 프로젝트 제작이 완료되었습니다. 이제 프로젝트를 테스트해 보겠습니다.

🏴 버튼을 클릭하여 프로젝트를 실행합니다.

하단의 텍스트 입력창에 4가지 동작을 위한 명령어를 입력하고, 엔터키를 눌러보세요. 결과를 확인해 보세요. 이번에는 일부러 오타를 내거나 단어의 순서를 바꾸어 입력해 보세요. 제대로 작동하나요?

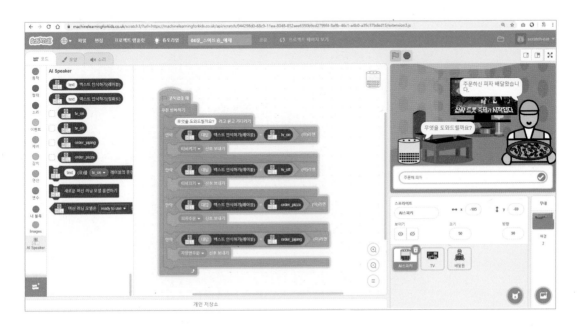

여러 가지 명령어를 입력하여 여러분이 만든 '인공지능 스피커'의 능력을 테스트해 보세요.

우리가 어떤 문장을 입력해도 머신러닝 모델은 결과로 4가지 레이블 중의 하나를 출력합니다. 이 방식은 오타나 단어의 순서를 조금씩 변형해도 인식이 된다는 장점이 있는 반면에 정확성이 떨어지는 단점이 있습니다. 이 정확성에 대한 부분은 8장에서 다룹니다.

완성된 스크래치 프로젝트는 별도로 저장할 수 있습니다.

저장 방법은 상단 메뉴의 파일 〉 컴퓨터에 저장하기를 클릭하면 됩니다. 다운로드 폴더에 프로젝트 파일이 저장됩니다.

스마트 홈 4장 Artificial Intelligence SCRATCH

혹시 시간이 있다면 다음과 같이 프로젝트를 직접 수정하여 응용해 보세요.

스크래치 프로젝트를 수정하여 인공지능 스피커에 비상시 112 또는 119로 전화를 걸거나, 문자를 보내는 기능을 추가하고 화면에 표현합니다.

다음의 단계로 진행해 보세요.

1. 레이블 추가
2. 훈련 데이터 추가
3. 새로운 머신러닝 모델 훈련
4. '전화' 스프라이트 추가
5. 스크립트 추가

더 알아보기
인공지능 스피커(AI Speaker)의 활용 사례

인공지능 스피커는 2014년 아마존의 '에코' 모델이 첫 번째 제품으로 출시되었습니다. 작은 원통 모양의 스피커로 항상 켜져 있어서 언제든지 원하는 것을 얘기하면 음성을 인식하여 처리해 주는 기능이 있습니다.

국내에서는 2016년 SK텔레콤의 '누구' 제품 출시를 시작으로, KT의 '기가지니', 네이버의 '웨이브', 카카오의 '카카오 미니' 등의 제품이 출시되었습니다. 인공지능 스피커는 국내에 등장한 지 3년 만에 보급 대수가 가파르게 상승하고 있습니다. 아직 정확한 보급 대수는 공개되지 않았으나 2019년 말 기준으로 약 800만 대(전체 가구의 약 40%)의 제품이 보급된 것으로 파악되고 있습니다.

인공지능 스피커는 최초에는 음악을 재생하거나 알람과 날씨를 알려주는 것부터 출발했으나, 현재는 인터넷과 가전제품을 연결하는 스마트홈 시스템의 중심 허브 역할을 하고 있으며, 다양한 분야에서 새로운 서비스를 제공하는 데 사용되고 있습니다.

서울시는 119구급차 내에 인공지능 스피커를 장착했으며, SK텔레콤은 7인치 디스플레이를 추가한 '누구 네모'를 출시하고 어르신 돌봄 서비스, 요리 레시피 제공 서비스, 시각 장애인 전용 음성 도서 제공 서비스를 추가했습니다.

KT는 '기가지니'를 이용해 객실에서 용품을 요청하면 직접 배달해주는 '엔봇' 로봇을 시범 운영하고, 현대중공업과 인공지능 협동 로봇을 공동개발하고 있으며, 아파트 커뮤니티 서비스를 실시하고 있습니다.

LG유플러스는 구글 어시스턴트를 연동한 사물인터넷 서비스를 제공하고, 카카오VX와 협력하여 자세교정, 운동 관리 서비스 기능을 추가했습니다.

이처럼 인공지능 스피커는 내비게이션, TV, 교육, 쇼핑, 호텔 등의 분야와 접목하여 인공지능 플랫폼의 중심이 되어 가고 있습니다. 최근에는 개인 개발자도 인공지능 스피커를 이용한 앱을 제작할 수 있는 개발자 도구가 제공하여 인공지능 스피커 생태계가 만들어지고 있습니다. 세계 시장점유율 1위(36%)의 아마존 '알렉사'는 온라인으로 10만 개 이상의 추가 기능(스킬)을 다운로드받을 수 있습니다.

스마트 홈 4장

Artificial Intelligence
SCRATCH

[연합뉴스TV] 국내 AI 스피커 각축전
https://youtu.be/WgPo8uKWHNk

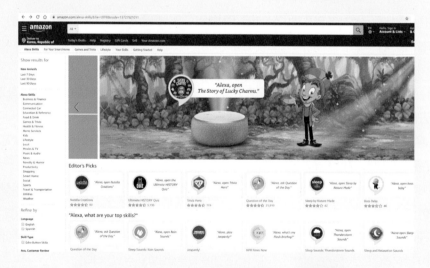

알렉사 추가 기능(스킬) 모음
https://amzn.to/2UpkLHQ

5장
뉴스섹션 분류

동영상 강의   http://hellosoft.fun/bookais05

1. 프로젝트 소개

우리가 뉴스를 가장 많이 접하는 곳이 네이버와 다음 같은 포털 사이트입니다. 현재 포털 사이트는 뉴스 제공 서비스에 인공지능 기술을 많이 도입하고 있습니다. 뉴스 기사를 자동으로 작성하는 '뉴스 로봇'도 있고, 작성된 뉴스 기사를 자동으로 선별하여 웹사이트에 등록하는 '인공지능 편집기'도 있습니다. 예를 들어 네이버는 2019년 4월부터 뉴스 편집을 인공지능 '에어스'가 100% 전담하고 있습니다.

이번 프로젝트에서 우리는 뉴스 기사 제목을 입력하면 자동으로 뉴스 섹션을 분류하는 뉴스 편집 프로그램을 제작합니다. 4가지 뉴스 섹션(정치, 경제, 사회, IT)별로 뉴스 기사 제목을 선별하여 인공지능 모델을 학습시킵니다. 이후 새로운 뉴스 기사 제목을 입력하면 인공지능 모델이 자동으로 섹션을 분류해 줍니다.

우리는 우선 사람이 직접 섹션을 분류하는 프로그램을 실행해보고 원리를 살펴봅니다. 사람이 직접 뉴스 기사를 입력하고, 섹션도 지정해주어야 합니다.

다음으로 여러분은 '머신러닝' 기반의 프로그램을 제작합니다. 우리는 이전 날짜의 뉴스 기사 제목을 이용하여 컴퓨터를 '학습'시킵니다. 학습된 머신러닝 모델은 단어의 선택과 문장의 구조에 따라 오늘날짜의 뉴스 기사 제목을 인식하고 자동으로 분류할 수 있습니다.

우선 미리 만들어져 제공되는 예제 파일을 살펴보도록 하겠습니다.

컴퓨터의 웹브라우저 프로그램을 실행하고, https://scratch.machinelearningforkids.co.uk/ 사이트에 접속합니다.

스크래치3 에디터 화면이 나타납니다. 예제 파일을 찾아 불러오겠습니다.

상단 메뉴의 파일 〉 Load from you computer 메뉴를 클릭합니다.

예제 파일 폴더에서 '05장_뉴스섹션분류_예제.sb3' 파일을 선택하고, [열기] 버튼을 클릭합니다.

예제 파일이 없는 경우에는 헬로소프트 홈페이지 http://hellosoft.fun/aiscratch에서 예제 파일을 다운로드 받을 수 있습니다.

예제 파일은 윈도우 탐색기에서 파일을 더블클릭해서 열 수 없습니다. 반드시 스크래치3 에디터 화면에서 불러오기 기능을 이용해서 열어야 합니다.

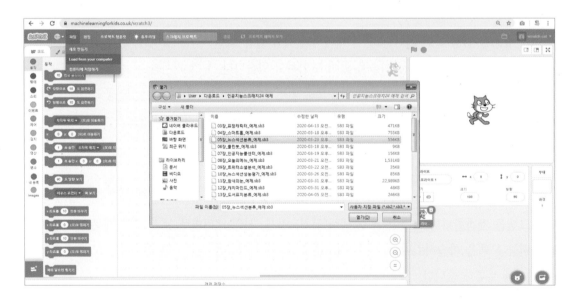

예제 파일이 열리면 미리 제작된 편집부, 뉴스 스프라이트를 볼 수 있습니다.

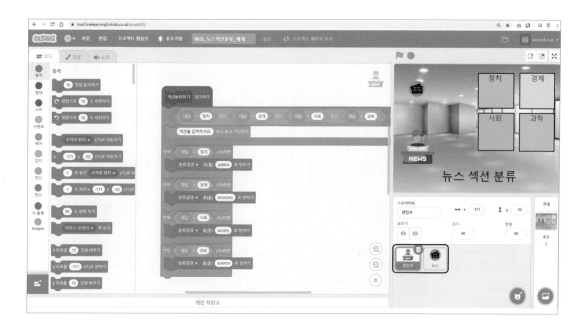

'편집부' 스프라이트의 스크립트를 살펴보면, 🚩을 클릭했을 때 뉴스 기사 제목을 입력받습니다. 그리고 '뉴스' 스프라이트로 '뉴스기사제목표시' 신호를 보냅니다. 이후 '섹션분류하기', '섹션말하기', '섹션이동하기'를 순서대로 진행합니다.

'섹션분류하기' 단계에서는 사용자에게 방금 입력한 뉴스 기사의 섹션을 입력받습니다. 그리고 사용자의 선택에 따라 뉴스 기사의 섹션을 분류합니다.

'섹션말하기' 단계에서는 뉴스 기사의 섹션분류 결과를 화면에 표시합니다. 그리고 '뉴스기사섹션이동' 신호를 '뉴스' 스프라이트로 보냅니다.

'트윗분석' 스프라이트를 선택하고 스크립트를 살펴봅니다.

'뉴스기사제목표시' 신호를 받으면 입력받은 뉴스 기사를 말풍선으로 표시합니다.

'뉴스기사섹션이동' 신호를 받으면 섹션분류 결과에 따라 스프라이트를 해당 박스로 이동시킵니다.

뉴스섹션 분류 5장 Artificial Intelligence SCRATCH

▶ 버튼을 클릭하여 프로젝트를 실행합니다.

화면에 뉴스 기사 입력창이 나타납니다. 예시로 '문 대통령, 중앙부처 차관 인사 단행'이라는 기사 제목을 입력합니다. 섹션 입력창이 나타나면, '정치'를 입력합니다. 뉴스 스프라이트가 '정치' 섹션 영역으로 이동합니다.

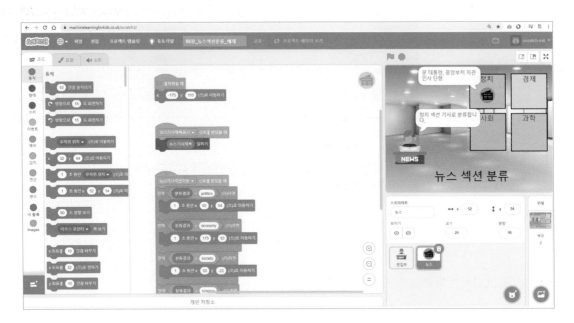

수동으로 섹션을 분류하는 방식은 뉴스에 대한 전문성이 있는 인력이 필요하며 시간도 많이 소요됩니다.

이번에는 머신러닝 방식의 자동 분류 프로그램을 만들어 볼 것입니다. 컴퓨터를 학습시켜서 뉴스 기사 제목의 단어와 문맥을 인식하고 뉴스 섹션을 자동으로 분류할 수 있도록 만드는 것입니다.

2. 머신러닝 모델 훈련

이제 머신러닝 방식의 프로젝트를 만들어 보도록 하겠습니다.

예제 파일의 원리는 확인했으므로, 열려 있는 스크래치 에디터 창은 저장하지 않고 닫습니다.

새로운 웹브라우저 창을 열고, https://machinelearningforkids.co.uk/ 사이트에 접속합니다.

상단 메뉴에서 [로그인] 버튼을 클릭합니다. 다시 [로그인] 버튼을 클릭합니다.

본인의 아이디(username)와 비밀번호(password)를 입력하여 로그인합니다.

상단 메뉴의 [프로젝트] 를 클릭합니다

화면 오른쪽 상단의 [+ 프로젝트 추가] 버튼을 클릭합니다.

프로젝트 이름은 'News Section', 인식 방법은 '텍스트', 언어는 'Korean'을 선택합니다. [만들기]
버튼을 클릭합니다.

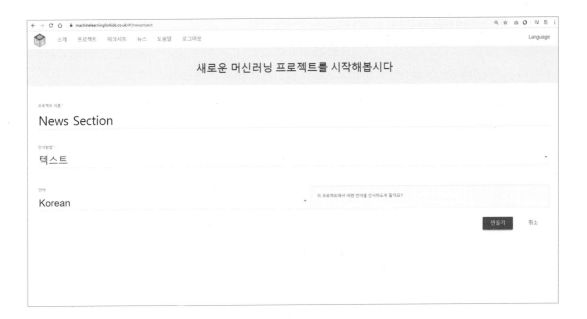

화면에 만들어진 'News Section' 프로젝트 박스를 클릭합니다.

'훈련', '학습&평가', '만들기' 메뉴가 나타납니다. 먼저 [훈련] 버튼을 클릭합니다.

화면 오른쪽에 [+ 새로운 레이블 추가] 버튼을 클릭합니다.

우리는 뉴스 기사를 4가지 종류의 섹션으로 분류시킬 것입니다. 바로 정치(politics), 경제(economy), 사회(society), 과학(science)입니다. 따라서 4개의 레이블을 만들어 줍니다.

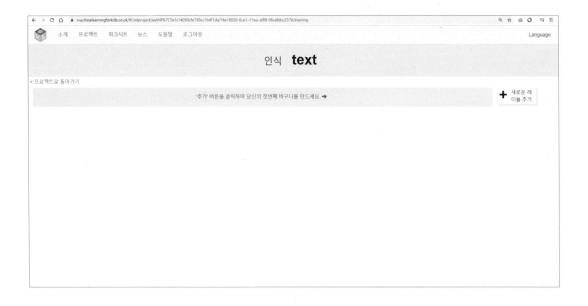

새로운 레이블 추가 팝업창에 'politics'를 입력하고 [추가] 버튼을 클릭합니다.

'politics' 박스가 만들어집니다.

같은 방식으로 'economy', 'society', 'science' 레이블을 추가합니다.

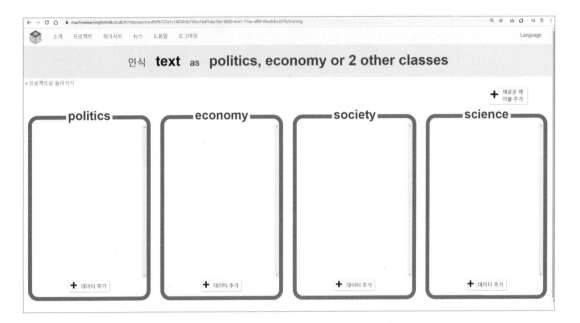

이제 훈련 데이터를 입력하겠습니다.

뉴스 제목은 현실성을 위해 실제 뉴스 사이트에서 찾아내서 입력하겠습니다. 새로운 웹브라우저 창을 열고, 아래와 같은 포털 사이트의 뉴스 페이지에 접속합니다. 본 교재에서는 네이버 뉴스 페이지를 사용합니다.

네이버 뉴스: https://news.naver.com/
다음 뉴스: https://news.daum.net/

화면 상단에 뉴스 섹션명이 보입니다. '정치', '경제', '사회', '생활/문화', 'IT/과학', '세계', '오피니언'은 대분류 섹션입니다. 섹션명을 클릭하면 좌측에 소분류 섹션명과 해당 섹션의 뉴스를 볼 수 있습니다.

뉴스 페이지에서 '정치' 섹션을 클릭한 후, 좌측의 소분류 섹션에서 '대통령실'을 클릭합니다. 적은 양의 훈련 데이터를 이용해서 결과의 정확도를 높이기 위해 소분류를 선택하도록 하겠습니다. 만약 더 많은 훈련 데이터를 이용한다면 소분류를 선택하지 않아도 됩니다.

훈련 데이터 입력을 편하게 하기 위해 Machine Learning for Kids 창과 뉴스 창을 화면 좌우로 배치합니다.

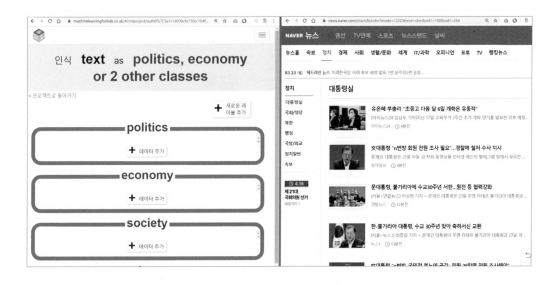

뉴스 기사 제목 중 하나를 마우스로 드래그하여 선택한 후, 마우스 오른쪽 버튼을 클릭한 후 '복사하기'를 클릭하거나 단축키(Ctrl+C)를 이용해 복사합니다.

politics 버킷 하단의 [+ 데이터 추가] 버튼을 클릭하고, 나타나는 팝업창에서 마우스 오른쪽 버튼을 클릭한 후 '붙여넣기'를 클릭하거나 단축키(Ctrl+V)를 이용해 붙여넣기 합니다. [추가] 버튼을 클릭합니다.

'politics' 버킷에 훈련 데이터가 추가됩니다.

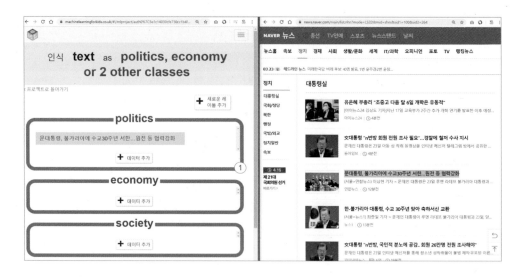

같은 방식으로 '정치 〉 대통령실' 섹션의 뉴스기사 제목을 9개 더 추가합니다.

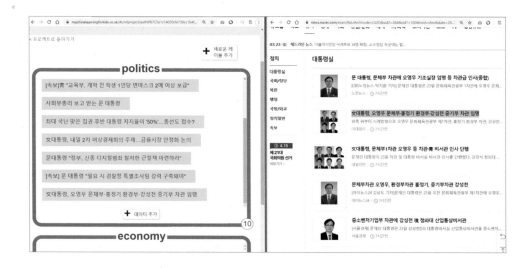

텍스트 인식 유형의 머신러닝 모델 훈련에는 버킷별로 5개 이상의 훈련 데이터가 필요합니다. 조금 더 나은 성능을 위해서 우리는 버킷별로 10개의 데이터를 추가하겠습니다.

같은 방식으로 'economy' 버킷에는 '경제 〉 금융' 섹션 뉴스기사, 'society' 버킷에는 '사회 〉 사건사고' 섹션 뉴스기사, 'science' 버킷에는 'IT/과학 〉 모바일' 섹션의 뉴스기사를 각각 10개씩 추가합니다.

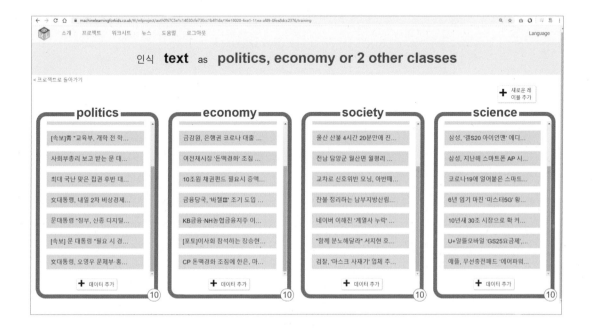

뉴스섹션 분류 5장 | Artificial Intelligence SCRATCH

훈련 데이터 추가가 완료되었다면, [<프로젝트로 돌아가기] 버튼을 클릭합니다.

그리고 [학습&평가] 버튼을 클릭합니다. 이곳에서는 여러분이 수집한 데이터의 개수를 살펴볼 수 있습니다.

화면 하단의 [새로운 머신 러닝 모델을 훈련시켜보세요.] 버튼을 클릭합니다.

IBM의 인공지능 API를 이용하여 새로운 머신러닝 모델이 생성되고, 훈련 데이터를 이용하여 훈련됩니다. 하단에 나타나는 퀴즈는 필수가 아니므로 원하는 경우에만 풀어 보도록 합니다.

텍스트 인식 유형의 프로젝트는 훈련에 30초 이내의 시간이 걸립니다. 만약 버킷의 훈련 데이터 개수가 최소 5개가 되지 않으면 훈련이 되지 않으므로, 훈련 데이터를 추가한 후 다시 진행합니다.

훈련이 완료되면 '모델의 상태' 값이 'Available'로 변경됩니다. 그리고 화면 중간에 테스트를 위한 텍스트 박스가 생성됩니다.

머신러닝 모델이 잘 훈련되었는지 테스트해 보겠습니다.

뉴스 페이지에서 훈련 데이터로 사용하지 않은 뉴스 기사 제목을 선택하여 텍스트 박스에 입력하고 [테스트] 버튼을 클릭합니다. 컴퓨터가 뉴스 기사를 인식하여 결과 레이블(label)과 정확도(confidence)를 출력합니다.

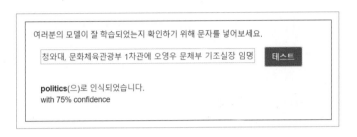

머신러닝 모델은 기본적으로 입력값에 대한 분류 결과(label)와 정확도(confidence, 신뢰도)를 출력합니다. 정확도란 머신러닝 모델이 자신의 분류(예측)결과에 대해 얼마나 확신하는지를 나타냅니다.

이 머신러닝 모델이 입력된 뉴스 기사 제목을 인식하여 4개의 레이블(politics, economy, society, science) 중 하나를 선택할 때, 그 선택을 얼마나 확신하는지 비율(%)도 함께 알려줍니다. 만약 훈련 데이터를 그대로 입력하여 테스트할 경우에는 정확도는 100%가 됩니다.

> 여러분의 모델이 잘 학습되었는지 확인하기 위해 문자를 넣어보세요.
>
> 갤럭시노트20 조기 출시설..."언더디스플레이 카메라 없다"   [테스트]
>
> **science**(으)로 인식되었습니다.
> with 48% confidence

다양한 뉴스 기사를 입력하여 머신러닝 모델이 섹션을 잘 인식하는지 테스트해 보세요.

만약 머신러닝 모델의 인식 결과가 마음에 들지 않는다면 다시 '훈련' 페이지로 돌아가서 더 많은 훈련 데이터를 추가합니다. 그리고 다시 '학습&평가' 페이지에서 새로운 머신러닝 모델을 훈련시킨 후 테스트해 보세요.

3. 스크래치 프로젝트 제작

이제 훈련된 머신러닝 모델을 이용한 스크래치 프로젝트를 제작하도록 하겠습니다.

[〈프로젝트로 돌아가기] 버튼을 클릭합니다. [만들기] 버튼을 클릭합니다.

[스크래치 3] 버튼을 클릭합니다.

[스크래치 3 열기] 버튼을 클릭합니다.

스크래치 에디터 화면이 나타납니다. 예제 파일을 다시 한번 불러오겠습니다.

상단 메뉴에서 파일 〉 Load from your computer를 클릭합니다. 예제 파일 폴더에서 '05장_뉴스섹션분류_예제.sb3' 파일을 찾아 [열기]를 해줍니다.

프로젝트가 열립니다.

화면 좌측의 블록 카테고리에 'News Section' 카테고리가 새롭게 생긴 것을 볼 수 있습니다.

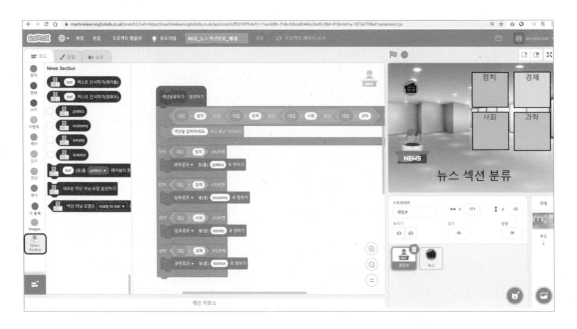

'편집부' 스프라이트에서 '[섹션분류하기] 정의하기' 스크립트를 찾습니다.
기존 블록을 모두 삭제하고 다음과 같이 수정합니다.

'트윗분석' 스프라이트를 선택합니다. '[긍정부정인식] 정의하기' 스크립트를 찾습니다. 머신러닝
모델을 사용하기 때문에 스크립트가 매우 간단해집니다.
바로 프로젝트를 테스트해 보겠습니다.
🏳 버튼을 클릭하여 프로젝트를 실행합니다. 뉴스 기사 제목을 입력합니다.
입력한 뉴스 기사의 섹션을 제대로 분류해 주나요?

스크래치 프로젝트 제작이 완료되었습니다.
완성된 스크래치 프로젝트는 별도로 저장할 수 있습니다.
저장 방법은 상단 메뉴의 파일 〉 컴퓨터에 저장하기를 클릭하면 됩니다. 다운로드 폴더에 프로젝트
파일이 저장됩니다.

Artificial Intelligence
SCRATCH

혹시 시간이 있다면 다음과 같이 프로젝트를 직접 수정하여 응용해 보세요.

자연어 처리 기술을 사용하면 사투리를 표준말처럼 인식할 수 있지만, 반대로 사투리를 구별할 수도 있습니다. 지역별 사투리(충청도, 전라도, 강원도, 경상도, 제주도, 북한 등)를 분류할 수 있는 새로운 머신러닝 모델을 만들어 봅시다.

인공지능 자연어 처리 기술의 활용 사례

자연어 처리(NLP: Natural Language Processing)는 컴퓨터가 우리가 사용하는 일상적인 언어(자연어)를 이해하거나 사용할 수 있도록 하는 기술입니다. 과거 키워드 기반의 인공지능이 미리 입력된 키워드를 감지했다면, 자연어 처리는 정형화되지 않은 자연어 문장에서 숨은 의미와 의도를 파악합니다.

예를 들어 "아침에 일어났다", "아침을 많이 먹었다", "가평에 있는 아침고요수목원에 갔다"에서 '아침'이라는 단어는 각각 '시간', '음식', '장소'처럼 서로 다른 뜻을 의미합니다. 키워드 방식은 이 차이점을 판단하지 못하지만, 자연어 처리 기술은 전체적인 맥락에서 문장의 표현을 파악하고 문장에 포함된 의도와 뉘앙스를 인식하게 됩니다.

자연어 처리는 머신러닝을 통해 작동합니다. 머신러닝 모델은 발화문(메시지)에서 단어와 문장의 구조를 학습합니다. 이후 새로운 발화문을 입력하면 문법 규칙과 언어 습관에 기초하여 문장과 핵심 단어를 추출합니다. 추출한 데이터에서 패턴을 찾아낸 다음 발화문의 전체적인 의미를 추론합니다.

우리가 교재에서 활용하고 있는 IBM의 왓슨 어시스턴트의 자연어 처리 기술은 '오마눤(5만 원) 송금'과 같이 부정확한 발음, 나이, 사투리, 남녀 음색의 차이까지 파악할 수 있습니다. 이러한 자연어 처리 기술을 통해 이용자의 표현을 파악하고 자연어 학습 기술로 이용자의 질문에 포함된 의도나 뉘앙스를 인식합니다.

카카오는 2019년 5월 인공지능 자연어 처리 기술을 기반으로 카카오톡 채널 챗봇과 카카오미니 보이스봇을 설계할 수 있는 카카오 i 오픈빌더를 개방해 누구나 자체 인공지능 서비스를 만들 수 있도록 했습니다. 엔티티 정의, 발화문 패턴 생성을 통해 개발을 모르는 사람도 간단하고 의미 있는 봇을 만들 수 있습니다.

자연어 처리 기술은 우리가 인공지능 서비스를 쉽게 이용할 수 있도록 해줍니다. 인공지능은 사용자의 명령을 수행하는데, 그 명령을 인식하는 것이 자연어 처리 기술입니다. 아무리 인공지능 기능이 뛰어나도 이용하기 불편하다면 사람들은 인공지능을 사용하지 않을 것입니다. 자연어 처리 성능이 발달함에 따라 일상생활에서 받을 수 있는 인공지능 서비스의 혜택도 더욱 커지고 있습니다.

[연합뉴스] 포털 '검색결과 0건' 감소한 이유

https://youtu.be/HC−QKgCHpcA

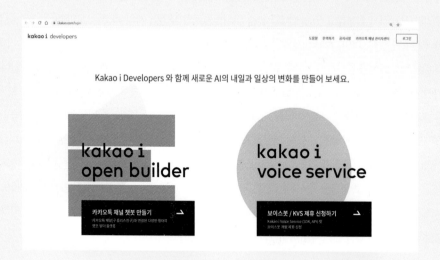

자연어처리 봇 제작툴 – 카카오 i 오픈 빌더

https://i.kakao.com/

6장
클린봇

동영상 강의 http://hellosoft.fun/bookais06

1. 프로젝트 소개

요즘은 웹사이트의 게시글이나 뉴스 기사 같은 다양한 콘텐츠에 댓글을 달 수 있습니다. 댓글은 건전한 의사소통, 표현의 자유, 정보 교환, 정보의 양방향성 등의 측면에서 다양한 순기능을 가지고 있습니다. 하지만 반대로 욕설, 비방, 혐오 표현, 신상정보 공개, 여론조작과 같은 역기능을 가지고 있습니다.

이에 네이버, 카카오, 페이스북, 인스타그램과 같은 플랫폼 사업자들은 댓글 필터링 기술을 이용하여 욕설과 비속어를 차단해 왔습니다. 최근에는 인공지능(AI) 기술을 이용하여 맥락과 단어의 관계까지 분석하는 기능을 적용하고 있습니다.

이 프로젝트에서 우리는 악성 댓글을 자동으로 감지하고 필터링하는 프로그램을 제작합니다. 우리는 인공지능 모델에게 악성 댓글을 학습시킬 것입니다. 학습된 인공지능 모델은 입력받은 댓글을 인식하여 온라인에 게시하거나 필터링(차단)시킵니다.

여러분은 우선 '금칙어' 기반의 프로그램을 실행하고 원리를 살펴봅니다. 이 방식은 댓글에 특정한 단어가 포함되어 있는지 여부를 확인합니다. 현재까지 사용되는 게시판의 대부분이 이러한 방식을 사용하고 있습니다. 하지만 띄어쓰는 것처럼 글자를 조금만 변경해도 감지가 되지 않습니다.

다음으로 여러분은 '머신러닝' 기반의 프로그램을 제작합니다. 우리는 금칙어를 입력하거나 필터링 알고리즘을 별도로 만들지 않습니다. 단지 다양한 악성 댓글의 사례를 입력하여 컴퓨터를 '학습'시킵니다. 학습된 머신러닝 모델은 단어의 선택과 문장의 구조에 따라 새로운 댓글도 인식할 수 있습니다.

우선 미리 만들어져 제공되는 예제 파일을 살펴보도록 하겠습니다.
컴퓨터의 웹브라우저 프로그램을 실행하고, https://scratch.machinelearningforkids.co.uk/ 사이트에 접속합니다.
스크래치3 에디터 화면이 나타납니다. 예제 파일을 찾아 불러오겠습니다.
상단 메뉴의 파일 > Load from you computer 메뉴를 클릭합니다.
예제 파일 폴더에서 '06장_클린봇_예제.sb3' 파일을 선택하고, [열기] 버튼을 클릭합니다.
예제 파일이 없는 경우에는 헬로소프트 홈페이지 http://hellosoft.fun/aiscratch에서 예제 파일을 다운로드 받을 수 있습니다.

예제 파일은 윈도우 탐색기에서 파일을 더블 클릭해서 열 수 없습니다. 반드시 스크래치3 에디터 화면에서 불러오기 기능을 이용해서 열어야 합니다.

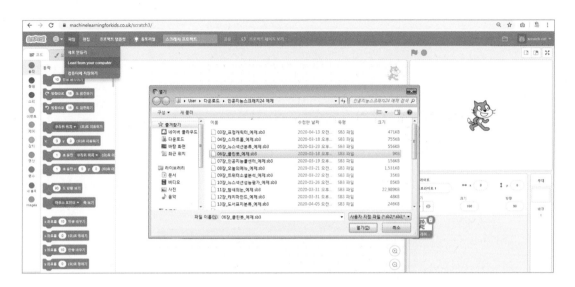

예제 파일이 열리면 가상의 게시글 화면을 볼 수 있습니다.
누군가 게시판에 어법이 틀린 이상한 게시글을 올려놓았습니다.
그리고 게시글 하단에 댓글과 이 게시판의 금칙어를 볼 수 있습니다.

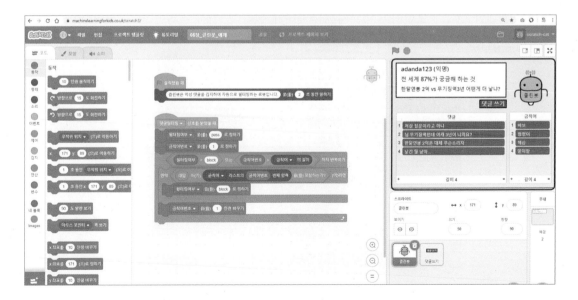

클린봇 6장 Artificial Intelligence
SCRATCH

'댓글쓰기' 스프라이트를 클릭합니다.

스크립트를 살펴보면, 버튼을 클릭했을 때 댓글을 입력받습니다. 그리고 '클린봇' 스프라이트에 '댓글필터링' 신호를 보냅니다. 클린봇은 악성 댓글 여부를 확인하고 '필터링여부' 변수의 값을 'pass' 또는 'block'으로 변경합니다.

만약 '필터링여부' 변수 값이 'block'이라면 댓글을 등록하지 않고, 'pass'라면 댓글 리스트에 등록하게 됩니다.

```
이 스프라이트를 클릭했을 때
댓글을 입력하세요 라고 묻고 기다리기
댓글필터링 ▼ 신호 보내고 기다리기
만약 필터링여부 = block (이)라면
    악성 댓글로 자동 필터링되었습니다. 을(를) 1 초 동안 말하기
아니면
    대답 을(를) 댓글 ▼ 에 추가하기
```

'클린봇' 스프라이트를 클릭합니다.

스크립트를 살펴보면, '댓글필터링' 신호를 받으면 금칙어 리스트에 있는 단어를 하나씩 가지고 와서 방금 입력한 댓글에 포함되어 있는지를 검사하게 됩니다. 검사 결과에 따라 '필터링여부' 변수 값을 변경합니다.

```
댓글필터링 ▼ 신호를 받았을 때
필터링여부 ▼ 을(를) pass 로 정하기
금칙어번호 ▼ 을(를) 1 로 정하기
필터링여부 = block 또는 금칙어번호 > 금칙어 ▼ 의 길이 까지 반복하기
    만약 대답 이(가) 금칙어 ▼ 리스트의 금칙어번호 번째 항목 을(를) 포함하는가? (이)라면
        필터링여부 ▼ 을(를) block 로 정하기
    금칙어번호 ▼ 을(를) 1 만큼 바꾸기
```

버튼을 클릭하여 프로젝트를 실행합니다.

댓글 쓰기 버튼을 클릭하고, 금칙어를 포함하지 않은 댓글을 입력합니다. 입력한 댓글이 리스트에 추가됩니다. 이번에는 금칙어 "바보"를 포함한 댓글을 입력해 봅니다. 댓글이 차단됩니다.

이번에는 "바 보", "바1보", "딸바보"를 입력하고 결과를 살펴봅시다.

이러한 금칙어 방식은 알고리즘이 매우 간단합니다. 하지만 한계가 있습니다. 우선, 금칙어의 개수가 많아야 하고 글자를 띄어쓰거나(바 보) 중간에 숫자를 넣는 방식(바1보)으로 우회할 수 있습니다. 그렇다고 금칙어를 무한정 늘리다 보면 정상적인 글(딸바보)까지 필터링되는 문제가 생깁니다. 글의 전체 흐름(문맥)을 읽을 수 없기 때문입니다. 만약 욕설에 많이 사용되는 '새끼'라는 단어를 차단할 경우 '새끼 고양이' 같은 말도 사용할 수 없게 됩니다. 반대로 '멍청이'라는 단어를 '멍청2'라고 바꾸면 차단을 우회할 수 있습니다.

결국 모니터링 관리자의 업무 부담이 커지게 됩니다. 욕설에 대한 신고가 들어오면 직접 읽고 판단해야 합니다. 욕설인지 아닌지 판단하는 것부터 잘못된 신고를 확인하는 것까지 수동으로 하게 됩니다.

이러한 한계를 극복하기 위해 우리는 머신러닝 방식의 프로그램을 만들어 볼 것입니다. 컴퓨터를 학습시켜서 악성 댓글을 스스로 인식할 수 있도록 만드는 것입니다.

2. 머신러닝 모델 훈련

이제 머신러닝 방식의 프로젝트를 만들어 보도록 하겠습니다.

예제 파일의 원리는 확인했으므로, 열려 있는 스크래치 에디터 창은 저장하지 않고 닫습니다.

새로운 웹브라우저 창을 열고, https://machinelearningforkids.co.uk/ 사이트에 접속합니다.

상단 메뉴에서 [로그인] 버튼을 클릭합니다. 다시 [로그인] 버튼을 클릭합니다.

본인의 아이디(username)와 비밀번호(password)를 입력하여 로그인합니다.

상단 메뉴의 [프로젝트] 를 클릭합니다

화면 오른쪽 상단의 [+ 프로젝트 추가] 버튼을 클릭합니다.

프로젝트 이름은 'CleanBot', 인식 방법은 '텍스트', 언어는 'Korean'을 선택합니다. [만들기] 버튼을 클릭합니다.

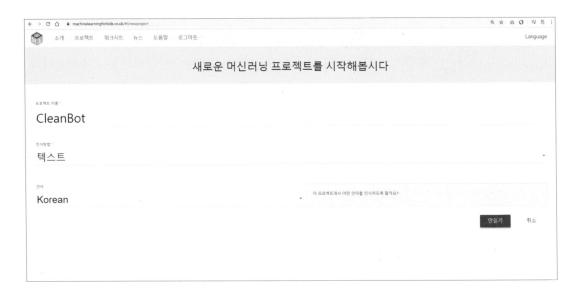

화면에 만들어진 'CleanBot' 프로젝트 박스를 클릭합니다.

'훈련', '학습&평가', '만들기' 메뉴가 나타납니다. 먼저 [훈련] 버튼을 클릭합니다.

화면 오른쪽에 [+ 새로운 레이블 추가] 버튼을 클릭합니다.

컴퓨터는 댓글을 인식하여 통과(pass)시키거나 차단(block)시킬 것입니다. 두 개의 레이블이 필요합니다.

새로운 레이블 추가 팝업창에 'pass'을 입력하고 [추가] 버튼을 클릭합니다.

'pass' 박스가 만들어집니다.

같은 방식으로 'block' 레이블을 추가합니다.

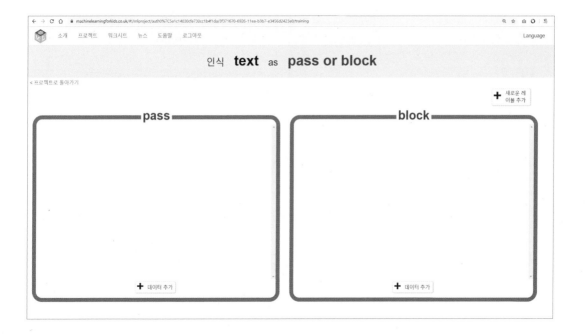

이제 훈련 데이터를 입력하겠습니다. 'pass' 버킷 하단의 [+ 데이터 추가] 버튼을 클릭합니다.

여기에 해당 게시글에 달릴 수 있는 댓글 사례 5가지를 입력하겠습니다.

게시글은 '한달 연봉 2억 원 vs 무기징역 3년 어떤게 더 낳냐?'입니다.

클린봇 6장

Artificial Intelligence
SCRATCH

같은 방식으로 'block' 버킷에도 데이터를 추가합니다.

본 프로젝트는 어디까지나 학습이 목적이므로 심한 악성 댓글을 입력하지 않습니다. 대신 '바보', '멍청이'처럼 약한 악성 댓글을 입력하도록 합니다. 그림을 참고하여 자유롭게 악성 댓글 사례를 추가해 주세요.

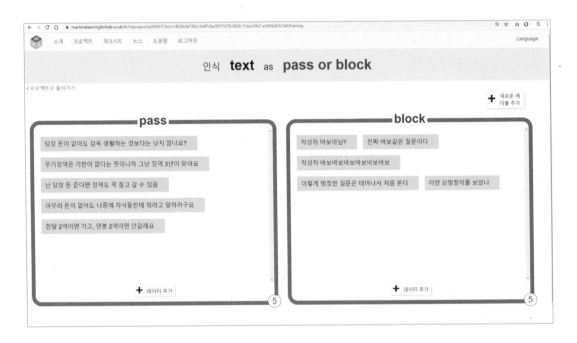

머신러닝 모델 훈련을 위해서는 버킷마다 일정 개수 이상의 훈련 데이터가 필요합니다. 텍스트 인식 프로젝트의 경우 최소 개수는 5개입니다. 최대 개수는 제한이 없습니다. 더 많고 다양한 데이터 (사례)를 추가할 수록, 컴퓨터가 댓글을 더 잘 인식합니다.

훈련 데이터 추가가 완료되었다면, [〈프로젝트로 돌아가기] 버튼을 클릭합니다.

그리고 [학습&평가] 버튼을 클릭합니다. 이곳에서는 여러분이 수집한 데이터의 개수를 살펴볼 수 있습니다.

화면 하단의 [새로운 머신 러닝 모델을 훈련시켜보세요.] 버튼을 클릭합니다.

IBM의 인공지능 API를 이용하여 새로운 머신러닝 모델이 생성되고, 훈련 데이터를 이용하여 훈련됩니다. 하단에 나타나는 퀴즈는 필수가 아니므로 원하는 경우에만 풀어 보도록 합니다.

텍스트 인식 유형의 프로젝트는 훈련에 30초 이내의 시간이 걸립니다. 만약 버킷의 훈련 데이터 개수가 최소 5개가 되지 않으면 훈련이 되지 않으므로, 훈련 데이터를 추가한 후 다시 진행합니다.

훈련이 완료되면 '모델의 상태' 값이 Available로 변경됩니다. 그리고 화면 중간에 테스트를 위한 텍스트 박스가 생성됩니다.

머신러닝 모델이 잘 훈련되었는지 테스트해 보겠습니다. 텍스트 박스에 'pass' 버킷의 데이터로 입력한 댓글과 유사한 문장을 입력한 후 [테스트] 버튼을 클릭합니다. 컴퓨터가 문장을 인식하여 결과 레이블(label)과 정확도(confidence)를 출력합니다.

여러분의 모델이 잘 학습되었는지 확인하기 위해 문자를 넣어보세요.

당장 돈이 없어도 감옥 가는것 보다는 낫겠죠   테스트

pass(으)로 인식되었습니다.
with 88% confidence

이번에는 'block' 버킷의 데이터로 입력한 댓글과 유사한 문장을 입력합니다.

여러분의 모델이 잘 학습되었는지 확인하기 위해 문자를 넣어보세요.

님 바보 아이가?   테스트

block(으)로 인식되었습니다.
with 31% confidence

다양한 댓글을 입력하여, 악성 댓글을 잘 인식하는지 테스트해 보세요.

만약 머신러닝 모델의 인식 결과가 마음에 들지 않는다면 다시 '훈련' 페이지로 돌아가서 더 많은 훈련 데이터를 추가합니다. 그리고 다시 '학습&평가' 페이지에서 새로운 머신러닝 모델을 훈련시킨 후 테스트해 보세요.

3. 스크래치 프로젝트 제작

이제 훈련된 머신러닝 모델을 이용한 스크래치 프로젝트를 제작하도록 하겠습니다.

[〈프로젝트로 돌아가기] 버튼을 클릭합니다. [만들기] 버튼을 클릭합니다.

[스크래치 3] 버튼을 클릭합니다.

[스크래치 3 열기] 버튼을 클릭합니다.

스크래치 에디터 화면이 나타납니다. 예제 파일을 다시 한번 불러오겠습니다.

상단 메뉴에서 파일 〉Load from your computer를 클릭합니다. 예제 파일 폴더에서 '06장_클린봇_
예제.sb3' 파일을 찾아 [열기]를 해줍니다.

프로젝트가 열립니다. 화면 좌측의 블록 카테고리 맨 아래에 'CleanBot' 카테고리가 새롭게 생긴
것을 볼 수 있습니다.

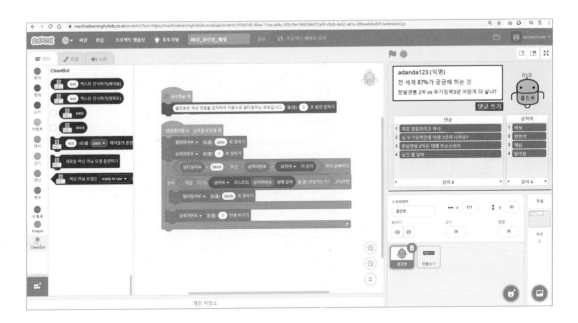

Artificial Intelligence
SCRATCH

우선 필터링된 악성댓글을 저장하는 '악성댓글' 리스트를 만들어 주겠습니다.
왼쪽 블록 카테고리에서 '변수'를 클릭한 후 '리스트 만들기' 버튼을 클릭합니다.
새로운 리스트 이름은 '악성댓글'을 입력하고 [확인] 버튼을 클릭합니다.

'리스트 만들기' 버튼 아래에 '금칙어' 리스트는 체크 해제하여 화면에서 숨깁니다.
그리고 화면에 보이는 리스트의 오른쪽 하단 '=' 버튼을 드래그하여 아래와 같이 크기를 조절합
니다.

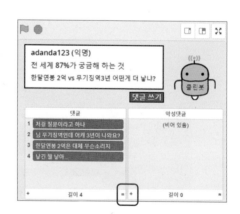

'클린봇' 스프라이트를 선택합니다.

'[댓글필터링] 신호를 받았을 때' 스크립트를 찾습니다.

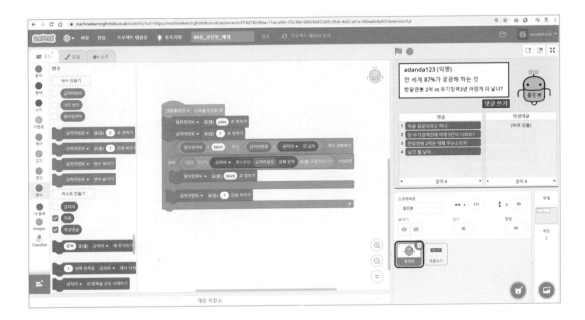

스크립트를 다음과 같이 수정합니다. 이 스크립트는 금칙어를 찾는 대신 머신러닝 모델을 이용하여 필터링 여부를 결정합니다.

Artificial Intelligence
SCRATCH

'댓글쓰기' 스프라이트를 선택합니다.

'[댓글필터링] 신호를 받았을 때' 스크립트를 찾습니다.

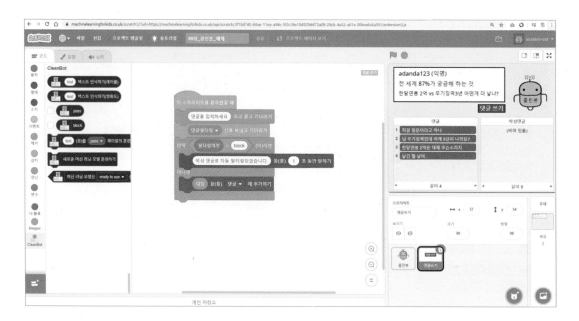

스크립트를 다음과 같이 수정합니다. 이 스크립트는 입력한 댓글의 인식결과에 따라 '악성댓글' 또는 '댓글' 리스트에 추가합니다.

바로 프로젝트를 테스트해 보겠습니다.

⚑ 버튼을 클릭하여 프로젝트를 실행합니다.

'댓글 쓰기' 버튼을 클릭한 후 '바보', '멍청이' 가 들어간 악성 댓글을 입력해 봅니다.

띄어쓰기(바 보), 숫자 추가(바1보), 글자 반복(바바보보) 방식으로 필터링을 우회해 봅시다.

그리고 악성댓글이 아닌 일반적인 댓글도 입력해 봅시다.

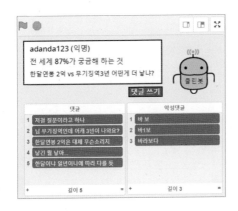

테스트를 진행해보면 우리가 훈련 데이터로 입력한 악성댓글뿐만 아니라, 이와 유사한 글도 필터링되는 것을 볼 수 있습니다. 머신러닝 모델은 텍스트에서 단어 선택과 문장 구조를 파악해 특징을 찾아내기 때문에 새로운 댓글을 판단할 수 있습니다.

그런데 테스트를 진행하다 보면 '바라보다'처럼 일반적인 글도 악성댓글로 인식하는 오류가 자주 발생합니다. 이것은 현재 모델의 훈련 데이터가 아직 많이 부족하기 때문입니다. 이 문제를 해결하기 위해서 악성댓글로 잘못 필터링된 일반 글을 '훈련' 페이지에서 'pass' 버킷의 훈련 데이터로 추가해 주도록 하겠습니다.

스크래치 에디터 화면은 그대로 둔 상태에서 Machine Learning for Kids 사이트 화면으로 이동합니다.

[〈프로젝트로 돌아가기] 버튼을 클릭합니다.

[훈련] 버튼을 클릭합니다. 'pass' 버킷 하단의 [+ 데이터 추가] 버튼을 클릭하고, "바라보다"를 입력한 후, [추가] 버튼을 클릭합니다.

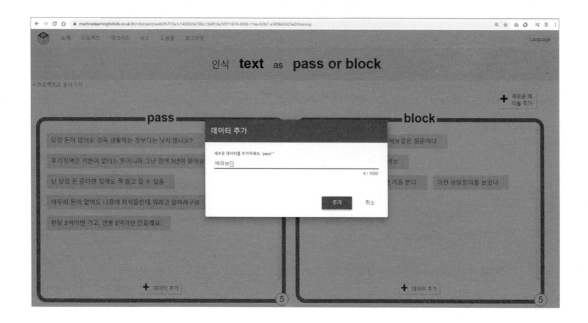

[⟨프로젝트로 돌아가기⟩] 버튼을 클릭합니다.

[학습&평가] 버튼을 클릭합니다. [새로운 머신 러닝 모델을 훈련시켜보세요] 버튼을 클릭합니다.

약 30초 후 새로운 머신러닝 모델의 훈련이 완료되면, 다시 스크래치 화면으로 돌아갑니다.

'댓글 쓰기' 버튼을 클릭한 후 "바라보다"를 입력해 봅니다. 이번에는 일반 댓글로 인식하는 것을
볼 수 있습니다.

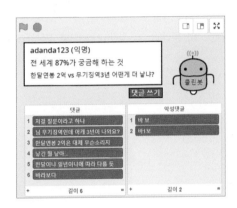

스크래치 프로젝트 제작이 완료되었습니다.

완성된 스크래치 프로젝트는 별도로 저장할 수 있습니다.

저장 방법은 상단 메뉴의 파일 〉 컴퓨터에 저장하기를 클릭하면 됩니다. 다운로드 폴더에 프로젝트
파일이 저장됩니다.

혹시 시간이 있다면 다음과 같이 프로젝트를 직접 수정하여 응용해 보세요.

스크래치 프로젝트를 수정하여 '선한 댓글'을 인식할 수 있도록 기능을 추가합니다.
사용자가 댓글을 입력하면 선한 댓글(good), 통과(pass), 차단(block)으로 인식하고 선한 댓글은 '선한댓글' 리스트
에 추가하도록 합니다.

다음의 단계로 진행해 보세요.

1. 레이블 추가
2. 훈련 데이터 추가
3. 새로운 머신러닝 모델 훈련
4. '선한댓글' 리스트 추가
5. 스크립트 추가

더 알아보기
인공지능 악성 댓글 필터링(Toxic Comment Filter) 활용 사례

네이버는 2012년부터 댓글에 입력된 욕설과 비속어를 자동으로 ○○ 부호로 자동치환하는 기능을 적용해 왔습니다. 그리고 약 400여 명의 모니터링 인력을 동원하여 게시물과 댓글을 24시간 모니터링하고 있습니다. 2019년 4월부터 악성 댓글 필터링 인공지능 기술 '클린봇'을 뉴스에 적용해 불쾌한 욕설이 포함된 댓글을 확인해 자동으로 숨기는 기능을 제공하고 있습니다.

페이스북은 전 세계 1만 5천여 명이 유해 콘텐츠를 검토하고 있으며, 인공지능 기술을 이용해 각종 혐오 표현·게시물을 사용자 신고 이전에 90% 이상 차단하고 있습니다. 기존에 혐오 발언으로 판별된 텍스트와 동일한 문자열 혹은 이미지를 포함하는지 식별해내는 매칭 기능(금칙어 방식)과 혐오발언 콘텐츠에서 나타나는 공통적인 문구나 패턴의 유사성을 평가하는 머신러닝 식별 기능(인공지능 방식)을 동시에 사용하고 있습니다. 덕분에 2019년 3분기에 삭제한 자살·자해 관련 콘텐츠 250만 개 중에 97.3%를 사전 감지하여 차단했습니다.

넥슨의 인공지능 욕설 탐지 기술 '초코'는 인간 고유의 커뮤니케이션 방식을 학습하고, 이미지를 기반으로 3초에 100만 건의 욕설을 탐지해 제거할 수 있습니다. 머신러닝 기술을 이용해 최신 욕설과 변형된 욕설, 광고 용어도 쉽게 인식할 수 있습니다. 기존의 금칙어 방식보다 욕설을 적발하는 확률도 높고, 실제 제재 대상으로 확인된 비율도 2배 이상 높아졌습니다.

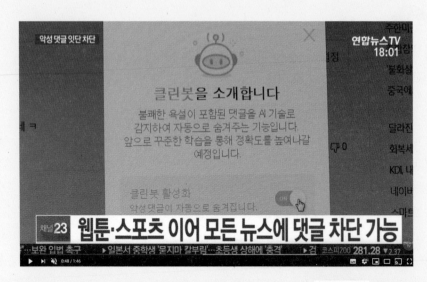

[연합뉴스TV] 악플 이제 그만
https://youtu.be/mNbCyvYXHD0

[넥슨NDC] 딥러닝으로 욕설 탐지하기
https://youtu.be/K4nU7yXy7R8

7장
인공지능 콜센터

동영상 강의   http://hellosoft.fun/bookais07

1. 프로젝트 소개

챗봇은 '챗'(Chat, 대화)과 '봇'(Bot, 로봇)의 합성어로, 사용자의 질문에 대답하는 대화형 인공지능 (AI) 시스템입니다. 과거의 챗봇은 단순한 패턴 매칭 방식을 사용했습니다. 패턴 매칭 방식은 사전에 정의된 키워드에 따라 미리 입력된 응답을 출력하는 방식입니다.

최근에는 인공지능 기술을 활용하여 일상적인 질문이나 명령을 분석하고 맥락을 파악하여 응답할 수 있습니다. 또한 딥러닝 기술은 대화를 통해 데이터가 축적될수록 학습을 통해 대화의 정확도를 높이고 있습니다.

이 프로젝트에서 우리는 챗봇을 이용해 스마트폰 콜센터의 인공지능 상담 서비스를 제작합니다. 인공지능 상담 서비스는 고객이 일상적인 문장으로 스마트폰의 문제점을 입력하면 이를 인식하여 적절한 답변을 해줍니다.

여러분은 우선 '키워드' 기반의 프로그램을 제작하고 원리를 살펴봅니다. 이 방식은 질문에 특정한 단어가 포함되어 있는지를 확인하고 미리 입력된 답변을 출력합니다.

다음으로 여러분은 '머신러닝' 기반의 프로그램을 제작합니다. 우리는 다양한 상담 사례를 입력하여 컴퓨터를 '학습'시킵니다. 학습된 머신러닝 모델은 단어와 문장의 구조에 따라 새로운 질문을 인식할 수 있습니다.

우선 미리 만들어져 제공되는 예제 파일을 살펴보도록 하겠습니다.

컴퓨터의 웹브라우저 프로그램을 실행하고, https://scratch.machinelearningforkids.co.uk/ 사이트에 접속합니다.

스크래치3 에디터 화면이 나타납니다. 예제 파일을 찾아 불러오겠습니다.

상단 메뉴의 파일 〉 Load from you computer 메뉴를 클릭합니다.

예제 파일 폴더에서 '07장_인공지능콜센터_예제.sb3' 파일을 선택하고, [열기] 버튼을 클릭합니다.

예제 파일이 없는 경우에는 헬로소프트 홈페이지 http://hellosoft.fun/aiscratch에서 예제 파일을 다운로드 받을 수 있습니다.

예제 파일은 윈도우 탐색기에서 파일을 더블 클릭해서 열 수 없습니다. 반드시 스크래치3 에디터 화면에서 불러오기 기능을 이용해서 열어야 합니다.

예제 파일이 열리면 콜센터 상담원 화면을 볼 수 있습니다.

'상담원' 스프라이트의 스크립트를 살펴보면, 인사를 한 후 고객의 질문에 따라 상담주제를 분류하고, 그에 맞게 답변하는 것을 계속 반복합니다.

'상담주제분류' 단계에서는 고객에게 질문한 후, 고객의 답변 내용에 특정한 단어(물, 액정, 분실, 괜찮)가 포함되어 있는지에 따라 상담주제를 결정됩니다.

'답변하기' 단계에서는 상담주제에 따라 이에 맞는 답변이 이루어지고, 다음 질문 멘트를 변경합니다. 만약 고객이 "괜찮다", "아니오"라는 말을 하면 상담을 끝내게 됩니다.

🏳 버튼을 클릭하여 프로젝트를 실행합니다.

상담 이유를 물어보는 질문에 "물에 빠졌어요"라고 입력합니다. 이에 대한 안내를 받을 수 있습니다. 더 필요한 것에 대한 질문에 "아니오"라고 입력합니다. 안내와 함께 전화 상담이 종료됩니다.

인공지능 콜센터 **7장** | Artificial Intelligence
SCRATCH

다시 🏳 버튼을 클릭하고 이번에는 '액정', '분실'과 관련된 문의를 해 봅니다.
그에 해당하는 답변을 들을 수 있습니다.

이번에는 "물에 빠져서 외관은 괜찮은데 안 켜져요"라고 입력해 보세요. 적절한 대답이 나왔나요?

이러한 키워드 방식은 알고리즘이 매우 간단하지만, 한계가 있습니다. 한 문장에 키워드가 여러 개가 있으면 상담 주제를 정확하게 파악할 수 없습니다. 예를 들어 '물' 키워드와 '괜찮' 키워드가 동시에 있다면 마지막에 나온 '괜찮' 키워드만 인식하고 상담을 끝내버리게 됩니다.

또한 '스마트폰 침수'를 의미하는 표현에는 '물', '강', '바다', '욕조', '싱크대', '비', '웅덩이'처럼 상당히 많은 단어가 사용될 수 있습니다. 이런 단어를 모두 키워드로 등록할 경우 상담주제를 파악하는 것이 더 어려워집니다.

이것은 키워드 방식이 글의 전체 흐름(문맥)을 읽을 수 없기 때문입니다. 이러한 한계를 극복하기 위해 우리는 머신러닝 방식의 프로그램을 만들어 볼 것입니다. 컴퓨터를 학습시켜서 문장에서 상담 주제를 스스로 분류할 수 있도록 만드는 것입니다.

2. 머신러닝 모델 훈련

이제 머신러닝 방식의 프로젝트를 만들어 보도록 하겠습니다.

예제 파일의 원리는 확인했으므로, 열려 있는 스크래치 에디터 창은 저장하지 않고 닫습니다.

새로운 웹브라우저 창을 열고, https://machinelearningforkids.co.uk/ 사이트에 접속합니다.

상단 메뉴에서 [로그인] 버튼을 클릭합니다. 다시 [로그인] 버튼을 클릭합니다.

본인의 아이디(username)와 비밀번호(password)를 입력하여 로그인합니다.

상단 메뉴의 [프로젝트]를 클릭합니다

화면 오른쪽 상단의 [+ 프로젝트 추가] 버튼을 클릭합니다.

프로젝트 이름은 'AI Call Center', 인식 방법은 '텍스트', 언어는 'Korean'을 선택합니다. [만들기] 버튼을 클릭합니다.

화면에 만들어진 'AI Call Center' 프로젝트 박스를 클릭합니다.

'훈련', '학습&평가', '만들기' 메뉴가 나타납니다. 먼저 [훈련] 버튼을 클릭합니다.

화면 오른쪽에 [+ 새로운 레이블 추가] 버튼을 클릭합니다.

우리는 4가지 유형의 상담주제를 학습시킬 것입니다. 바로 침수(water), 액정파손(lcd), 분실(lost), 상담종료(end)입니다. 따라서 4개의 레이블이 필요합니다.

새로운 레이블 추가 팝업창에 'water'를 입력하고 [추가] 버튼을 클릭합니다.

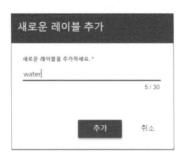

'water' 박스가 만들어집니다.

같은 방식으로 'lcd', 'lost', 'end' 레이블을 추가합니다.

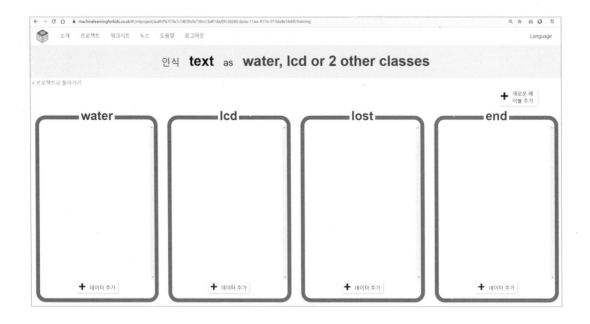

이제 훈련 데이터를 입력하겠습니다. 'water' 버킷 하단의 [+ 데이터 추가] 버튼을 클릭합니다.

여기에 '침수'에 대해 소개할 수 있는 발화문 사례 5가지를 입력하겠습니다.

발화문이란 챗봇에서 사용하는 용어로, 사용자가 인공지능 모델과 대화한 의사소통의 최소 단위를 의미합니다. 표현의 단위인 문장과는 약간 다른 의미로 사용됩니다. 발화문은 간단히 말하면 채팅창에서 말풍선 하나의 단위라고 생각하면 됩니다.

우리가 채팅창에 다양한 문구를 입력하는 것처럼 발화문의 형태는 문장뿐만 아니라 글자, 단어, 구또는 여러 개의 문장일 수 있습니다.

인공지능 스피커와의 대화에서 발화문은 침묵과 침묵 사이의 말이라고 볼 수 있습니다. 마찬가지로 단순한 글자부터 단어나 한 개 이상의 문장일 수 있습니다.

최대한 다양한 발화문 사례를 입력할수록 컴퓨터의 인식 성능이 높아집니다.

그림을 참고하여 자유롭게 발화문 사례를 추가해 주세요.

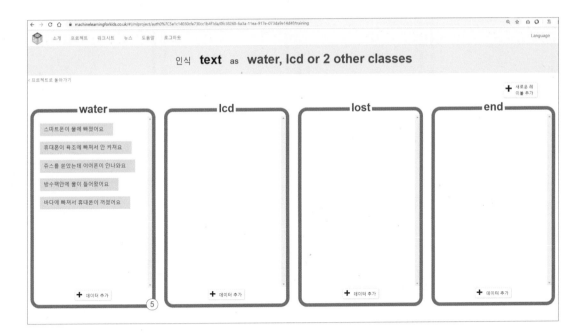

인공지능 콜센터 7장 | Artificial Intelligence SCRATCH

같은 방식으로 'lcd' 버킷에는 액정 파손, 'lost'에는 분실과 관련된 발화문 사례를 추가합니다. 마지막으로 'end' 는 안내 후 더 필요한 것이 있는지에 대한 질문에 상담을 끝내기 위해 할 수 있는 말을 추가합니다. 그림을 참고하여 자유롭게 사례를 추가해 주세요.

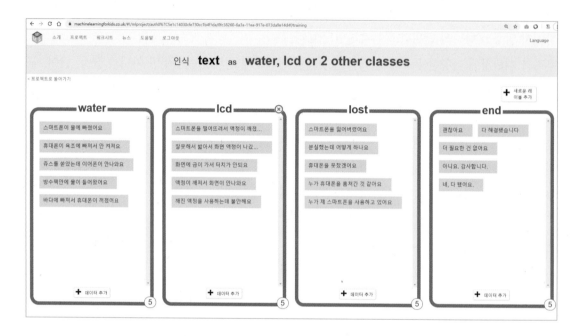

머신러닝 모델 훈련을 위해서는 버킷마다 일정 개수 이상의 훈련 데이터가 필요합니다. 텍스트 인식 프로젝트의 경우 최소 개수는 5개입니다. 최대 개수는 제한이 없습니다. 더 많고 다양한 데이터 (사례)를 추가할수록, 컴퓨터가 발화문을 더 잘 인식합니다.

훈련 데이터 추가가 완료되었다면, [〈프로젝트로 돌아가기〉] 버튼을 클릭합니다.

그리고 [학습&평가] 버튼을 클릭합니다. 이곳에서는 여러분이 수집한 데이터의 개수를 살펴볼 수 있습니다.

화면 하단의 [새로운 머신 러닝 모델을 훈련시켜보세요.] 버튼을 클릭합니다.

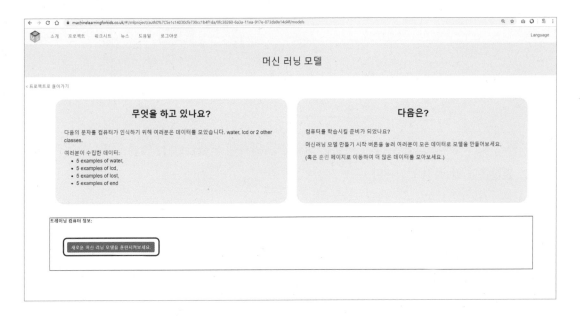

IBM의 인공지능 API를 이용하여 새로운 머신러닝 모델이 생성되고, 훈련 데이터를 이용하여 훈련됩니다. 하단에 나타나는 퀴즈는 필수가 아니므로 원하는 경우에만 풀어 보도록 합니다.

텍스트 인식 유형의 프로젝트는 훈련에 30초 이내의 시간이 걸립니다. 만약 버킷의 훈련 데이터 개수가 최소 5개가 되지 않으면 훈련이 되지 않으므로, 훈련 데이터를 추가한 후 다시 진행합니다.

훈련이 완료되면 '모델의 상태' 값이 Available로 변경됩니다. 그리고 화면 중간에 테스트를 위한 텍스트 박스가 생성됩니다.

머신러닝 모델이 잘 훈련되었는지 테스트해 보겠습니다. 텍스트 박스에 스마트폰 침수와 관련된 사례를 입력하고 [테스트] 버튼을 클릭합니다. 컴퓨터가 발화문을 인식하여 결과 레이블(label)과 정확도(confidence)를 출력합니다.

이번에는 키워드 방식으로는 분류가 어려운 발화문을 입력해 보겠습니다. 예를 들면, '물에 빠져서 액정은 괜찮은데 안 켜져요'입니다.

다양한 발화문을 입력하여 머신러닝 모델이 상담 주제를 잘 인식하는지 테스트해 보세요.
만약 머신러닝 모델의 인식 결과가 마음에 들지 않는다면 다시 '훈련' 페이지로 돌아가서 더 많은 훈련 데이터를 추가합니다. 그리고 다시 '학습&평가' 페이지에서 새로운 머신러닝 모델을 훈련시킨 후 테스트해 보세요.

3. 스크래치 프로젝트 제작

이제 훈련된 머신러닝 모델을 이용한 스크래치 프로젝트를 제작하도록 하겠습니다.
[〈프로젝트로 돌아가기] 버튼을 클릭합니다. [만들기] 버튼을 클릭합니다.

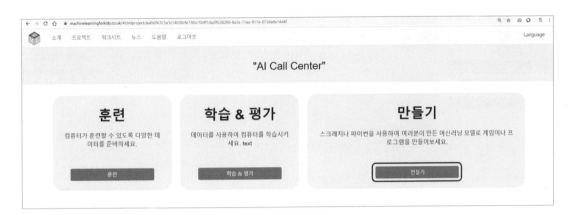

[스크래치 3] 버튼을 클릭합니다.

[스크래치 3 열기] 버튼을 클릭합니다.

스크래치 에디터 화면이 나타납니다. 예제 파일을 다시 한번 불러오겠습니다.

상단 메뉴에서 파일 〉 Load from your computer를 클릭합니다. 예제 파일 폴더에서 '07장_인공
지능콜센터_예제.sb3' 파일을 찾아 [열기]를 해줍니다.

프로젝트가 열립니다. 화면 좌측의 블록 카테고리 맨 아래에 'AI Call Center' 카테고리가 새롭게 생긴 것을 볼 수 있습니다.

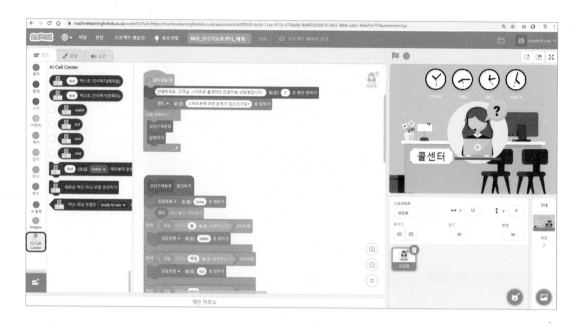

'상담원' 스프라이트의 스크립트 중에서 '[상담주제분류] 정의하기' 스크립트를 찾습니다.

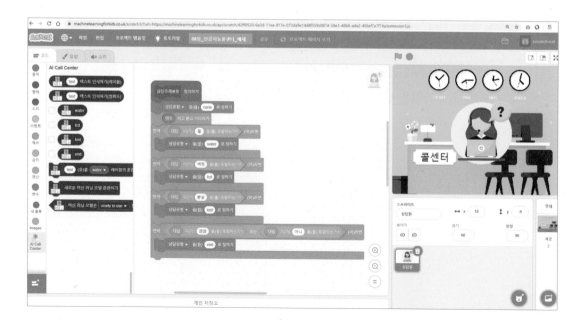

스크립트를 다음과 같이 수정합니다. 이 스크립트는 먼저 사용자의 입력을 머신러닝 모델이 인식한 정확도를 가져옵니다. 그리고 정확도가 50% 이상이 되면 분류 결과를 사용하고, 그렇지 않으면 버리게 됩니다.

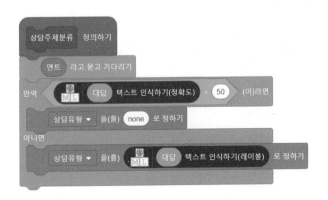

바로 프로젝트를 테스트해 보겠습니다.

🏳 버튼을 클릭하여 프로젝트를 실행합니다.

상담원이 물어보는 질문에 스마트폰의 문제점을 다양하게 얘기해 봅시다. 컴퓨터가 여러분의 발화문을 잘 인식하고 응답해 주나요?

테스트를 진행하다 보면 적절하게 얘기했는데도, 상담원이 다시 얘기해달라고 하는 경우가 생길 수 있습니다. 그런 경우에는 스크립트에서 주제를 인식하는 '정확도'의 기준을 50%에서 더 낮춰서 문제를 해결할 수 있습니다.

스크래치 프로젝트 제작이 완료되었습니다.
완성된 스크래치 프로젝트는 별도로 저장할 수 있습니다.
저장 방법은 상단 메뉴의 파일 〉 컴퓨터에 저장하기를 클릭하면 됩니다. 다운로드 폴더에 프로젝트 파일이 저장됩니다.

혹시 시간이 있다면 다음과 같이 프로젝트를 직접 수정하여 응용해 보세요.

스크래치 프로젝트를 수정하여 발화문을 받는 단계를 하나 더 추가합니다.

첫 번째 질문에서 주제를 분류한 후에

침수인 경우 : "지금 바로 침수 고장으로 A/S 접수하시겠습니까?"

액정 파손인 경우 : "지금 바로 액정 교체로 A/S 접수하겠습니까?"

분실인 경우 : "지금 바로 휴대폰 분실신고를 하시겠습니까?"

라고 한 번 더 물어보고,

긍정 답변인 경우 : "접수(신고) 되었습니다",

부정 답변인 경우 : "다음에 접수를 도와드리겠습니다"라고 응답하도록 합니다.

인공지능 챗봇(ChatBot)의 활용 사례

　LG유플러스가 2017년~2019년까지 3년간의 고객센터 상담유형을 분석한 결과 상담사를 통한 전화 상담은 12만 건에서 9만 건으로 줄어든 반면에 디지털 상담(챗봇, 앱)은 13만 건에서 18만 건으로 증가했습니다. 고객들이 디지털 상담을 선호하는 이유는 대기시간이 필요 없고 24시간 내내 서비스가 가능하기 때문이라고 합니다. 또한 상담사 연결 시에는 본인확인을 위한 개인정보를 요구하지만, 디지털 상담 시에는 지문, 홍채, 안면 등 생체인식으로 이를 대신합니다.

　인공지능 챗봇은 2016년 4월 페이스북이 챗봇 '판초'를 이용해 메신저에서 꽃을 주문한 이후, 많은 플랫폼 사업자들이 개발하여 서비스하고 있습니다. 최근 중앙대학교는 홈페이지에 인공지능 챗봇 서비스를 오픈하고 대학생들에게 필요한 각종 정보(학적, 수업, 성적, 장학, 편의시설 이용)를 맞춤형으로 제공하고 있습니다.

　KB증권은 2019년 직원을 대상으로 사내업무를 응대하는 챗봇 '톡깨비'를 도입했습니다. 자연어 처리기술과 머신러닝 기반 학습 알고리즘을 이용해 고객관리, 계좌관리, 출납, 매매 등 영업점의 모든 업무를 진행할 수 있습니다.

　고용노동부는 국가 일자리 포털 워크넷에서 채용정보 상담 챗봇 '고용이' 서비스를 시작했습니다. 홈페이지와 모바일앱에서 제공되는 챗봇을 이용하면 구직자는 복잡한 검색 없이 일자리와 고용정책 등의 정보를 얻을 수 있습니다.

　네이버는 2018년 6월 인공지능 플랫폼 '클로바' 기반의 챗봇 저작도구를 공개했습니다. 네이버 검색어 데이터, 언어 사전 데이터를 미리 학습한 자연어처리 엔진을 이용해 10~15개 문장만 학습해도 자연스러운 답변을 제공합니다. 이를 통해 개발자나 운영 서버를 두지 않고 일반인들도 손쉽게 챗봇을 구현할 수 있습니다.

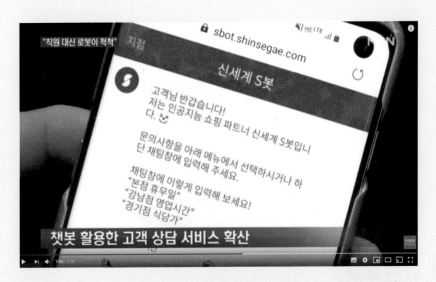

[MBN뉴스] 일손 덜어주는 '챗봇' 서비스 확산
https://youtu.be/IbN2Bwl3oSY

[네이버] 클로바 챗봇 빌더
https://bit.ly/2waQBQw

인공지능 콜센터 7장 │ Artificial Intelligence SCRATCH

8장
오늘의 메뉴

동영상 강의　http://hellosoft.fun/bookais08

1. 프로젝트 소개

우리는 정보의 홍수 속에서 살아가고 있습니다. 유튜브는 하루에 업로드되는 동영상의 총 길이가 2020년 2월 기준으로 432,000시간(약 49년 4개월)에 달합니다.

이처럼 콘텐츠의 양이 방대해지고, 또 데이터의 크기가 커지면서 점점 검색을 통해 원하는 정보를 찾는 것이 힘들어지고 있습니다. 그래서 많은 사람이 검색 대신 '추천' 서비스를 사용하고 있습니다. 추천 서비스는 웹사이트에서 사용자의 이용 데이터(접속시간, 검색, 접속 사이트 등)를 분석하여 좋아할 만한 콘텐츠를 추천해주는 서비스입니다. 추천 서비스는 검색에 소요되는 시간과 비용을 절감해 주고 사용자들이 원하는 정보를 빠르게 제공하여 웹사이트의 서비스 품질을 높이는 기술입니다.

이 프로젝트에서 우리는 오늘의 식사 메뉴를 추천하고 나아가 주변 식당을 알려주는 앱을 제작합니다. 사용자의 취향을 일상적인 문장으로 입력하면 이를 인식하여 적절한 식사 메뉴를 찾아내고 추천합니다.

여러분은 우선 '키워드' 기반의 프로그램을 실행하고 원리를 살펴봅니다. 이 방식은 입력된 문장에 특정한 단어가 포함되어 있는지를 확인하고 미리 입력된 답변을 출력합니다.

다음으로 여러분은 '머신러닝' 기반의 프로그램을 제작합니다. 우리는 다양한 사용자의 문장을 입력하여 컴퓨터를 '학습' 시킵니다. 학습된 머신러닝 모델은 새로운 문장이 입력되면 단어와 문장의 구조를 인식하여 사용자의 취향을 파악합니다.

우선 미리 만들어져 제공되는 예제 파일을 살펴보도록 하겠습니다.
컴퓨터의 웹브라우저 프로그램을 실행하고, https://scratch.machinelearningforkids.co.uk/ 사이트에 접속합니다.
스크래치3 에디터 화면이 나타납니다. 예제 파일을 찾아 불러오겠습니다.
상단 메뉴의 파일 〉Load from you computer 메뉴를 클릭합니다.
예제 파일 폴더에서 '08장_오늘의메뉴_예제.sb3' 파일을 선택하고, [열기] 버튼을 클릭합니다.
예제 파일이 없는 경우에는 헬로소프트 홈페이지 http://hellosoft.fun/aiscratch에서 예제 파일을 다운로드 받을 수 있습니다.

예제 파일은 윈도우 탐색기에서 파일을 더블 클릭해서 열 수 없습니다. 반드시 스크래치3 에디터 화면에서 불러오기 기능을 이용해서 열어야 합니다.

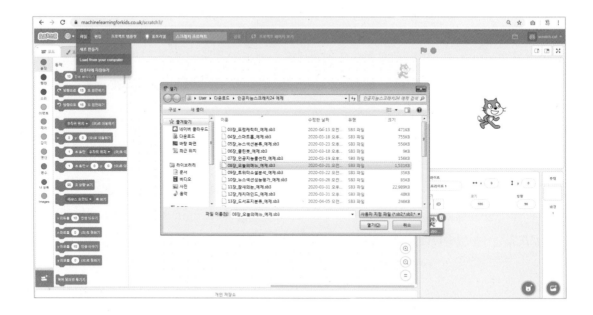

예제 파일이 열리면 스마트폰에서 실행된 앱 화면을 볼 수 있습니다.

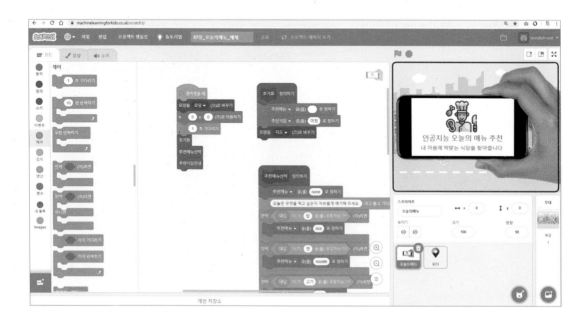

'오늘의메뉴' 스프라이트의 스크립트를 살펴보면, 초기화, 추천메뉴 선택, 추천식당 안내의 단계로 스크립트를 실행합니다.

'초기화' 단계에서는 변수를 초기화하고 지도 화면을 보여줍니다.

'추천메뉴 선택' 단계에서는 이용자에게 질문하고, 이용자가 입력한 대답에서 특정한 키워드(밥, 면, 고기, 빨리)가 포함되어 있는지에 따라 추천메뉴를 선택합니다. 특정한 키워드를 찾을 때까지 사용자의 입력을 반복해서 요구합니다.

'추천식당 안내' 단계에서는 추천메뉴에 따라 추천식당을 선택합니다. 그리고 '위치' 스프라이트로 '식당위치 표시' 신호를 보냅니다.

'위치' 스프라이트를 선택합니다.

스크립트를 살펴보면, '식당위치 표시' 신호를 받으면 추천식당에 따라 위치 표식을 이동시키고, 간단한 식당 소개문을 화면에 표시합니다.

🚩 버튼을 클릭하여 프로젝트를 실행합니다.

먹고 싶은 음식을 물어보는 질문에 "오늘은 밥을 먹고 싶어요"라고 입력합니다. 한식 메뉴와 한식 당을 추천받게 됩니다.

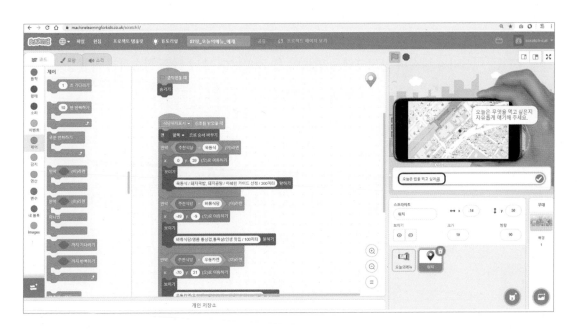

오늘의 메뉴 8장 | Artificial Intelligence SCRATCH

다시 ▶ 버튼을 클릭하고 이번에는 '면', '고기', '빨리' 키워드가 들어간 문장을 입력해 봅니다.
각각에 해당하는 식당을 추천받을 수 있습니다.

이번에는 "면 종류로 빨리 먹을 수 있는 게 있나요?"라고 입력해 보세요. 적절한 대답이 나왔나요?
이러한 키워드 방식은 알고리즘이 매우 간단하지만, 한계가 있습니다. 한 문장에 키워드가 여러 개
가 있으면 메뉴를 정확하게 선택할 수 없습니다. 예를 들어 '면' 키워드와 '빨리' 키워드가 동시에 있
다면 마지막에 나온 '빨리' 키워드만 인식하여 패스트푸드를 추천하게 됩니다.
이것은 키워드 방식이 글의 전체 흐름(문맥)을 읽을 수 없기 때문입니다. 이러한 한계를 극복하기
위해 우리는 머신러닝 방식의 프로그램을 만들어 볼 것입니다. 컴퓨터를 학습시켜서 문장에서 추
천 메뉴를 스스로 분류할 수 있도록 만드는 것입니다.

2. 머신러닝 모델 훈련

이제 머신러닝 방식의 프로젝트를 만들어 보도록 하겠습니다.

예제 파일의 원리는 확인했으므로, 열려 있는 스크래치 에디터 창은 저장하지 않고 닫습니다.

새로운 웹브라우저 창을 열고, https://machinelearningforkids.co.uk/ 사이트에 접속합니다.

상단 메뉴에서 [로그인] 버튼을 클릭합니다. 다시 [로그인] 버튼을 클릭합니다.

본인의 아이디(username)와 비밀번호(password)를 입력하여 로그인합니다.

상단 메뉴의 [프로젝트] 를 클릭합니다

화면 오른쪽 상단의 [+ 프로젝트 추가] 버튼을 클릭합니다.

프로젝트 이름은 'Today Menu', 인식 방법은 '텍스트', 언어는 'Korean'을 선택합니다. [만들기] 버튼을 클릭합니다.

화면에 만들어진 'Today Menu' 프로젝트 박스를 클릭합니다.

'훈련', '학습&평가', '만들기' 메뉴가 나타납니다. 먼저 [훈련] 버튼을 클릭합니다.

화면 오른쪽에 [+ 새로운 레이블 추가] 버튼을 클릭합니다.

우리는 4가지의 음식 메뉴를 학습시킬 것입니다. 바로 한식(rice), 면(noodle), 고기(meat), 인스턴트음식(instant) 입니다. 따라서 4개의 레이블이 필요합니다.

새로운 레이블 추가 팝업창에 'rice'를 입력하고 [추가] 버튼을 클릭합니다.

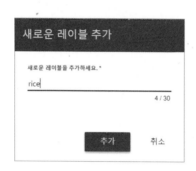

'rice' 박스가 만들어집니다.

같은 방식으로 'noodle', 'meat', 'instant' 레이블을 추가합니다.

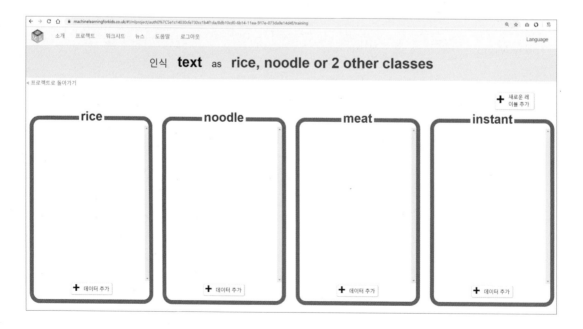

이제 훈련 데이터를 입력하겠습니다. 'rice' 버킷 하단의 [+ 데이터 추가] 버튼을 클릭합니다.

여기에 '밥 또는 한식'을 먹고 싶을 때 말할 수 있는 문장 5가지를 입력하겠습니다.

그림을 참고하여 자유롭게 문장을 추가해 주세요. 최대한 다양한 문장을 입력할수록 컴퓨터의 인식 성능이 높아집니다.

같은 방식으로 'noodle' 버킷에는 면 요리, 'meat'에는 고기 요리, 'instant'에는 인스턴트 음식과 관련된 문장을 추가합니다. 그림을 참고하여 자유롭게 문장을 추가해 주세요.

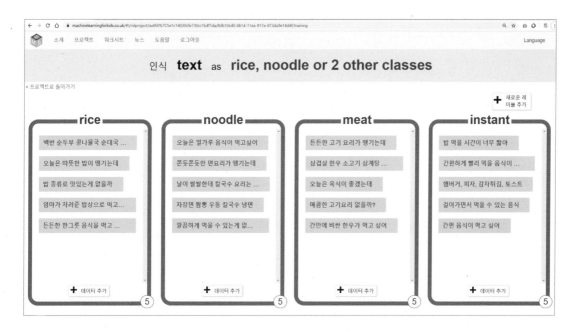

머신러닝 모델 훈련을 위해서는 버킷마다 일정 개수 이상의 훈련 데이터가 필요합니다. 텍스트 인식 프로젝트의 경우 최소 개수는 5개입니다. 최대 개수는 제한이 없습니다. 더 많고 다양한 데이터(사례)를 추가할수록 컴퓨터가 문장을 더 잘 인식합니다.

오늘의 메뉴 8장 Artificial Intelligence SCRATCH

훈련 데이터 추가가 완료되었다면, [〈프로젝트로 돌아가기] 버튼을 클릭합니다.

그리고 [학습&평가] 버튼을 클릭합니다. 이곳에서는 여러분이 수집한 데이터의 개수를 살펴볼 수 있습니다.

화면 하단의 [새로운 머신 러닝 모델을 훈련시켜보세요.] 버튼을 클릭합니다.

IBM의 인공지능 API를 이용하여 새로운 머신러닝 모델이 생성되고, 훈련 데이터를 이용하여 훈련됩니다. 하단에 나타나는 퀴즈는 필수가 아니므로 원하는 경우에만 풀어 보도록 합니다.

텍스트 인식 유형의 프로젝트는 훈련에 30초 이내의 시간이 걸립니다. 만약 버킷의 훈련 데이터 개수가 최소 5개가 되지 않으면 훈련이 되지 않으므로, 훈련 데이터를 추가한 후 다시 진행합니다.

훈련이 완료되면 '모델의 상태' 값이 'Available'로 변경됩니다. 그리고 화면 중간에 테스트를 위한 텍스트 박스가 생성됩니다.

머신러닝 모델이 잘 훈련되었는지 테스트해 보겠습니다. 텍스트 박스에 밥 요리와 관련된 문장을 입력하고 [테스트] 버튼을 클릭합니다. 컴퓨터가 문장을 인식하여 결과 레이블(label)과 정확도 (confidence)를 출력합니다.

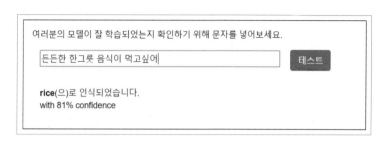

이번에는 키워드 방식으로는 분류가 어려운 문장을 입력해 보겠습니다. 예를 들면, '고기 중에 빨리 먹을 수 있는 요리'입니다.

여러분의 모델이 잘 학습되었는지 확인하기 위해 문자를 넣어보세요.

고기 중에 빨리 먹을 수 있는 요리   테스트

meat(으)로 인식되었습니다.
with 69% confidence

다양한 질문을 입력하여 머신러닝 모델이 상담 주제를 잘 인식하는지 테스트해 보세요.
만약 머신러닝 모델의 인식 결과가 마음에 들지 않는다면 다시 '훈련' 페이지로 돌아가서 더 많은 훈련 데이터를 추가합니다. 그리고 다시 '학습&평가' 페이지에서 새로운 머신러닝 모델을 훈련시 킨 후 테스트해 보세요.

오늘의 메뉴 8장 Artificial Intelligence SCRATCH

3. 스크래치 프로젝트 제작

이제 훈련된 머신러닝 모델을 이용한 스크래치 프로젝트를 제작하도록 하겠습니다.
[〈프로젝트로 돌아가기〉] 버튼을 클릭합니다. [만들기] 버튼을 클릭합니다.

[스크래치 3] 버튼을 클릭합니다.

[스크래치 3 열기] 버튼을 클릭합니다.

스크래치 에디터 화면이 나타납니다. 예제 파일을 다시 한번 불러오겠습니다.

상단 메뉴에서 파일 〉 Load from your computer를 클릭합니다. 예제 파일 폴더에서 '08장_오늘의
메뉴_예제.sb3' 파일을 찾아 [열기]를 해줍니다.

프로젝트가 열립니다. 화면 좌측의 블록 카테고리 맨 아래에 'Today Menu' 카테고리가 새롭게 생긴 것을 볼 수 있습니다.

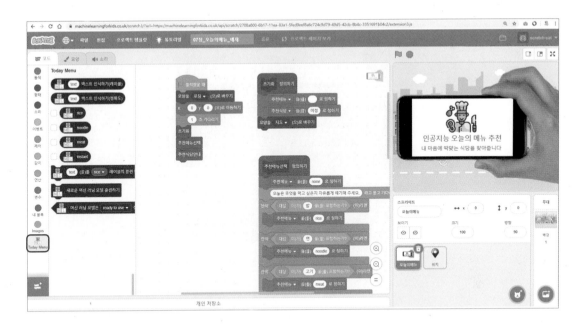

'오늘의메뉴' 스프라이트의 스크립트 중에서 '[추천메뉴선택] 정의하기'를 찾습니다.

오늘의 메뉴 8장 | Artificial Intelligence SCRATCH

스크립트를 다음과 같이 수정합니다. 이 스크립트는 먼저 사용자의 입력을 머신러닝 모델이 인식한 정확도를 가져옵니다. 그리고 정확도가 15% 이상이 되면 분류 결과를 사용하고, 그렇지 않으면 다시 질문하게 됩니다.

바로 프로젝트를 테스트해 보겠습니다.

▶ 버튼을 클릭하여 프로젝트를 실행합니다.

여러분들이 먹고 싶은 음식에 대해 다양하게 얘기해 봅시다. 앱이 여러분의 문장을 잘 인식하고 메뉴를 추천해주나요?

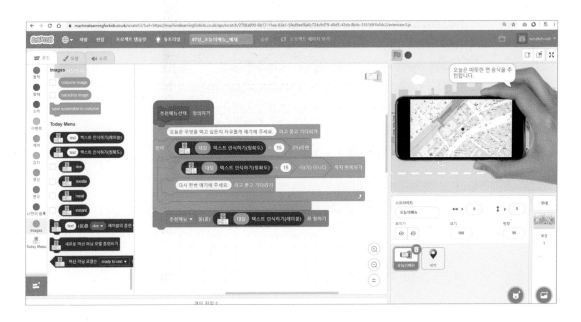

테스트를 진행하다 보면 적절하게 얘기했는데도, 상담원이 다시 얘기해달라고 하는 경우가 생길 수 있습니다. 그런 경우에는 스크립트에서 주제를 인식하는 '정확도'의 기준을 15%에서 더 낮춰서 문제를 해결할 수 있습니다.

스크래치 프로젝트 제작이 완료되었습니다.

완성된 스크래치 프로젝트는 별도로 저장할 수 있습니다.

저장 방법은 상단 메뉴의 파일 〉컴퓨터에 저장하기를 클릭하면 됩니다. 다운로드 폴더에 프로젝트 파일이 저장됩니다.

혹시 시간이 있다면 다음과 같이 프로젝트를 직접 수정하여 응용해 보세요.

스크래치 프로젝트를 수정하여 추천에 대한 만족도를 조사할 수 있는 피드백 기능을 추가합니다.

메뉴 및 식당 추천 이후에 "이 추천에 만족하시나요?"라는 질문을 추가합니다.

만약 사용자가 만족한다고 답변하면, 사용자가 입력한 문장을 훈련 데이터의 버킷에 추가합니다.

만약 사용자가 만족하지 않는다고 답변하면, 다시 문장을 입력받습니다.

Today Menu 카테고리에 있는 '훈련 데이터로 추가' 블록을 이용하여 스크래치에서 Machine Learning for Kids 사이트의 훈련 데이터를 추가할 수 있습니다.

인공지능 추천 서비스의 활용 사례

추천 서비스의 시작은 아마존이 2000년에 고객이 좋아하는 문학 장르나 주제를 파악해 '권장도서'를 이메일로 추천한 것입니다. 이후 다양한 알고리즘과 인공지능 기술을 통해 많은 서비스에 적용되고 있습니다.

네이버는 2019년 4월부터 뉴스 서비스를 사람이 편집하지 않고 100% 인공지능 알고리즘(AiRS) 기반으로 추천되도록 변경했습니다. 로그인한 이용자는 평소 콘텐츠 소비 성향에 따라 관심을 가질 만한 기사들이 뉴스 주제, 뉴스 순서, 대표 뉴스 기사가 개인별로 모두 차별화되어 보여집니다.

카카오는 인공지능 추천 시스템을 각 서비스에 적용하고 있습니다. 인공지능 추천 시스템 적용 후 모바일 다음 첫 화면에서 일 클릭이 117% 증가했고, 일 방문자는 43% 증가했습니다. 또한 뉴스 기사 클릭 후 추가 클릭비율도 119% 높아졌습니다. 카카오는 추천 서비스를 사용성을 개선하고 콘텐츠 소비를 이끄는 도구로 적극 활용하고 있습니다.

롯데제과는 IBM 인공지능을 활용하여 트렌드 예측 시스템 '엘시아'를 개발했습니다. 인터넷에서 식품과 관련된 수천만 건의 SNS 콘텐츠를 수집해 긍정 반응과 부정 반응을 가려냅니다. 그중에서 긍정 반응이 급상승 하고 있는 키워드로 '앙버터', '앙빠'를 뽑아냈습니다. 이를 마케팅에 접목하여 빠다코코낫 포장지에 앙금+버터 레시피를 삽입했고, 3개월간 매출이 30% 증가했습니다.

넷플릭스는 190개국 1억 5,100만 명의 회원을 보유한 세계 최대 동영상 스트리밍 서비스입니다. 넷플릭스는 동영상을 5만 개 종류의 카테고리로 분류하고 빅데이터와 인공지능을 통해 개인화된 비디오 추천기능을 제공합니다. 또한 크리스마스 등 현재 트렌드를 바탕으로 한 추천기능과 나와 비슷한 성향을 지닌 이용자들이 본 콘텐츠 추천 기능도 제공합니다.

[tvN] 추천 알고리즘은 나를 조종하는 걸까?
https://youtu.be/gPWmEZoSwaU

[KBS] AI 종목추천, 증권사 인공지능 PB 바람
https://youtu.be/XICoJwHVpbo

9장
트위터 소셜 분석

동영상 강의   http://hellosoft.fun/bookais09

1. 프로젝트 소개

사람들은 SNS(소셜 네트워크 서비스)를 통해 자신의 마음을 표현하고 있으며 전화나 이메일보다 SNS의 영향력이 더 큽니다. 예를 들어 최근 구입한 제품에 소소한 불만이 있을 경우 공식 홈페이지에 비공개로 문의하는 것보다 SNS에 불만 글을 게시하는 것이 더 큰 영향을 끼칩니다.

기업들은 낮은 비용으로 제품을 홍보하기 위해 SNS를 활용합니다. 그리고 소비자들의 반응을 알아내기 위해 SNS를 분석합니다. 하지만 SNS에 올라오는 글은 개수가 매우 방대하고, 줄임말, 이모티콘, 이미지, 밈을 많이 활용하기 때문에 정확하게 분석하기가 쉽지 않습니다.

이러한 SNS 분석을 '소셜 분석'이라고 부릅니다. 최근에는 이러한 SNS 분석에 인공지능 기술을 활용하고 있습니다. 인공지능 SNS 분석을 통해 기업들은 소비자의 반응을 정확하게 파악할 수 있습니다. 예를 들어 SNS에 있는 메시지를 분석하여 제품 출시 전과 후의 제품에 대한 반응을 실시간으로 파악하고 개선 요구사항을 수집할 수 있습니다.

이 프로젝트에서 우리는 소셜 데이터를 추출해서 특정한 키워드에 대한 평가를 분석합니다. 트위터에서 특정한 키워드에 대한 최신 트윗 메시지 50개를 가져와서 각각의 메시지를 긍정, 부정, 중립 메시지로 분류합니다. 그리고 분류 결과를 그래프로 표시합니다.

여러분은 우선 '키워드' 기반의 프로그램을 제작하고 원리를 살펴봅니다. 이 방식은 트윗 메시지에 긍정 또는 부정을 표현하는 특정한 글자가 포함되어 있는지 확인하여 반응을 구별합니다.

다음으로 여러분은 '머신러닝' 기반의 프로그램을 제작합니다. 우리는 긍정과 부정을 나타내는 다양한 트윗 메시지를 이용하여 컴퓨터를 '학습'시킵니다. 학습된 머신러닝 모델은 단어의 선택과 문장의 구조에 따라 새로운 트윗 메시지를 인식할 수 있습니다.

우선 미리 만들어져 제공되는 예제 파일을 살펴보도록 하겠습니다.

컴퓨터의 웹브라우저 프로그램을 실행하고, https://scratch.machinelearningforkids.co.uk/ 사이트에 접속합니다.

스크래치3 에디터 화면이 나타납니다. 예제 파일을 찾아 불러오겠습니다.

상단 메뉴의 파일 〉 Load from you computer 메뉴를 클릭합니다.

예제 파일 폴더에서 '09장_트위터소셜분석_예제.sb3' 파일을 선택하고, [열기] 버튼을 클릭합니다.

예제 파일이 없는 경우에는 헬로소프트 홈페이지 http://hellosoft.fun/aiscratch에서 예제 파일을 다운로드 받을 수 있습니다.

예제 파일은 윈도우 탐색기에서 파일을 더블 클릭해서 열 수 없습니다. 반드시 스크래치3 에디터 화면에서 불러오기 기능을 이용해서 열어야 합니다.

예제 파일이 열리면 미리 제작된 트위터, 트윗분석, 막대 스프라이트를 볼 수 있습니다.

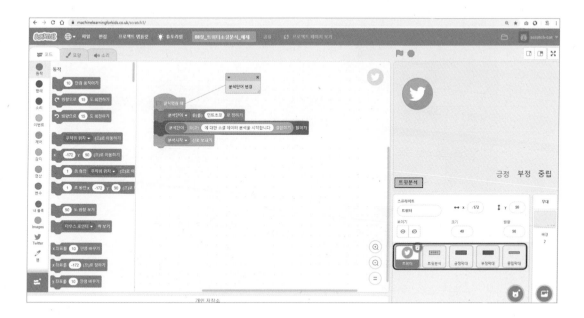

트위터 소셜 분석　9장

Artificial Intelligence
SCRATCH

'트위터' 스프라이트의 스크립트를 살펴보면, 우선 변수 값으로 '분석단어'(키워드)를 설정합니다. 기본으로 '민트초코'가 들어 있으며 여러분이 변경할 수 있습니다. 그리고 트윗분석 스프라이트로 '분석시작' 신호를 보냅니다.

'트윗분석' 스프라이트를 선택합니다.

스크립트를 살펴보면, '분석시작' 신호를 받으면 트위터에서 최신 트윗 메시지 50개를 하나씩 가져 옵니다. 그리고 각각의 메시지를 분석하여 '긍정부정인식'을 한 후 '메시지분류'를 합니다.

긍정부정인식 단계에서는, 메시지에서 긍정적 표현에 사용되는 글자(좋, 사랑, 조아, 맛)와 부정적 표현에 사용되는 글자(싫, 혐, 나쁜, 별로)를 찾아 해당 메시지를 긍정, 부정, 중립으로 분류합니 다.

메시지분류 단계에서는, 분류결과에 따라 메시지를 해당 리스트에 추가하고, 막대그래프를 화면에 추가하여 시각적으로 표현합니다.

버튼을 클릭하여 프로젝트를 실행합니다.

화면에 트위터 메시지가 하나씩 보여지고 실시간으로 분류됩니다. 분류 결과에 따라 막대 그래프가 표시되어 한 눈에 결과를 알 수 있습니다. 50개의 트윗 메시지를 분석하고 종료합니다.

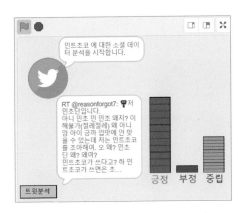

이번에는 '파인애플피자'에 대한 평가를 살펴보겠습니다. '트위터' 스프라이트를 선택합니다. '[분석단어] 을(를) (민트초코) 로 정하기' 블록을 찾은 후 '민트초코' 대신 '파인애플피자'를 입력합니다. 버튼을 클릭합니다.

'파인애플피자' 키워드에 대한 분석 결과를 볼 수 있습니다.

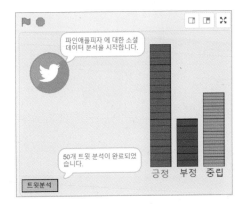

트위터 소셜 분석 9장 | Artificial Intelligence SCRATCH

메시지를 분류하는 기준은 '트윗분석' 스프라이트의 [긍정부정인식] 정의하기' 스크립트에 나와 있습니다.

우선 분류결과를 중립(neutral)으로 정한 후, 긍정에 해당하는 글자(좋, 사랑, 조아, 맛)가 포함되어 있으면 긍정(positive)으로 바꾸고, 부정에 해당하는 글자(싫, 혐, 나쁜, 별로)가 포함되어 있으면 부정(negative)으로 바꾸는 방식입니다.

이러한 키워드 방식은 알고리즘이 매우 간단하지만, 한계가 있습니다. 메시지의 전체 맥락을 파악하지 않고 단순히 글자만 가지고 긍정, 부정을 판단하기가 어렵습니다. 예를 들어 "좋지 않아"라는 글자가 있을 때 현재의 기준으로는 "좋"이라는 글자 하나 때문에 긍정적 메시지로 분류됩니다. 이러한 한계를 극복하기 위해 우리는 머신러닝 방식의 프로그램을 만들어 볼 것입니다. 컴퓨터를 학습시켜서 트윗 메시지에서 긍정, 부정, 중립 평가를 스스로 분류할 수 있도록 만드는 것입니다.

2. 머신러닝 모델 훈련

이제 머신러닝 방식의 프로젝트를 만들어 보도록 하겠습니다.

예제 파일의 원리는 확인했으므로, 열려 있는 스크래치 에디터 창은 저장하지 않고 닫습니다.

새로운 웹브라우저 창을 열고, https://machinelearningforkids.co.uk/ 사이트에 접속합니다.

상단 메뉴에서 [로그인] 버튼을 클릭합니다. 다시 [로그인] 버튼을 클릭합니다.

본인의 아이디(username)와 비밀번호(password)를 입력하여 로그인합니다.

상단 메뉴의 [프로젝트] 를 클릭합니다

화면 오른쪽 상단의 [+ 프로젝트 추가] 버튼을 클릭합니다.

트위터 소셜 분석 9장

Artificial Intelligence
SCRATCH

프로젝트 이름은 'Twitter Research', 인식 방법은 '텍스트', 언어는 'Korean'을 선택합니다. [만들기]
버튼을 클릭합니다.

화면에 만들어진 'Twitter Research' 프로젝트 박스를 클릭합니다.

'훈련', '학습&평가', '만들기' 메뉴가 나타납니다. 먼저 [훈련] 버튼을 클릭합니다.

화면 오른쪽에 [+ 새로운 레이블 추가] 버튼을 클릭합니다.

우리는 3가지 종류의 평가를 학습시킬 것입니다. 바로 중립(neutral), 긍정(positive), 부정
(negative) 입니다. 따라서 3개의 레이블이 필요합니다.

새로운 레이블 추가 팝업창에 'neutral'를 입력하고 [추가] 버튼을 클릭합니다.

'neutral' 박스가 만들어집니다.

같은 방식으로 'positive', 'negative' 레이블을 추가합니다.

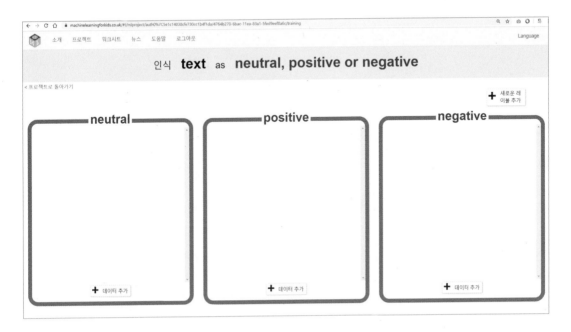

이제 훈련 데이터를 입력하겠습니다.

소셜 데이터는 여러 사람이 이용하기 때문에 단어나 문장의 구조가 매우 다양합니다. 따라서 우리가 임의로 작성하기보다는 실제 트윗 메시지를 갖고 와서 훈련 데이터로 추가하도록 하겠습니다.

트위터는 최신 트윗을 볼 수 있는 검색페이지를 제공합니다.

새로운 웹브라우저 창을 연 후, https://twitter.com/explore 사이트에 접속합니다.

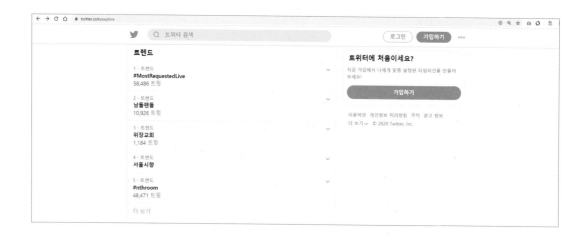

우선 여러분이 분석할 키워드를 정해야 합니다. 키워드는 인물, 브랜드, 제품, 기업, 학교처럼 여러분이 트렌드나 여론을 조사하고 싶은 것으로 자유롭게 정하도록 합니다.

'민트초코' 또는 '파인애플피자'처럼 호불호가 있는 키워드를 사용하면 적은 데이터로 분석 결과를 볼 수 있습니다. 교재에서는 '민트초코'를 사용하도록 하겠습니다.

상단 검색창에 키워드를 입력하고 엔터키를 누르면 트윗 메시지를 검색할 수 있습니다.

머신러닝 사용을 위해 우리가 주의해야 할 점이 있습니다. 우리가 머신러닝 모델을 학습시킬 '훈련 데이터'와 분석을 진행하는 '테스트' 데이터는 서로 달라야 합니다. 만약 훈련 데이터를 테스트 데이터로 사용한다면 '과적합'(overfitting) 상태가 됩니다. 과적합 상태는 알고리즘이 주어진 훈련 데이터에만 최적화되어 새로운 데이터에 대한 분석 능력은 오히려 낮아지는 현상입니다. 인공지능 모델이 마치 '우물 안 개구리'처럼 좁은 시야를 갖게 되는 것입니다.

우리는 스크래치에서 테스트 데이터로 최신 트윗 메시지 50개를 사용합니다. 테스트 데이터와 중복되지 않는 훈련 데이터를 수집하기 위해서 우리는 일주일 전의 트윗 메시지를 사용할 것입니다. 트위터 검색 결과 페이지 우측 중간의 '고급검색' 버튼을 찾아 클릭합니다. 고급검색 팝업창이 나타납니다.

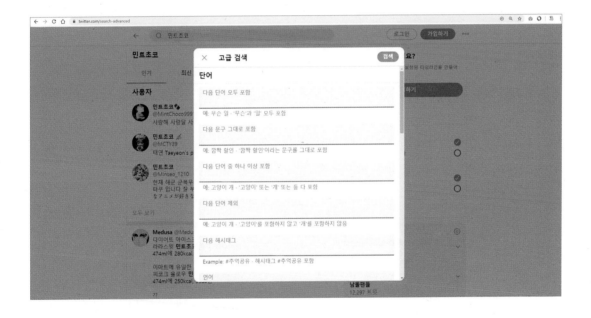

트위터 소셜 분석 **9장** | Artificial Intelligence SCRATCH

단어 항목에 키워드를 입력합니다. 그리고 페이지 맨 하단의 '날짜' 항목에 시작 날짜는 1년 전으로, 끝 날짜는 한 달 전으로 설정합니다. 팝업창 우측 상단의 【 검색 】 버튼을 클릭합니다.

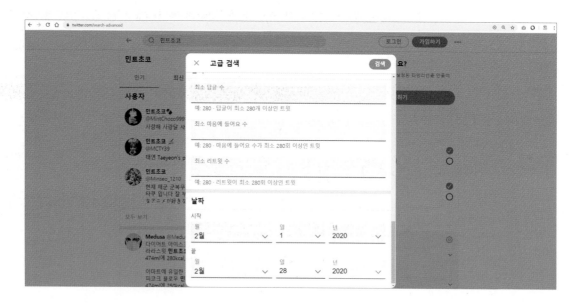

해당 기간의 트윗 메시지가 검색됩니다. '인기', '최신' 탭을 클릭하여 훈련 데이터로 사용하기에 적합한 트윗 메시지를 찾도록 합니다.

훈련 데이터 입력을 편하게 하기 위해 Machine Learning for Kids 창과 트위터 창을 화면 좌우로 배치합니다.

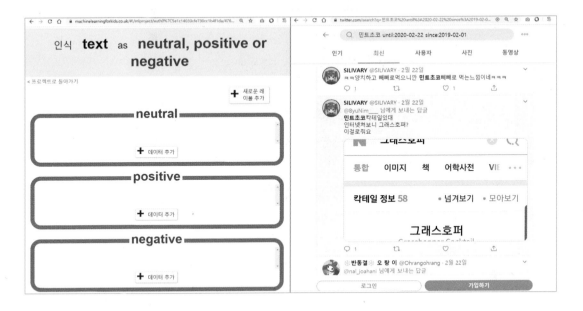

트윗 메시지에서 키워드에 대한 긍정적 평가 트윗을 찾아 메시지를 복사해서 'positive' 버킷에 추가합니다. 같은 방식으로 부정적 평가 트윗 메시지는 'negative' 버킷에 추가하고, 중립적인 평가는 'neutral' 버킷에 추가합니다.

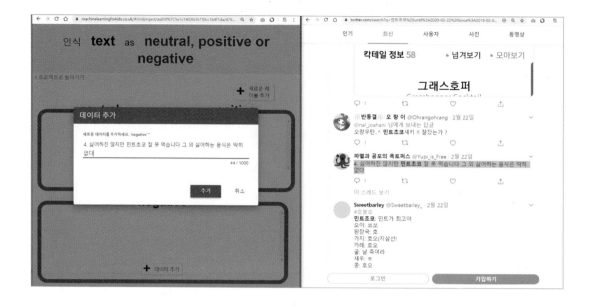

버킷마다 각각 15개의 훈련 데이터를 추가합니다.

적절한 트윗 메시지를 찾는 작업은 생각보다 시간이 오래 걸립니다. 키워드에 따라 10분~20분의 시간이 필요할 수 있습니다.

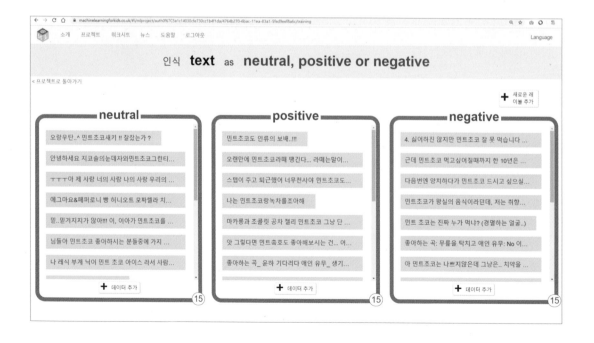

머신러닝 모델 훈련을 위해서는 버킷마다 일정 개수 이상의 훈련 데이터가 필요합니다. 텍스트 인식 프로젝트의 경우 최소 개수는 5개입니다. 최대 개수는 제한이 없습니다. 더 많고 다양한 데이터(사례)를 추가할 수록, 컴퓨터가 메시지를 더 잘 인식합니다.

훈련 데이터 추가가 완료되었다면, [‹프로젝트로 돌아가기] 버튼을 클릭합니다.

그리고 [학습&평가] 버튼을 클릭합니다. 이곳에서는 여러분이 수집한 데이터의 개수를 살펴볼 수 있습니다.

화면 하단의 [새로운 머신 러닝 모델을 훈련시켜보세요.] 버튼을 클릭합니다.

IBM의 인공지능 API를 이용하여 새로운 머신러닝 모델이 생성되고, 훈련 데이터를 이용하여 훈련됩니다. 하단에 나타나는 퀴즈는 필수가 아니므로 원하는 경우에만 풀어 보도록 합니다.

텍스트 인식 유형의 프로젝트는 훈련에 30초 이내의 시간이 걸립니다. 만약 버킷의 훈련 데이터 개수가 최소 5개가 되지 않으면 훈련이 되지 않으므로, 훈련 데이터를 추가한 후 다시 진행합니다.

훈련이 완료되면 '모델의 상태' 값이 'Available'로 변경됩니다. 그리고 화면 중간에 테스트를 위한 텍스트 박스가 생성됩니다.

머신러닝 모델이 잘 훈련되었는지 테스트해 보겠습니다. 텍스트 박스에 트윗 메시지를 입력하고 [테스트] 버튼을 클릭합니다. 컴퓨터가 메시지를 인식하여 결과 레이블(label)과 정확도 (confidence)를 출력합니다.

다양한 트윗 메시지를 입력하여 머신러닝 모델이 긍정ㆍ부정 평가를 잘 인식하는지 테스트해 보세요. 만약 머신러닝 모델의 인식 결과가 마음에 들지 않는다면 다시 '훈련' 페이지로 돌아가서 더 많은 훈련 데이터를 추가합니다. 그리고 다시 '학습&평가' 페이지에서 새로운 머신러닝 모델을 훈련시킨 후 테스트해 보세요.

3. 스크래치 프로젝트 제작

이제 훈련된 머신러닝 모델을 이용한 스크래치 프로젝트를 제작하도록 하겠습니다.

[〈프로젝트로 돌아가기] 버튼을 클릭합니다. [만들기] 버튼을 클릭합니다.

[스크래치 3] 버튼을 클릭합니다.

[스크래치 3 열기] 버튼을 클릭합니다.

스크래치 에디터 화면이 나타납니다. 예제 파일을 다시 한번 불러오겠습니다.

상단 메뉴에서 파일 > Load from your computer 를 클릭합니다. 예제 파일 폴더에서 '09장_트위터 소셜분석_예제.sb3' 파일을 찾아 [열기]를 해줍니다.

프로젝트가 열립니다. 화면 좌측의 블록 카테고리에 'Twitter Research' 카테고리가 새롭게 생긴 것을 볼 수 있습니다.

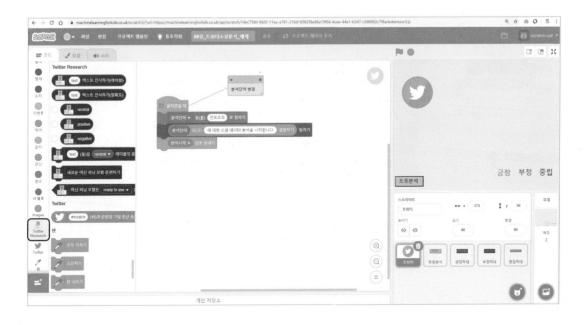

'트위터' 스프라이트의 스크립트에서 '분석단어'를 여러분의 키워드로 수정합니다.

'트윗분석' 스프라이트를 선택합니다. '[긍정부정인식] 정의하기' 스크립트를 찾습니다.

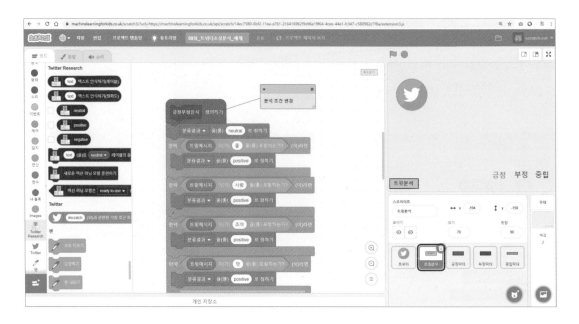

다음과 같이 스크립트를 변경합니다. 키워드 인식을 머신러닝 모델로 하기 때문에 스크립트가 매우 간단해집니다.

바로 프로젝트를 테스트해 보겠습니다.

🏳 버튼을 클릭하여 프로젝트를 실행합니다. 여러분이 선택한 키워드에 대해 긍정·부정 평가를 제대로 분류하여 분석해 주나요?

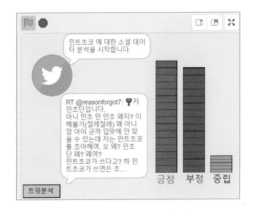

스크래치 프로젝트 제작이 완료되었습니다.

완성된 스크래치 프로젝트는 별도로 저장할 수 있습니다.

저장 방법은 상단 메뉴의 파일 > 컴퓨터에 저장하기를 클릭하면 됩니다. 다운로드 폴더에 프로젝트 파일이 저장됩니다.

프로젝트 응용하기

혹시 시간이 있다면 다음과 같이 프로젝트를 직접 수정하여 응용해 보세요.

스크래치 프로젝트를 수정하여 사용자가 직접 트윗 메시지를 입력하여 분석하는 기능을 추가합니다.
첫 화면에서 '자동분석'과 '수동분석'을 선택할 수 있고, 수동분석을 선택할 경우 사용자가 메시지를 직접 입력할 수 있습니다. 메시지가 입력되면 메시지를 인식하여 긍정, 부정, 중립 평가로 분류합니다.

다음의 단계로 진행해 보세요.

1. '수동분석' 스프라이트 추가
2. '🏳 클릭했을 때' 대신 '자동분석 신호받았을 때'로 이벤트 변경
3. 스크립트 추가
4. 테스트

더 알아보기

인공지능 빅데이터 분석의 활용 사례

빅데이터는 너무 커서 기존의 검색, 수집, 저장, 분석의 체계로는 처리할 수 없는 막대한 데이터를 의미합니다. 빅데이터는 양만 많은 것이 아니라 SNS 소통기록처럼 규격이 다르고 정형화되어 있지 않아 분석이 어렵습니다. 따라서 기존에는 막대한 데이터가 기술적인 한계로 버려지고 있었습니다.

인공지능을 이용한 빅데이터 분석은 그동안 버려졌던 데이터를 분석하여 그 속에서 유용한 정보를 찾아내는 기술입니다. 예를 들어 SNS에 있는 메시지를 분석하여 중요 사건에 대한 징후와 경과를 파악하고 객관적인 분석과 검증 결과를 만들 수 있습니다. 글로벌 시장분석기관 IDC에 따르면 2016년 57조 원 규모였던 빅데이터 분석 시장은 2018년 70조 원으로 24% 성장했다고 합니다.

우리은행은 2020년부터 빅데이터 기술로 분석한 다수의 고객 정보를 바탕으로 각각의 고객에게 맞춤형 상품과 서비스를 제공하고 있습니다. 수천만 건의 고객센터 음성 상담내역, 영업점 직원이 입력한 고객상담 내용, 고객이 남긴 자금용도 자료 등을 데이터로 전환하고, 인공지능을 이용해 이러한 비정형 데이터를 분석하여 고객맞춤형 마케팅에 활용합니다.

롯데제과는 인공지능 콘텐츠 분석 플랫폼인 IBM 왓슨 익스플로러를 기반으로 2018년에 인공지능 트렌드 예측 시스템 '엘시아'를 도입하고 신제품 출시에 적극 활용하고 있습니다. 7천만 건의 소셜 데이터, 엘포인트 POS 데이터, 날씨, 연령, 지역별 소비 패턴 등 각종 데이터를 분석하여 식품에 대한 미래 트렌드를 예측하고 성공가능성이 높은 최적의 신제품 아이디어를 추천하는 플랫폼입니다. 이를 통해 빼빼로 깔라만시, 꼬깔콘 버팔로윙맛, 제크 샌드 콘버터맛, 도리토스 마라맛 등의 제품이 출시되었고 좋은 반응을 얻고 있습니다.

서울 강동구는 2020년 3월 최근 3년간 발생한 소셜 데이터를 분석해 구정에 대한 주민들의 평가와 관심분야를 파악했습니다. 지난 2017년부터 2019년까지 뉴스 48,857건, 트위터 37,687건, 블로그 10,833건 등의 소셜 데이터에서 '강동구' 관련 키워드를 뽑아 빅데이터 분석을 진행했습니다. 긍정 키워드, 부정 키워드, 기대, 발전, 노력, 지원 등의 키워드를 분석하여 주요 추진 사업에 대한 평가와 주요 현안을 해결하는 데 사용하고 있습니다.

과학기술정보통신부는 지역경제, 헬스케어, 중소기업, 유통물류, 금융, 교통, 문화미디어, 환경, 산림, 통신 등 10대 분야의 빅데이터 플랫폼 구축사업을 시작했습니다. 2019년부터 3년간 1,516억 원을 투입해 빅데이터센터 100곳을 구축할 계획입니다.

Artificial Intelligence
SCRATCH

[MBC] AI가 먼저 안다, 빅데이터가 돈
https://youtu.be/WAWTSavxvAE

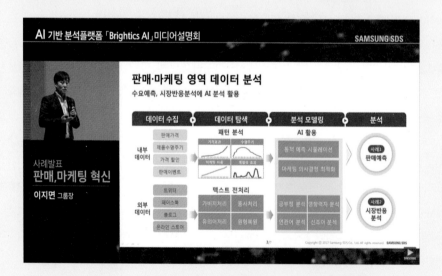

[삼성SDS] AI기반 빅데이터분석 사례
https://youtu.be/nWOgeVWK4tc

10장

뉴스섹션 성능평가

동영상 강의   http://hellosoft.fun/bookais10

1. 프로젝트 소개

데이트 장소 추천, 입시 합격 예측, 입사 서류 평가, 질병 진단까지 우리는 이제 인공지능과 머신러닝 기반의 기술과 서비스 속에서 살고 있습니다. 기계가 사람을 대신해 일상적인 것부터 사람의 목숨이 걸린 중대한 의사결정을 내리고 있습니다.

특히 자율 주행차, 암 진단처럼 사람의 안전과 관련된 경우 인공지능 모델의 정확도와 신뢰성에 대한 평가가 매우 중요합니다. 인공지능 모델을 정해진 기간 내에 만드는 것도 중요하지만 적절한 평가 없이 실제 현장에 적용하거나 서비스를 제공했을 때 낮은 성능으로 문제가 될 수 있습니다.

이 프로젝트에서 우리는 인공지능 모델을 학습시키면서 동시에 모델의 성능을 평가합니다. 이 프로젝트를 위해 우리는 '5장 뉴스섹션 분류'에서 만들었던 머신러닝 모델을 다시 사용합니다.

여러분은 우선 미리 제공되는 예제 프로젝트를 이용해서 인공지능 모델의 성능을 평가하는 여러가지 평가지표(정확도, 재현율, 정밀도)에 대해 살펴봅니다. 각각을 계산하는 방법과 차이점에 대해 알아봅니다.

다음으로 여러분은 뉴스 기사를 이용하여 머신러닝 모델을 훈련시킵니다. 그리고 훈련된 머신러닝 모델을 이용하여 성능을 평가할 수 있는 스크래치 프로젝트를 제작합니다. 여러분의 머신러닝 모델을 더 많은 데이터로 훈련시키면서 평가 지표가 향상되는지 확인합니다.

우선 미리 만들어져 제공되는 예제 파일을 살펴보도록 하겠습니다.

컴퓨터의 웹브라우저 프로그램을 실행하고, https://scratch.machinelearningforkids.co.uk/ 사이트에 접속합니다.

스크래치3 에디터 화면이 나타납니다. 예제 파일을 찾아 불러오겠습니다.

상단 메뉴의 파일 > Load from you computer 메뉴를 클릭합니다.

예제 파일 폴더에서 '10장_뉴스섹션성능평가_예제.sb3' 파일을 선택하고, [열기] 버튼을 클릭합니다.

예제 파일이 없는 경우에는 헬로소프트 홈페이지 http://hellosoft.fun/aiscratch에서 예제 파일을 다운로드 받을 수 있습니다.

예제 파일은 윈도우 탐색기에서 파일을 더블 클릭해서 열 수 없습니다. 반드시 스크래치3 에디터 화면에서 불러오기 기능을 이용해서 열어야 합니다.

예제 파일이 열리면 미리 제작된 뉴스데이터, 예측모델 등의 스프라이트를 볼 수 있습니다.

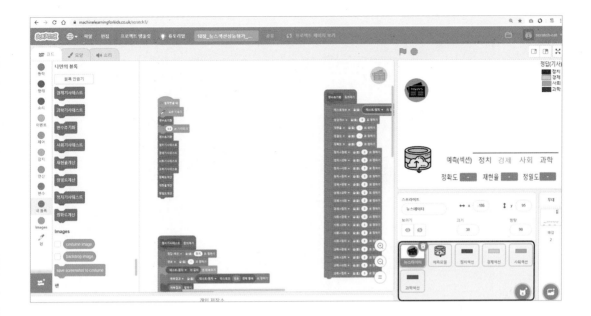

🏳 버튼을 클릭하여 프로젝트를 실행합니다.

미리 20개의 테스트용 데이터가 입력되어 있습니다. 상단의 '뉴스데이터' 스프라이트가 테스트 데이터를 하나씩 불러와서 화면에 보여줍니다. 현재는 프로그램의 구조를 보여주기 위해 실제 뉴스기사가 아닌 섹션의 영문 명칭(Politics, Economy, Society, Science)을 그대로 사용했습니다. 이 부분은 머신러닝 프로젝트를 제작하면서 수정할 예정입니다.

뉴스섹션 성능평가 **10장**

Artificial Intelligence
SCRATCH

하단의 '예측모델' 스프라이트는 뉴스 데이터를 분석하여 섹션을 분류(예측)합니다. 그리고 예측 결과를 말합니다. 그리고 예측 결과에 따라 화면 오른쪽 그래프의 해당 위치에 막대가 하나씩 생성됩니다.

20개의 뉴스 데이터 인식이 완료되면, 화면 하단에 평가지표(정확도, 재현율, 정밀도)가 표시됩니다.

우선 이번 테스트에 사용된 데이터를 확인해 보겠습니다.

변수 카테고리에서 리스트 이름의 왼쪽 체크박스를 체크 설정을 하면 화면에 리스트가 나타납니다. 이 리스트는 인공지능 모델의 예측 결과를 나타냅니다.

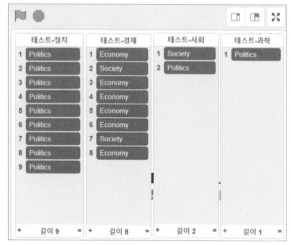

'테스트-정치' 리스트의 값이 나타내는 것은 9건의 정치 기사를 인공지능 모델에 입력했는데, 인공지능 모델이 9건을 모두 정치 기사로 예측했다는 뜻입니다.

'테스트-경제' 리스트의 값이 나타내는 것은 8건의 경제 기사를 인공지능 모델에 입력했는데, 인공지능 모델이 6건은 경제 기사로, 2건은 사회 기사로 예측했다는 뜻입니다.

데이터 확인이 끝났다면 리스트명의 체크박스를 다시 체크해제하여 리스트를 숨깁니다.

이제 평가지표로 사용된 정확도, 재현율, 정밀도가 무엇인지 살펴보겠습니다.

아래의 표는 혼동 행렬(Confusion Matrix)이라고 불리는 표로 인공지능 모델의 예측 결과를 2차원 표로 나타낸 것입니다. 세로축은 실제 정답을, 가로축은 예측 결과를 의미합니다.

정답 ↓

과학	1	0	0	0
사회	1	0	1	0
경제	0	6	2	0
정치	9	0	0	0
	정치	경제	사회	과학

← 예측

정확도(Accuracy)는 전체 데이터 중에서 정답을 제대로 예측한 데이터의 비율입니다.

혼동 행렬에서 노란색에 해당하는 수치가 정답을 맞힌 데이터의 개수입니다.

이번 테스트에서 정답을 맞힌 데이터는 16개이고, 전체 데이터는 20개이므로,

$$정확도 = \frac{정답을 \ 맞춘 \ 데이터 \ 수}{전체 \ 데이터 \ 수} = \frac{16}{20} = 0.8$$

이 되어 정확도는 80%가 됩니다.

뉴스섹션 성능평가 10장 | Artificial Intelligence SCRATCH

정확도는 가장 직관적이고 간편하게 인공지능 모델의 성능을 나타낼 수 있습니다. 하지만 정확도 지표는 분류별 데이터의 개수가 비슷할 때, 즉 균형적일 때 사용할 수 있습니다.

예를 들어, 이번 테스트 사례에서 정답이 '정치', '경제'인 뉴스기사는 17건 중 15건을 제대로 맞추었습니다. 하지만 '사회' 뉴스는 2건 중 1건만 맞추었고, 과학 뉴스는 1건도 맞추지 못했습니다.

전체적인 정확도는 80%이지만, 사회 뉴스의 정확도는 50%, 과학 뉴스의 정확도는 0%인 것입니다.

이것을 과연 좋은 예측모델이라고 할 수 있을까요? 만약 이번 예측이 '암 진단'을 위해 사용된 것이고, '과학 섹션'이 '폐암 진단'이었다면 어떻게 되었을까요? 폐암 진단율이 0%인 예측 모델을 신뢰할 수 있을까요?

이렇게 분류별로 데이터의 개수가 비균형적인 때 제대로 분류를 해주는지 평가해주는 지표가 바로 재현율과 정밀도입니다.

재현율(Recall)은 실제 정답 데이터 중에서 제대로 예측한 비율을 말합니다. 각각의 정답 데이터별로 재현율을 계산하고 산술 평균을 하면 전체 재현율이 됩니다.

정답 ↓

과학	1	0	0	0	①
사회	1	0	1	0	②
경제	0	6	2	0	③
정치	9	0	0	0	④
	정치	경제	사회	과학	← 예측

① 과학 뉴스 재현율 $= \dfrac{\text{정답을 맞힌 데이터 수}}{\text{정답이 과학인 데이터 수}} = \dfrac{0}{1} = 0 = 0\%$

② 사회 뉴스 재현율 $= \dfrac{\text{정답을 맞힌 데이터 수}}{\text{정답이 사회인 데이터 수}} = \dfrac{1}{2} = 0.5 = 50\%$

③ 경제 뉴스 재현율 $= \dfrac{\text{정답을 맞힌 데이터 수}}{\text{정답이 경제인 데이터 수}} = \dfrac{6}{8} = 0.75 = 75\%$

④ 정치 뉴스 재현율 $= \dfrac{\text{정답을 맞힌 데이터 수}}{\text{정답이 정치인 데이터 수}} = \dfrac{9}{9} = 1 = 100\%$

전체 재현율 $= \dfrac{\text{과학 재현율 + 사회 재현율 + 경제 재현율 + 정치 재현율}}{4}$

$= \dfrac{0 + 0.5 + 0.75 + 1}{4} = 0.5625 \fallingdotseq 56\%$

정밀도(Precision)는 특정한 분류로 예측한 데이터 중에서 제대로 예측한 비율을 말합니다. 예측한 분류별로 정밀도를 계산하고 산술 평균을 하면 전체 정밀도가 됩니다.

정답 ↓

과학	1	0	0	0
사회	1	0	1	0
경제	0	6	2	0
정치	9	0	0	0
	정치	경제	사회	과학
	①	②	③	④

← 예측

① 정치 예측 정밀도 $= \dfrac{\text{정답을 맞힌 데이터 수}}{\text{정치로 예측한 데이터 수}} = \dfrac{9}{11} ≒ 0.82 = 82\%$

② 경제 예측 정밀도 $= \dfrac{\text{정답을 맞힌 데이터 수}}{\text{경제로 예측한 데이터 수}} = \dfrac{6}{6} = 1 = 100\%$

③ 사회 예측 정밀도 $= \dfrac{\text{정답을 맞힌 데이터 수}}{\text{사회로 예측한 데이터 수}} = \dfrac{1}{3} ≒ 0.33 = 33\%$

④ 과학 예측 정밀도 $= \dfrac{\text{정답을 맞힌 데이터 수}}{\text{과학로 예측한 데이터 수}} = \dfrac{0}{0} = 0 = 0\%$

전체 정밀도 $= \dfrac{\text{정치 정밀도 + 경제 정밀도 + 사회 정밀도 + 과학 정밀도}}{4}$

$= \dfrac{0.82 + 1 + 0.33 + 0}{4} = 0.5375 ≒ 54\%$

정확도는 가장 간편한 평가지표이지만 희박한 가능성을 가진 상황을 잘 예측할 수 있는지는 알려주지 못합니다. 재현율과 정밀도는 그러한 단점을 보완해주는 평가지표입니다.

재현율과 정밀도는 서로 반비례하는 경향이 있으며, 상호 보완적입니다. 따라서 두 지표가 모두 높을수록 좋은 모델이라고 할 수 있습니다. 그리고 모델의 성능을 더욱 효과적으로 표현하기 위해서 재현율과 정밀도를 조화평균한 F1 Score도 평가 지표로 많이 사용되고 있습니다.

이제 다음의 두 모델의 평가지표를 보고 어떤 모델의 성능이 더 우수한지 얘기해 볼 수 있을까요? 그리고 이유를 설명할 수 있나요?

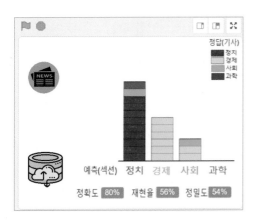
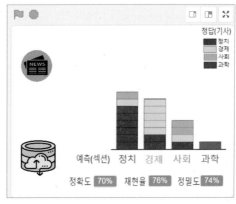

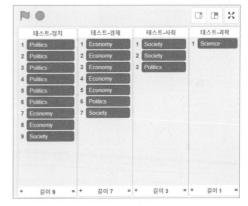

뉴스섹션 성능평가 10장 | Artificial Intelligence SCRATCH

2. 머신러닝 모델 훈련

이제 머신러닝 방식의 프로젝트를 만들어 보도록 하겠습니다.

예제 파일의 원리는 확인했으므로, 열려 있는 스크래치 에디터 창은 저장하지 않고 닫습니다.

새로운 웹브라우저 창을 열고, https://machinelearningforkids.co.uk/ 사이트에 접속합니다.

상단 메뉴에서 [로그인] 버튼을 클릭합니다. 다시 [로그인] 버튼을 클릭합니다.

본인의 아이디(username)와 비밀번호(password)를 입력하여 로그인합니다.

상단 메뉴의 [프로젝트] 를 클릭합니다.

화면 오른쪽 상단의 [+ 프로젝트 추가] 버튼을 클릭합니다.

프로젝트 이름은 'News Section Model Test', 인식 방법은 '텍스트', 언어는 'Korean'을 선택합니다. [만들기] 버튼을 클릭합니다.

화면에 만들어진 'News Section Model Test' 프로젝트 박스를 클릭합니다.

'훈련', '학습&평가', '만들기' 메뉴가 나타납니다. 먼저 [훈련] 버튼을 클릭합니다.

화면 오른쪽에 [+ 새로운 레이블 추가] 버튼을 클릭합니다.

우리는 뉴스 기사를 4가지 종류의 섹션으로 분류시킬 것입니다. 바로 정치(Politics), 경제 (Economy), 사회(Society), 과학(Science)입니다. 따라서 4개의 레이블을 만들어 줍니다.

새로운 레이블 추가 팝업창에 'Politics'를 입력하고 [추가] 버튼을 클릭합니다. 첫 글자가 대문자 인 것에 주의해 주세요. 'Politics' 박스가 만들어집니다.

같은 방식으로 'Economy', 'Society', 'Science' 레이블을 추가합니다.

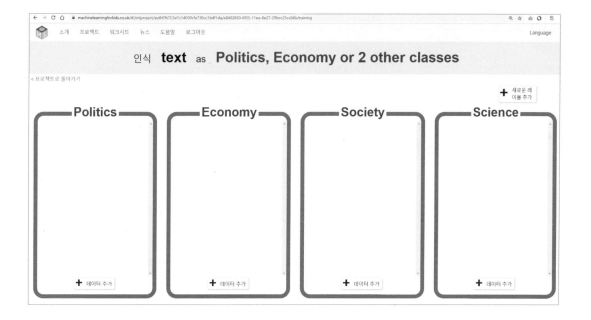

이제 훈련 데이터를 입력하겠습니다.

뉴스 제목은 현실성을 위해 실제 뉴스 사이트에서 찾아내서 입력하겠습니다. 새로운 웹브라우저 창을 열고, 아래와 같은 포털 사이트의 뉴스 페이지에 접속합니다. 본 교재에서는 네이버 뉴스 페이지를 사용합니다.

네이버 뉴스: https://news.naver.com/
다음 뉴스: https://media.daum.net/

화면 상단에 뉴스 섹션명이 보입니다. '정치', '경제', '사회', '생활/문화', '세계', 'IT/과학', '오피니언'은 대분류 섹션입니다. 섹션명을 클릭하면 좌측에 소분류 섹션명과 해당 섹션의 뉴스를 볼 수 있습니다.

뉴스 페이지에서 '정치' 섹션을 클릭한 후, 좌측의 소분류 섹션에서 '대통령실'을 클릭합니다. 적은 양의 훈련 데이터를 이용해서 결과의 정확도를 높이기 위해 소분류를 선택하도록 하겠습니다. 만약 더 많은 훈련 데이터를 이용한다면 소분류를 선택하지 않아도 됩니다.

훈련 데이터 입력을 편하게 하기 위해 Machine Learning for Kids 창과 뉴스 창을 화면 좌우로 배치합니다.

뉴스 기사 제목 중 하나를 마우스로 드래그하여 선택한 후, 마우스 오른쪽 버튼을 클릭한 후 '복사하기'를 클릭하거나 단축키 (Ctrl+C)를 이용해 복사합니다.

Politics 버킷 하단의 [+ 데이터 추가] 버튼을 클릭하고, 나타나는 팝업창에서 마우스 오른쪽 버튼을 클릭한 후 '붙여넣기'를 클릭하거나 단축키(Ctrl+V)를 이용해 붙여넣기를 합니다. [추가] 버튼을 클릭합니다.

'Politics' 버킷에 훈련 데이터가 추가됩니다.

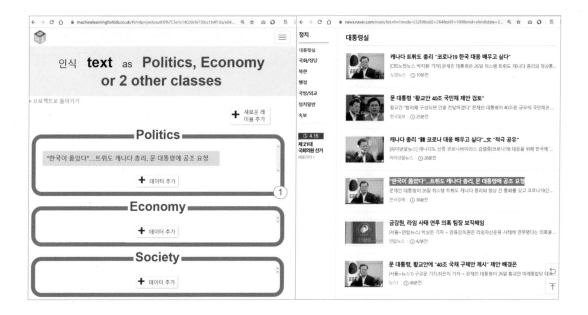

같은 방식으로 '정치 〉 대통령실' 섹션의 뉴스기사 제목을 4개 더 추가합니다.

뉴스섹션 성능평가 10장

Artificial Intelligence
SCRATCH

텍스트 인식 유형의 머신러닝 모델 훈련에는 버킷별로 5개 이상의 훈련 데이터가 필요합니다. 지금은 최소한의 데이터만 입력한 뒤 머신러닝 모델의 성능을 평가해 보겠습니다.

같은 방식으로 'Economy' 버킷에는 '경제 〉 금융' 섹션 뉴스기사, 'Society' 버킷에는 '사회 〉 사건 사고' 섹션 뉴스기사, 'Science' 버킷에는 'IT/과학 〉 모바일' 섹션의 뉴스기사를 각각 5개씩 추가합니다.

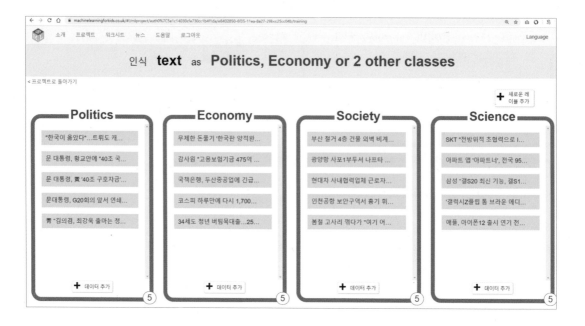

훈련 데이터 추가가 완료되었다면, [〈프로젝트로 돌아가기] 버튼을 클릭합니다.
그리고 [학습&평가] 버튼을 클릭합니다. 이곳에서는 여러분이 수집한 데이터의 개수를 살펴볼 수 있습니다.
화면 하단의 [새로운 머신 러닝 모델을 훈련시켜보세요.] 버튼을 클릭합니다.

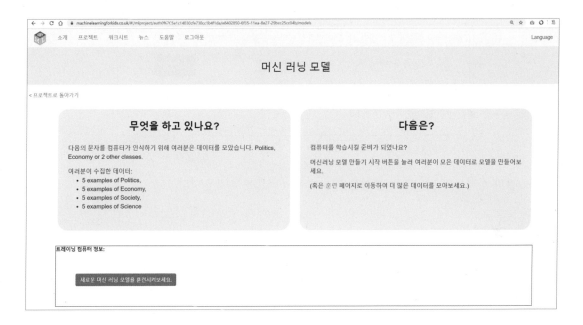

텍스트 인식 유형의 프로젝트는 훈련에 30초 이내의 시간이 걸립니다. 만약 버킷의 훈련 데이터 개수가 최소 5개가 되지 않으면 훈련이 되지 않으므로, 훈련 데이터를 추가한 후 다시 진행합니다.
훈련이 완료되면 '모델의 상태' 값이 'Available'로 변경됩니다. 그리고 화면 중간에 테스트를 위한 텍스트 박스가 생성됩니다.

뉴스섹션 성능평가 10장 | Artificial Intelligence SCRATCH

머신러닝 모델이 잘 훈련되었는지 테스트해 보겠습니다.

뉴스 페이지에서 훈련 데이터로 사용한 것과 유사한 뉴스 기사 제목을 선택하여 텍스트 박스에 입력하고 [테스트] 버튼을 클릭합니다. 컴퓨터가 뉴스 기사를 인식하여 결과 레이블(label)과 정확도(confidence)를 출력합니다.

여러분의 모델이 잘 학습되었는지 확인하기 위해 문자를 넣어보세요.

갤럭시Z플립 톰브라운 에디션, 중국서 3분만에 완판   테스트

Science(으)로 인식되었습니다.
with 87% confidence

테스트 결과 정확도가 낮더라도 우선은 그대로 사용하도록 하겠습니다.

3. 스크래치 프로젝트 제작

이제 훈련된 머신러닝 모델을 이용한 스크래치 프로젝트를 제작하도록 하겠습니다.

[〈프로젝트로 돌아가기] 버튼을 클릭합니다. [만들기] 버튼을 클릭합니다.

[스크래치 3] 버튼을 클릭합니다.

[스크래치 3 열기] 버튼을 클릭합니다.

스크래치 에디터 화면이 나타납니다. 예제 파일을 다시 한번 불러오겠습니다.

상단 메뉴에서 파일 〉 Load from your computer 를 클릭합니다. 예제 파일 폴더에서 '10장_뉴스섹션성능평가_예제.sb3' 파일을 찾아 [열기]를 해줍니다.

프로젝트가 열립니다.

화면 좌측의 블록 카테고리에 'News Section Model Test' 카테고리가 새롭게 생긴 것을 볼 수 있습니다.

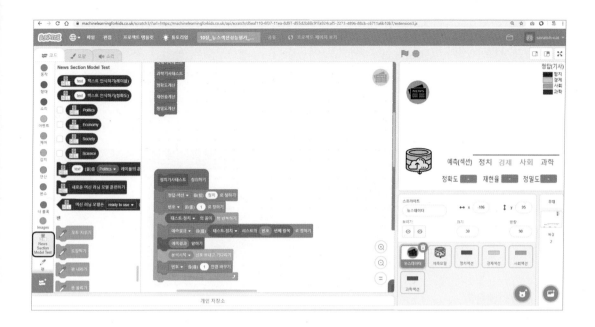

우선 테스트에 사용할 뉴스기사 제목 데이터를 입력하겠습니다.

변수 카테고리에서 리스트 이름의 왼쪽 체크박스를 체크 설정을 하면 화면에 리스트가 나타납니다.

리스트의 항목 오른쪽에 있는 X 아이콘을 클릭하여 항목을 모두 삭제해 줍니다.

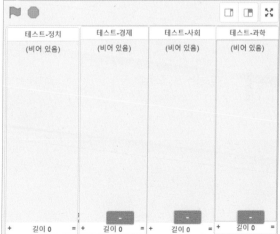

Artificial Intelligence
SCRATCH

그 후 빠른 입력을 위해 스크래치 화면과 뉴스 페이지 화면을 조정하여 좌우로 배치합니다. 우선 뉴스 페이지에서 '정치 〉 대통령실' 섹션으로 이동합니다. 예측모델의 올바른 평가를 위해 뉴스 페이지의 기사 날짜를 '어제'로 설정합니다. 훈련 데이터와 평가데이터가 서로 겹치는 것을 방지하지 위함입니다.

뉴스 기사의 제목을 복사하여 '테스트–정치' 리스트에 추가합니다. 같은 방식으로 섹션별로 5개씩 뉴스 기사를 각각의 리스트의 항목으로 추가합니다. 복사하기(Ctrl+C)와 붙여넣기(Ctrl+V) 단축 키를 사용하면 편리합니다.

'경제 〉 금융' 섹션의 어제 뉴스 5개를 '테스트–경제' 리스트에 추가합니다.

'사회 〉 사건사고' 섹션의 어제 뉴스 5개를 '테스트–사회' 리스트에 추가합니다.

'IT/과학 〉 모바일' 섹션의 어제 뉴스 5개를 '테스트–과학' 리스트에 추가합니다.

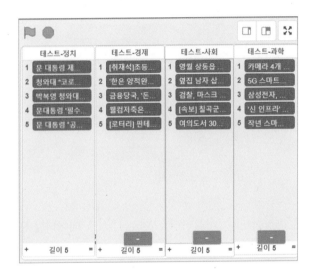

입력이 완료되면 변수 카테고리의 리스트 이름 왼쪽에 체크박스를 체크 해제하여 리스트를 화면에 서 숨깁니다.

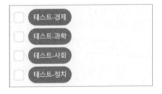

Artificial Intelligence
SCRATCH

'예측모델' 스프라이트를 선택합니다. '[분석시작] 신호를 받았을 때' 스크립트를 찾습니다.

스크립트를 다음과 같이 수정합니다. 머신러닝 모델로 테스트 데이터를 인식하여 예측 결과에 따라 작업을 진행합니다.

바로 프로젝트를 테스트해 보겠습니다.

🏴 버튼을 클릭하여 프로젝트를 실행합니다. 뉴스 제목과 머신러닝 모델의 예측결과가 하나씩 화면에 표시되고 그래프가 그려집니다. 20개의 데이터를 모두 예측한 후에 평가지표가 표시됩니다. 여러분이 훈련시킨 머신러닝 모델이 뉴스 기사를 제대로 분류하나요?

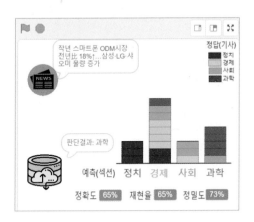

머신러닝 모델의 성능을 향상시키기 위해 훈련 데이터를 더 추가하겠습니다.

스크래치 창은 그대로 둔 채 Machine Learning for Kids 사이트로 이동합니다.

[⟨프로젝트로 돌아가기⟩] 버튼을 클릭합니다. [훈련] 버튼을 클릭합니다.

버킷별로 훈련 데이터를 5개씩 더 추가합니다. 뉴스 페이지에서 '오늘 날짜'의 섹션별 뉴스기사를 복사하여 훈련 데이터를 추가합니다. 각각 10개의 데이터가 추가됩니다.

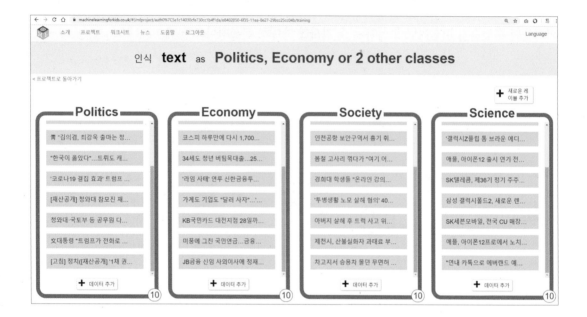

[〈프로젝트로 돌아가기〉] 버튼을 클릭합니다.

그리고 [학습&평가] 버튼을 클릭합니다.

화면 하단의 [새로운 머신 러닝 모델을 훈련시켜보세요.] 버튼을 클릭합니다.

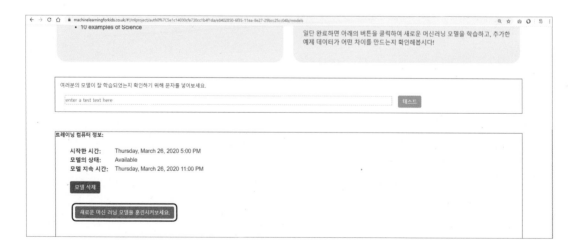

기존의 머신러닝 모델을 삭제하고, 새로운 머신러닝 모델을 생성한 후 훈련시킵니다. 훈련에는 30 초 내외의 시간이 걸립니다. 훈련이 완료되면 '모델의 상태' 값이 'Available'로 변경됩니다.

다시 스크래치 화면으로 이동합니다.

▶ 버튼을 클릭하여 새로운 머신러닝 모델을 이용해 테스트 데이터를 예측해 봅니다. 새로운 머신 러닝 모델의 성능이 아까 전보다 향상되었나요?

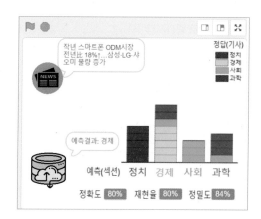

스크래치 프로젝트 제작이 완료되었습니다.

완성된 스크래치 프로젝트는 별도로 저장할 수 있습니다.

저장 방법은 상단 메뉴의 파일 > 컴퓨터에 저장하기를 클릭하면 됩니다. 다운로드 폴더에 프로젝트 파일이 저장됩니다.

뉴스섹션 성능평가 10장 | Artificial Intelligence SCRATCH

혹시 시간이 있다면 다음과 같이 프로젝트를 직접 수정하여 응용해 보세요.

뉴스를 분류하는 머신러닝 모델의 성능을 개선해 봅시다.

1. 테스트 데이터의 개수를 20개에서 40개로 증가시킵니다.
2. 섹션별 테스트 데이터의 개수를 서로 다르게 조정합니다.
3. 훈련 데이터를 추가하여 머신러닝 모델의 예측 성능을 최대한 향상시켜 봅니다. 이때 훈련 데이터와 테스트 데이터는 중복되지 않도록 주의합니다.

더 알아보기
인공지능 모델의 성능 평가 방법은?

인공지능 모델의 성능평가는 모델의 종류와 학습 방식에 따라 달라집니다. 지도학습 모델은 데이터의 목표 값이 정해져 있으므로 머신러닝 모델이 목표 값을 얼마나 잘 예측했는지 여부를 비교하여 예측력 또는 정확도라는 기준으로 평가합니다. 이때 학습 데이터에 편향된 결과를 방지하기 위해서 테스트(평가) 데이터 데이터를 별도로 사용해야 합니다.

반면에 비지도학습 모델은 목표 값이 주어지지 않으므로 예측력이나 정확도를 판단할 수 있는 기준이 없습니다. 그러므로 예측 결과에 대한 해석 가능성이나 경험적 관점에서 현실 적용 가능성에 대해서 초점을 두고 모델을 평가하게 됩니다. 그리고 대회를 통해서 인공지능 모델의 성능을 평가받을 수 있습니다.

LG CNS는 2019년 9월 국내 최초로 인공지능의 자연어 이해를 위한 학습용 표준 데이터 '코쿼드 2.0'을 공개했습니다. 코쿼드의 한국어 표준 데이터 10만여 개를 이용하면 "서울시의 특징은?"이라는 질문에 인공지능 모델이 장문의 대답을 할 수 있습니다. 아울러 코쿼드 학습으로 개발된 인공지능 모델을 코쿼드 홈페이지에 등록해 성능을 평가받을 수 있고, 리더 보드에 등재돼 수준을 비교할 수 있습니다.

고려대는 2019년 10월 의학, 생물학 질문에 답하는 인공지능 모델 경진 국제대회 BioASQ에서 구글팀을 제치고 우승했습니다. 주어진 논문에서 질문에 대한 답을 찾는 방식으로, 가령 대장암에 관련된 논문을 주고 "대장암의 재발에 관여하는 유전자변이는 무엇인가?"라는 질문에 정확한 답을 제출하는 문제로 구성됩니다.

2019년 4월 유럽연합은 '신뢰가능한 인공지능 윤리 가이드라인'을 공개했습니다. 가이드라인은 인간의 관리와 감독, 기술적 견고성과 안전성, 프라이버시와 데이터 통제, 투명성, 다양성, 친환경성과 사회적 웰빙, 책무성 등 7개 지침과 상세한 평가목록으로 이루어져 있습니다. 이 윤리 지침은 인공지능 개발과 사용에 관한 고려사항이 될 수 있고, 향후 인공지능 관련 법률 제정 시 큰 틀이 될 것으로 보입니다.

Artificial Intelligence
SCRATCH

[한국직업방송] 모델성능 평가하기

https://youtu.be/ulrwIuknxVQ

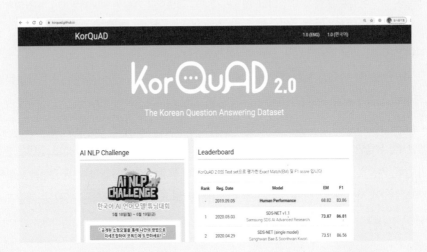

한국어 기계독해 능력평가 - LG CNS 코쿼드 2.0

https://korquad.github.io/

3편
이미지 인식 프로젝트

'시각지능'은 인공지능 활용 분야 중에서 가장 빠르게 발전하고 있는 분야입니다.
3편에서 우리는 '이미지' 인식과 관련된 프로젝트 5개를 제작합니다. 이미지 분류, 아트,
필터링, 문자인식, 지능형 CCTV에 대해 살펴보고 머신러닝 모델을 이용한 스크래치 프
로젝트를 제작하고 테스트합니다.

학습목차

11장
참새의 눈

동영상 강의   http://hellosoft.fun/bookais11

1. 프로젝트 소개

사람이 감각기관을 통해 획득하는 정보의 80% 이상이 시각을 통해 얻어진다고 알려져 있습니다. 사물을 인지하고 시공간적으로 상황을 파악할 수 있는 능력을 '시각지능'이라고 부릅니다. 인공지능의 영역에서도 '시각지능'이 매우 중요한 부분을 담당하고 있습니다. 예를 들어 자율 주행 자동차는 카메라를 통해 차선, 신호등, 표지판 등의 교통 정보를 실시간으로 시각화하여 정확하게 분석할 수 있어야 합니다.

이 프로젝트에서 우리는 주어진 사진을 인식하고 분류하는 시각 지능을 활용해 봅니다. 동물들은 생존을 위해 시력이 매우 중요합니다. 예를 들어 참새는 앞에 사물이 나타났을 때, 그것이 천적인지 아니면 먹이인지 재빠르고 정확하게 판단해야 약육강식의 자연에서 살아남을 수 있습니다.
우리는 참새의 관점에서 천적과 먹이를 정확하게 골라내는 스크래치 프로젝트를 제작합니다. 프로그램을 실행하면 40장의 각기 다른 사진을 인식하여 천적 사진은 왼쪽, 먹이 사진은 오른쪽으로 사진을 분류합니다.

여러분은 우선 수동으로 사진을 분류하는 프로그램을 실행하고 원리를 살펴봅니다. 사진이 주어지면 우리가 직접 사진의 종류를 지정하는 방식입니다. 이 방식은 인력과 시간이 많이 소요됩니다.

그 다음으로 우리는 '머신러닝' 방식으로 사진을 자동으로 분류하는 프로그램을 제작합니다. 우리는 사진을 어떻게 분류해야 하는지 컴퓨터에 알려주지 않습니다. 단지 천적 사진과 먹이 사진의 다양한 사례를 이용하여 컴퓨터를 '학습'시킵니다. 학습된 머신러닝 모델은 학습에 사용한 사진뿐만 아니라 처음 보는 새로운 사진도 인식할 수 있습니다.

우선 미리 만들어져 제공되는 예제 파일을 살펴보도록 하겠습니다.

컴퓨터의 웹브라우저 프로그램을 실행하고, https://scratch.machinelearningforkids.co.uk/ 사이트에 접속합니다.

스크래치3 에디터 화면이 나타납니다. 예제 파일을 찾아 불러오겠습니다.

상단 메뉴의 파일 〉Load from you computer 메뉴를 클릭합니다.

예제 파일 폴더에서 '11장_참새의눈_예제.sb3' 파일을 선택하고, [열기] 버튼을 클릭합니다.

예제 파일이 없는 경우에는 헬로소프트 홈페이지 http://hellosoft.fun/aiscratch에서 예제 파일을 다운로드 받을 수 있습니다.

예제 파일은 윈도우 탐색기에서 파일을 더블 클릭해서 열 수 없습니다. 반드시 스크래치3 에디터 화면에서 불러오기 기능을 이용해서 열어야 합니다.

예제 파일이 열리면 미리 제작된 '사진', '참새'와 버튼 스프라이트를 볼 수 있습니다. 이 프로젝트는
사진을 사용자가 수동으로 분류하는 프로그램입니다. 분류된 사진은 화면의 좌우로 이동합니다.

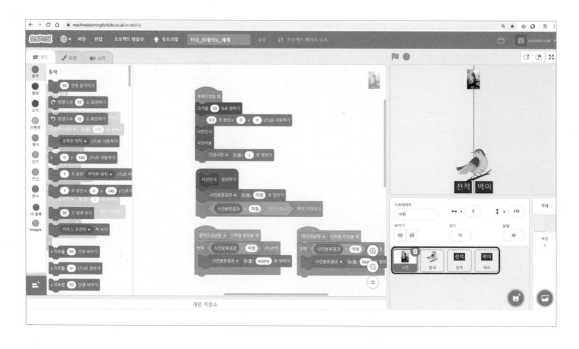

먼저 프로젝트가 어떻게 구성되어 있는지 살펴보겠습니다.

'사진' 스프라이트의 '모양' 탭을 클릭합니다. 총 30장의 천적 또는 먹이 사진이 들어 있습니다.

다시 '코드' 탭을 클릭합니다.

'⚑을 클릭했을 때' 스크립트를 살펴보면, 사진의 개수(30)만큼 반복하면서 자신을 복제하고 모양을 바꿉니다. 한번에 모두 복제하지 않고 사용자가 버튼을 클릭해 사진을 분류하면 '다음사진' 변수가 'y'가 되면 다시 복제합니다.

복제가 되면 화면 중앙으로 이동한 후에 '사진인식' 단계와 '사진이동' 단계를 진행합니다. 사진 인식단계에서는 '사진분류결과' 변수 값을 '미정'으로 정한 후 사용자가 버튼을 클릭하여 변수 값이 'enemy' 또는 'food'가 될 때까지 기다립니다.

```
복제되었을 때
크기를 30 %로 정하기
0.5 초 동안 x: 0 y: 0 (으)로 이동하기
사진인식
사진이동
다음사진 ▼ 을(를) y 로 정하기
```

```
사진인식 정의하기
사진분류결과 ▼ 을(를) 미정 로 정하기
사진분류결과 = 미정 이(가) 아니다 까지 기다리기
```

```
천적으로분류 ▼ 신호를 받았을 때
만약 사진분류결과 = 미정 (이)라면
사진분류결과 ▼ 을(를) enemy 로 정하기
```

```
먹이로분류 ▼ 신호를 받았을 때
만약 사진분류결과 = 미정 (이)라면
사진분류결과 ▼ 을(를) food 로 정하기
```

참새의 눈 11장 | Artificial Intelligence SCRATCH

사진 이동 단계에서는 '사진분류결과' 변수 값에 따라 사진을 화면 좌우로 이동합니다. 이때 '왼쪽
Y좌표'와 '오른쪽Y좌표' 변수를 이용하여 사진이 겹치는 것을 방지합니다.

```
사진이동 정의하기

만약   사진분류결과  =  enemy   (이)라면
    천적으로분류 ▼  신호 보내기
크기를 10 %로 정하기
    0.5 초 동안 x  -220 부터 -80 사이의 난수   y: 왼쪽Y좌표  (으)로 이동하기
    왼쪽Y좌표 ▼  을(를)  -14  만큼 바꾸기

만약   사진분류결과  =  food   (이)라면
    먹이로분류 ▼  신호 보내기
크기를 10 %로 정하기
    0.5 초 동안 x  220 부터 80 사이의 난수   y: 오른쪽Y좌표  (으)로 이동하기
    오른쪽Y좌표 ▼  을(를)  -14  만큼 바꾸기
```

⚑ 버튼을 클릭하여 프로젝트를 실행합니다.

프로젝트가 시작되면 사진이 한 장 아래로 내려옵니다. 아래의 [천적] 버튼 또는 [먹이]버튼을 마
우스로 클릭하여 사진을 분류합니다. 모두 30장의 사진을 분류하면 프로젝트가 종료됩니다.

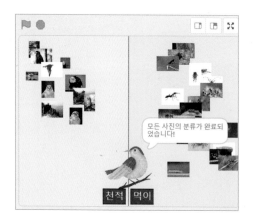

2. 머신러닝 모델 훈련

이제 머신러닝 방식의 자동 분류 프로젝트를 만들어 보도록 하겠습니다.

예제 파일의 원리는 확인했으므로, 열려 있는 스크래치 에디터 창은 저장하지 않고 닫습니다.

새로운 웹브라우저 창을 열고, https://machinelearningforkids.co.uk/ 사이트에 접속합니다.

상단 메뉴에서 [로그인] 버튼을 클릭합니다. 다시 [로그인] 버튼을 클릭합니다.

본인의 아이디(username)와 비밀번호(password)를 입력하여 로그인합니다.

상단 메뉴의 [프로젝트] 를 클릭합니다

화면 오른쪽 상단의 [+ 프로젝트 추가] 버튼을 클릭합니다.

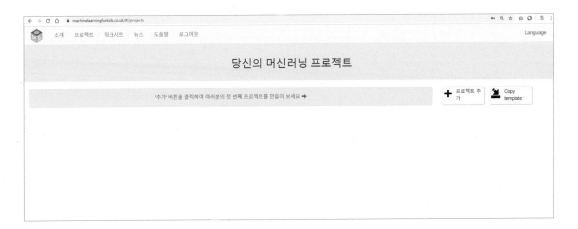

참새의 눈 11장 | Artificial Intelligence SCRATCH

프로젝트 이름은 'Sparrow Eye', 인식 방법은 '이미지'를 선택합니다. 프로젝트 이름에는 한글을 사용할 수 없으므로 주의하도록 합니다. [만들기] 버튼을 클릭합니다.

화면에 회색으로 'Sparrow Eye' 회색 박스가 만들어진 것을 볼 수 있습니다. 박스를 클릭합니다. '훈련', '학습&평가', '만들기' 메뉴가 나타납니다. 훈련 메뉴에서 훈련용 이미지를 입력하고, 학습& 평가 메뉴에서 훈련용 이미지를 이용해서 머신러닝 모델을 만들어 냅니다. 그 다음 만들기 메뉴에 서 머신러닝 모델을 이용한 스크래치 프로젝트를 만들게 됩니다.

먼저 [훈련] 버튼을 클릭합니다.

화면 오른쪽에 [+ 새로운 레이블 추가] 버튼을 클릭합니다.

레이블은 머신러닝 모델이 이미지를 인식하고 분류하여 내놓는 결과를 의미합니다. 우리는 사진을
두 가지 종류(천적, 먹이)의 사진으로 분류할 것이므로, 레이블이 두 개 필요합니다.

새로운 레이블 추가 팝업창에 'enemy'를 입력하고 [추가] 버튼을 클릭합니다.

참새의 눈 11장

Artificial Intelligence
SCRATCH

'enemy' 박스가 만들어집니다. 이 박스 안에 훈련용 이미지가 입력되는데, 이것을 '버킷(Bucket)'
이라고 부릅니다. 같은 방식으로 'food' 레이블을 추가합니다.

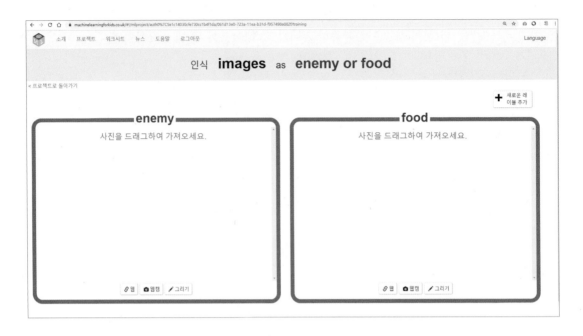

이제 훈련용 이미지를 입력하겠습니다. 훈련용 이미지는 '드래그 앤 드롭' 방식으로 쉽게 버킷에 추
가할 수 있습니다. 우리는 구글 이미지 검색에서 사진을 가져와서 훈련용 이미지로 추가하겠습니다.

새로운 웹브라우저 창을 연 후 구글(https://google.com)에 접속합니다.
검색창에 '맹금류'라고 검색합니다. 결과 탭에서 '이미지'를 클릭합니다.

두 개의 웹브라우저 창의 크기를 조정하여 화면 좌우에 배치합니다.

참새의 눈 11장

Artificial Intelligence
SCRATCH

구글 이미지 검색창의 이미지를 마우스로 드래그하여 Machine Learning for Kids 창의 'solo' 버킷 안에 집어넣습니다. 자동으로 사진이 추가됩니다.

같은 방식으로 'enemy' 버킷의 사진이 10장이 될 때까지 참새의 천적 이미지를 드래그 앤 드롭하여 추가합니다. 이때 이미지의 유형을 최대한 다양하게 선택해 주는 것이 좋습니다. 배경, 구도, 거리 등을 다양하게 해 주어야 머신러닝 모델이 다른 특징에 더 집중하게 됩니다.

같은 방식으로 참새의 먹이 사진을 추가하겠습니다.

구글 이미지 검색창에 '곤충'을 검색하고 참새의 먹이가 될 만한 사진을 선택합니다. 같은 방식으로 'food' 버킷에 10장의 사진을 추가합니다. 배경, 구도, 거리 등이 다양하게 사진을 선택해 주세요.

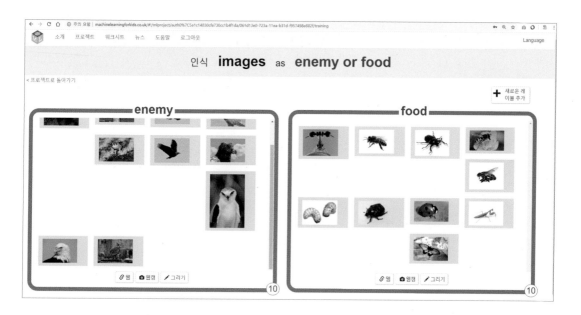

머신러닝 모델 훈련을 위해서는 버킷마다 일정 개수 이상의 훈련 데이터가 필요합니다. 이미지 인식 프로젝트의 경우 최소 개수는 10개입니다.

또한 훈련 이미지를 추가할 때 팁은 다음과 같습니다.

❶ 더 많은 훈련용 이미지를 추가하세요. 여러분이 더 많은 이미지(사례)를 추가할수록, 컴퓨터가 새로운 이미지를 더 잘 인식합니다. 대신 새로운 머신러닝 모델 훈련에 소요되는 시간은 증가합니다.

❷ 버킷별로 비슷한 개수의 이미지를 추가하세요. 만약 특정한 버킷에만 더 많은 이미지를 추가하게 되면, 컴퓨터가 새로운 이미지를 인식할 때 해당 레이블로 인식할 확률이 더 높아집니다.

❸ 훈련용 이미지를 다양하게 조합하세요. 이미지의 배경, 구도, 거리 등을 다양하게 추가할수록 컴퓨터가 그 외의 특징(패턴)에 더 집중하고, 더 잘 구별할 수 있습니다.

훈련용 이미지 추가가 완료되었다면, [⟨프로젝트로 돌아가기⟩] 버튼을 클릭합니다.
그리고 [학습&평가] 버튼을 클릭합니다. 이곳에서는 여러분이 수집한 데이터의 개수를 살펴볼 수 있습니다.
화면 하단의 [새로운 머신 러닝 모델을 훈련시켜보세요.] 버튼을 클릭합니다.

IBM의 인공지능 API를 이용하여 새로운 머신러닝 모델이 생성되고, 훈련용 이미지를 이용하여 훈련됩니다. 하단에 나타나는 퀴즈는 필수가 아니므로 원하는 경우에만 풀어 보도록 합니다.
이미지 인식 유형의 프로젝트는 이미지의 개수와 서버 상황에 따라 훈련에 3분~15분 정도의 시간이 걸립니다. 만약 버킷의 이미지 개수가 최소 10개가 되지 않으면 훈련이 되지 않으므로, 훈련용 이미지를 추가한 후 다시 진행합니다.
훈련이 완료되면 '모델의 상태' 값이 'Available'로 변경됩니다. 그리고 화면 중간에 테스트를 위한 텍스트 박스가 생성됩니다.

머신러닝 모델이 잘 훈련되었는지 테스트해 보겠습니다. 텍스트 박스에 구글에서 검색했던 이미지의 주소(URL)를 입력하면 됩니다.

구글 이미지 검색 화면으로 이동합니다. 훈련에 사용했던 이미지를 클릭합니다. 오른쪽 상세 이미지 위에서 마우스 오른쪽 클릭한 후 '이미지 주소 복사(C)'를 클릭합니다(크롬 기준, 다른 웹브라우저는 메뉴명이 조금 다를 수 있습니다.).

Machine Learning for Kids 화면으로 돌아옵니다. 텍스트 박스 내부를 클릭한 후 마우스 오른쪽 버튼을 클릭하고 '붙여넣기' 버튼을 클릭합니다(크롬 기준, 다른 웹브라우저는 메뉴명이 조금 다를 수 있습니다.). 이미지의 웹 주소(URL)가 입력됩니다.

[**인터넷 자료로 테스트하기**] 버튼을 클릭합니다. 컴퓨터가 이미지를 인식하여 결과 레이블(label) 과 정확도(confidence)를 출력합니다.

이번에는 훈련에 사용하지 않은 새로운 이미지로 테스트해 보겠습니다. 구글 이미지 검색에 다시 '맹금류'를 검색한 후 나온 결과 이미지에서 훈련에 사용하지 않은 새로운 이미지를 골라 같은 방식으로 '이미지 주소 복사' 한 후 텍스트 박스에 '붙여넣기'하고 '인터넷 자료로 테스트하기' 버튼을 클릭합니다.

컴퓨터가 새로운 이미지도 잘 인식하고 분류하나요?

만약 머신러닝 모델의 인식 결과가 마음에 들지 않는다면 다시 '훈련' 페이지로 돌아가서 더 많은 훈련용 이미지를 추가합니다. 그리고 다시 '학습&평가' 페이지에서 새로운 머신러닝 모델을 훈련시켜 줍니다. 물론 새로운 머신러닝 모델 훈련에 3분~15분의 시간이 더 필요합니다.

3. 스크래치 프로젝트 제작

이제 훈련된 머신러닝 모델을 이용한 스크래치 프로젝트를 제작하도록 하겠습니다.

[〈프로젝트로 돌아가기〉] 버튼을 클릭합니다. [만들기] 버튼을 클릭합니다.

[스크래치 3] 버튼을 클릭합니다.

[스크래치 3 열기] 버튼을 클릭합니다.

스크래치 에디터 화면이 나타납니다. 예제 파일을 다시 한번 불러오겠습니다.

상단 메뉴에서 파일 〉 Load from your computer를 클릭합니다. 예제 파일 폴더에서 '11장_참새의눈_예제.sb3' 파일을 찾아 [열기]를 해줍니다.

프로젝트가 열립니다. 화면 좌측의 블록 카테고리 맨 아래에 'Sparrow's Eye' 카테고리가 새롭게 생긴 것을 볼 수 있습니다. 카테고리를 클릭하면 머신러닝 모델을 다루는 실행 블록과 우리가 만든 레이블 블록을 볼 수 있습니다.

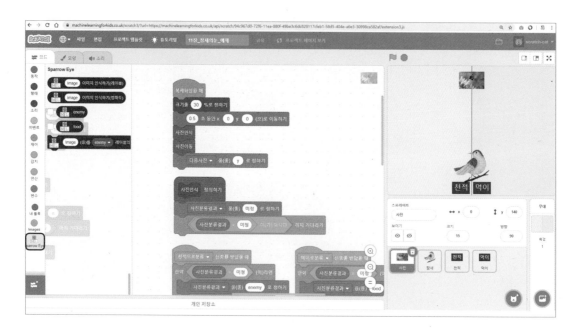

'사진' 스프라이트에서 '[사진인식] 정의하기' 스크립트를 찾습니다.

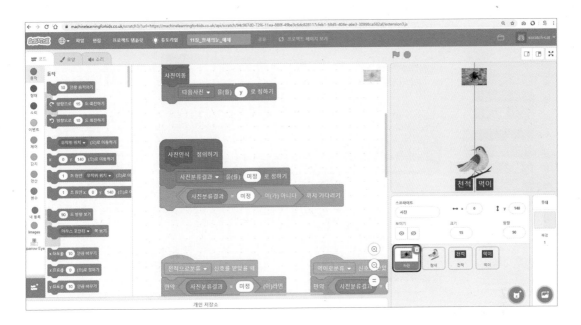

스크립트를 아래와 같이 수정합니다.

이 스크립트는 머신러닝 모델로 현재의 모양 이미지를 인식한 후 결과 레이블을 '사진분류결과' 변수에 넣습니다. '이미지 인식하기' 블록은 'Sparrow Eye' 카테고리에서, 'costume image' 블록은 'Images' 카테고리에서 찾을 수 있습니다.

'참새' 스프라이트를 선택합니다. '🏳️ 을 클릭했을 때' 스크립트를 찾습니다.

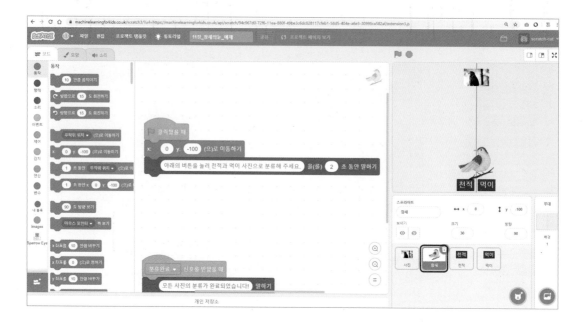

'말하기' 블록을 다음과 같이 수정합니다.

스크래치 프로젝트 제작이 완료되었습니다. 이제 프로젝트를 테스트해 보겠습니다.

🏳 버튼을 클릭하여 프로젝트를 실행합니다.

우리가 따로 버튼을 클릭하지 않아도 컴퓨터가 알아서 사진을 인식하고, 천적과 먹이 사진을 판단하여 화면의 좌우로 분류합니다. 여러분의 머신러닝 모델이 이미지를 제대로 인식하나요?

스크래치 프로젝트 제작이 완료되었습니다.

완성된 스크래치 프로젝트는 별도로 저장할 수 있습니다.

저장 방법은 상단 메뉴의 파일 〉 컴퓨터에 저장하기 를 클릭하면 됩니다. 다운로드 폴더에 프로젝트 파일이 저장됩니다.

참새의 눈 11장

Artificial Intelligence
SCRATCH

혹시 시간이 있다면 다음과 같이 프로젝트를 직접 수정하여 응용해 보세요.

머신러닝 모델과 스크래치 프로젝트를 수정하여, 천적, 먹이와 별도로 같은 참새를 인식할 수 있도록 해 보세요. 만약 참새 사진을 인식하면, "짹짹, 반가워"라고 말하도록 해봅시다.

다음의 단계로 진행해 보세요.

1. 레이블 추가
2. 훈련용 이미지 추가
3. 새로운 머신러닝 모델 훈련
4. 테스트용 참새 이미지 추가
5. 스크립트 추가

더 알아보기
인공지능 이미지 분류 기술의 활용사례

인공지능 이미지 분류 기술이란 주어진 이미지에서 각 사물의 형체를 인식하여 미리 정의된 카테고리 중 하나로 분류하는 기술로, 인공지능을 적용해 크게 성과를 내는 분야입니다. 이미지 분류 모델은 주어진 이미지를 픽셀(화소, 이미지상의 하나의 점) 단위로 쪼갠 후 각 픽셀의 가로줄, 세로줄 또는 영역별 색상의 변화에서 패턴을 추출하고 학습합니다. 학습된 모델은 새로운 이미지가 주어질 때 이미지에서 패턴을 찾아내고 유사한 패턴으로 이미지를 분류합니다.

구글의 '구글 포토'는 2015년 5월 출시된 사진관리 서비스로 2019년 사용자 수 10억 명을 돌파했습니다. 구글 포토의 클라우드에 저장된 사진은 머신러닝과 인공지능 기술을 활용하여 태그 없이 검색과 사진 분류가 가능합니다. 인공지능이 사진 속 사물을 인식하는 기능을 가지고 있어서 '고양이' 검색어를 입력하면 고양이와 관련된 사진, 고양이와 관련된 텍스트가 찍힌 사진까지 자동으로 검색하여 보여줍니다.

페이스북은 2019년 7월 오픈 소스 지도 서비스인 '오픈스트리트맵'에 자사의 인공지능 시스템인 '맵 위드 AI'를 제공했습니다. 맵 위드 AI는 컴퓨터 비전을 사용해 고해상도의 위성 이미지를 분석하여 도로, 보행로, 산, 강 등의 이미지를 분류합니다. 결과물은 지도 제작 전문가가 검토 후 수정하고, 수정 사항은 다시 인공지능 모델이 학습하여 분석률을 높이고 있습니다. 덕분에 지도 제작에 필요한 시간과 비용이 기존보다 절반으로 줄어들었습니다.

스타트업 기업 엔트러피는 2017년 명품을 실시간으로 판별해주는 인공지능 스캐너 솔루션을 출시했습니다. 가방, 신발 등 명품 제품의 표면 사진을 찍으면 300만 장의 사진을 학습한 인공지능이 이미지를 분석하여 진품 여부를 판별합니다. 제품을 현미경 사진으로 촬영한 다음 260배 확대하여 육안으로 보기 힘든 패턴, 인장, 가죽의 주름, 페인트칠 등을 확인하여 진품을 판별합니다. 엔트러피는 15초 이내에 98%의 정확도를 가지고 있다고 밝혔습니다.

국내 스타트업 기업인 옴니어스는 2019년 7월 30억 원 규모의 투자를 유치했습니다. 옴니어스는 인공지능 기반 패션 이미지 인식 솔루션을 개발해 기업에 제공합니다. 옴니어스의 딥러닝모델은 200만 장 이상의 데이터에 포함된 1,000여 가지 속성을 학습했습니다. 새로운 패션 이미지 속 상품을 정확하게 인식하여 상품의 카테고리, 색상, 기장, 디테일, 스타일 등 13가지 종류의 속성을 판단합니다. 덕분에 쇼핑몰 관리자는 빠르고 정확하게 패션 상품의 속성정보를 입력할 수 있습니다.

[연합뉴스TV] 눈 가진 인공지능 핵심기술 공개
https://youtu.be/q3KekRxPlME

[채널A] 가짜사진 판별…'대학생 AI' 우승
https://youtu.be/XWxMyAHX4xg

12장
캐치마인드

동영상 강의   http://hellosoft.fun/bookais12

1. 프로젝트 소개

예전부터 인공지능은 창조성이 필요한 예술 분야에는 능력을 발휘할 수 없을 거라는 의견이 많았습니다. 하지만 2016년부터 학습을 통해 새로운 작품을 만들어내는 구글의 자동 포토샵 '딥드림'이나 렘브란트 화풍의 그림을 그리는 '넥스트 렘브란트' 같은 인공지능을 활용한 예술작품이 등장하면서 그러한 고정관념이 무너지고 있습니다. 최근에는 새로운 예술을 창작하려는 예술가와 인공지능 기술이 협업을 시도하는 사례도 증가하고 있습니다.

이 프로젝트에서 우리는 캐치마인드와 비슷한 게임을 제작합니다. 캐치마인드는 넷마블에서 2006년에 출시되어 현재까지 서비스되고 있는 게임으로, 최대 8명의 플레이어가 돌아가면서 주제에 맞는 그림을 그리고 서로 맞추는 게임입니다. 게이머들의 번뜩이는 재치와 창의적인 아이디어 덕분에 재미있는 그림 작품들이 인터넷에서 큰 인기를 끌었습니다.

이번 프로젝트에서는 우리가 주제에 맞는 그림을 그리고 컴퓨터가 우리의 그림을 맞추게 됩니다. 우리는 이 프로젝트에서 마우스를 이용해 그림을 그릴 수 있고 그림을 머신러닝 프로젝트의 훈련 데이터로 추가하거나, 그림을 인식하여 분류할 수 있습니다.

우리는 먼저 예제 파일을 열어 프로젝트가 어떻게 동작하는지 살펴봅니다. 스프라이트별 각각의 역할과 신호에 따라 프로그램이 작동하는 흐름을 살펴봅니다. 그 다음으로 우리는 '머신러닝' 프로젝트를 만들고, 스크래치 프로젝트에 연결합니다.

이번 프로젝트에서는 학습용 이미지를 외부에서 가져오지 않고, 스크래치 안에서 직접 제작하여 훈련 데이터로 추가합니다. 우리가 그린 그림을 이용하여 머신러닝 모델을 훈련시키고, 학습된 모델을 이용하여 새로운 그림을 인식하고 정답을 맞추도록 합니다.

우선 미리 만들어져 제공되는 예제 파일을 살펴보도록 하겠습니다.

컴퓨터의 웹브라우저 프로그램을 실행하고, https://scratch.machinelearningforkids.co.uk/ 사이트에 접속합니다.

스크래치3 에디터 화면이 나타납니다. 예제 파일을 찾아 불러오겠습니다.

상단 메뉴의 파일 〉 Load from you computer 메뉴를 클릭합니다.

예제 파일 폴더에서 '12장_캐치마인드_예제.sb3' 파일을 선택하고, 열기 버튼을 클릭합니다.

예제 파일이 없는 경우에는 헬로소프트 홈페이지 http://hellosoft.fun/aiscratch에서 예제 파일을 다운로드 받을 수 있습니다.

예제 파일은 윈도우 탐색기에서 파일을 더블 클릭해서 열 수 없습니다. 반드시 스크래치3 에디터 화면에서 불러오기 기능을 이용해서 열어야 합니다.

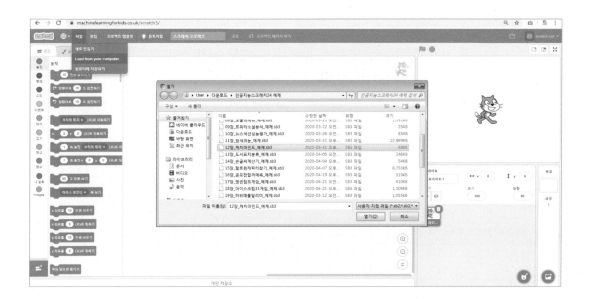

예제 파일이 열리면 미리 제작된 '포인터', '화가', '캔버스'와 여러 버튼 스프라이트를 볼 수 있습니다.

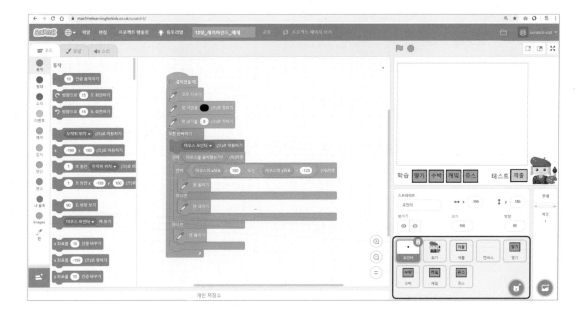

우선 이 프로젝트에서는 '펜' 확장기능이 사용되었습니다. 펜 확장기능은 화면에 펜으로 그림을 그릴 수 있습니다. '펜' 확장기능 이외에도 화면 왼쪽 하단의 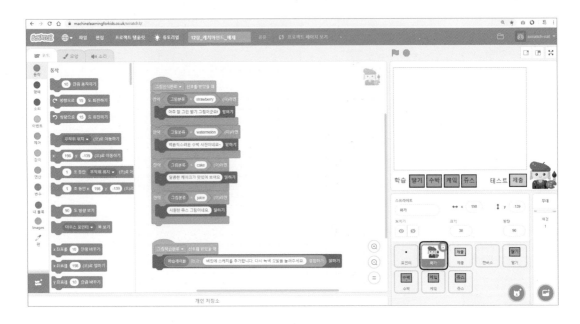 '확장 기능 추가하기' 버튼을 클릭하면 다른 확장기능을 프로젝트에 추가하여 사용할 수 있습니다.

'포인터' 스프라이트는 일정한 영역에서 마우스 드래그를 이용해 선을 그리는 역할을 합니다. '펜 내리기'를 하면 마우스 포인터를 따라 선이 그려지고, '펜 올리기'을 하면 그려지지 않습니다.

'화가' 스프라이트는 현재 상황이나 작업에 대해 설명을 해주는 역할입니다. 그리고 나중에 인공지능 모델이 새로운 그림을 인식하면, 결과를 화면에 표시해 줍니다.

'캔버스' 스프라이트는 속이 비어 있는 테두리인데, 우리가 그린 그림을 머신러닝 모델의 훈련 데이터로 저장하거나 머신러닝 모델이 새로운 그림을 인식할 때, 그림의 영역을 지정하는 역할을 합니다.

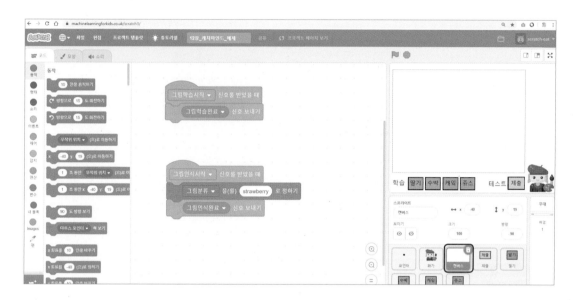

'딸기', '수박', '케', '쥬스' 버튼은 현재의 그림을 각 레이블별 훈련 이미지로 추가하는 신호를 보내는 역할입니다.

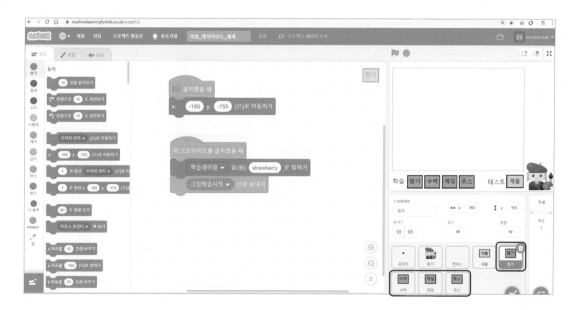

캐치마인드 12장 | Artificial Intelligence SCRATCH

'제출' 버튼은 현재의 그림을 머신러닝 모델이 인식하여 결과를 알려주는 신호를 보내는 역할을 합니다.

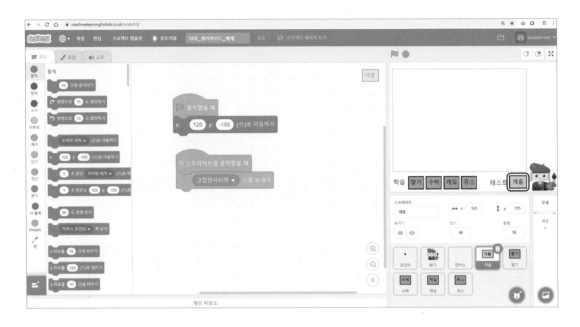

📐 버튼을 클릭하여 프로젝트를 실행합니다.

캔버스 영역 안에서 마우스를 드래그하면 선을 그릴 수 있습니다. 선을 너무 빠르게 그리면 선과 선 사이가 이어질 수 있으므로 천천히 그리도록 합니다. 하단의 버튼을 클릭하면 관련된 메시지가 나타나지만 아직은 머신러닝 모델과 연결되지 않아 제대로 작동하지 않습니다.

2. 머신러닝 프로젝트 제작

이제 머신러닝 모델을 만들어 스크래치 프로젝트에 연결하겠습니다.

우선 열려 있는 스크래치 화면은 저장하지 않고 닫습니다.

새로운 웹브라우저 창을 열고, https://machinelearningforkids.co.uk/ 사이트에 접속합니다.

상단 메뉴에서 [로그인] 버튼을 클릭합니다. 다시 [로그인] 버튼을 클릭합니다.

본인의 아이디(username)와 비밀번호(password)를 입력하여 로그인합니다.

상단 메뉴의 [프로젝트] 를 클릭합니다

화면 오른쪽 상단의 [+ 프로젝트 추가] 버튼을 클릭합니다.

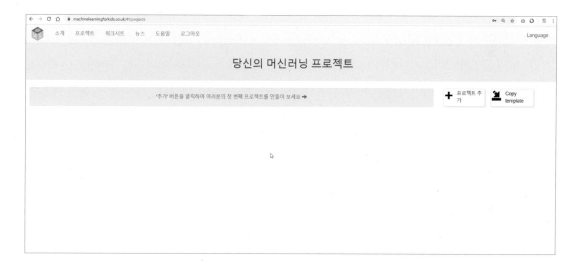

캐치마인드 **12장** | Artificial Intelligence SCRATCH

프로젝트 이름은 'Catch Mind', 인식 방법은 '이미지'를 선택합니다. 프로젝트 이름에는 한글을 사용할 수 없으므로 주의하도록 합니다. [만들기] 버튼을 클릭합니다.

화면에 회색으로 'Catch Mind' 회색 박스가 만들어진 것을 볼 수 있습니다. 박스를 클릭합니다. '훈련', '학습&평가', '만들기' 메뉴가 나타납니다. 훈련 메뉴에서 훈련용 이미지를 입력하고, 학습&평가 메뉴에서 훈련용 이미지를 이용해서 머신러닝 모델을 만들어 냅니다. 그 다음 만들기 메뉴에서 머신러닝 모델을 이용한 스크래치 프로젝트를 만들게 됩니다.

먼저 [훈련] 버튼을 클릭합니다.

화면 오른쪽에 [+ 새로운 레이블 추가] 버튼을 클릭합니다.

레이블은 머신러닝 모델이 이미지를 인식하고 분류하여 내놓는 결과를 의미합니다.

우리는 네 가지의 그림을 학습하고 인식시킬 것이므로, 레이블이 네 개 필요합니다. 각각 딸기(strawberry), 수박(watermelon), 케이크(cake), 쥬스(juice) 입니다.

새로운 레이블 추가 팝업창에 'strawberry'를 입력하고 [추가] 버튼을 클릭합니다.

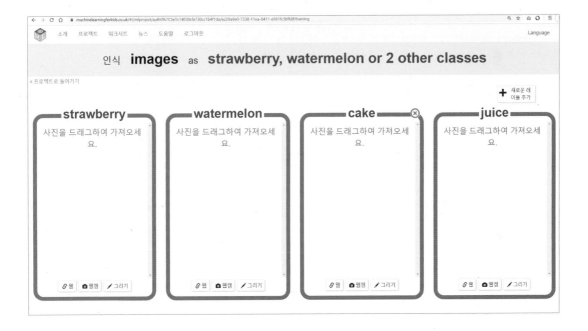

'strawberry' 박스가 만들어집니다. 이 박스 안에 훈련용 이미지가 입력되는데, 이것을 '버킷 (Bucket)'이라고 부릅니다. 같은 방식으로 'watermelon', 'cake', 'juice' 레이블을 추가합니다.

캐치마인드 12장 | Artificial Intelligence SCRATCH

우리는 훈련용 이미지를 스크래치 프로젝트에서 추가시킬 것입니다. 그래서 지금은 아무것도 입력하지 않습니다.

[〈프로젝트로 돌아가기] 버튼을 클릭합니다. [만들기] 버튼을 클릭합니다.

[스크래치 3] 버튼을 클릭합니다.

'**훈련된 모델이 없습니다**'라는 문구가 나타납니다. 아직 우리가 머신러닝 모델을 훈련시키지 않았기 때문에 나타나는 문구입니다. 우리는 먼저 스크래치 프로젝트를 만든 후 모델을 훈련시킬 것입니다.

[straight into Scratch] 버튼을 클릭합니다.

스크래치 에디터 화면이 나타납니다. 예제 파일을 다시 한번 불러오겠습니다.

상단 메뉴에서 파일 〉Load from your computer 를 클릭합니다. 예제 파일 폴더에서 '12장_캐치마인드_예제.sb3' 파일을 찾아 [열기]를 해줍니다.

프로젝트가 열립니다. 화면 좌측의 블록 카테고리 맨 아래에 'Catch Mind' 카테고리가 새롭게 생긴 것을 볼 수 있습니다. 카테고리를 클릭하면 머신러닝 모델을 다루는 실행 블록과 우리가 만든 레이블 블록을 볼 수 있습니다.

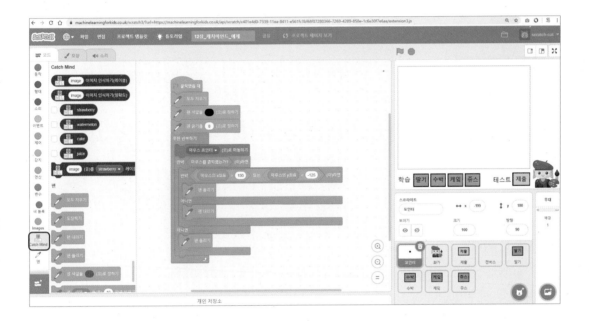

캐치마인드 12장 | Artificial Intelligence SCRATCH

이제 머신러닝 모델과 스크래치 프로젝트를 연결하기 위한 스크립트를 수정하겠습니다.
'캔버스' 스프라이트에서 '[그림학습시작] 신호를 받았을 때' 스크립트를 찾습니다.

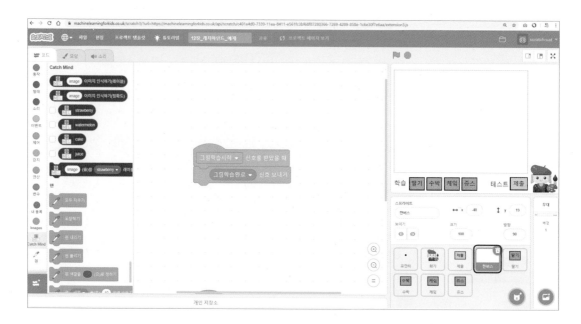

스크립트를 아래와 같이 수정합니다.

'훈련 데이터로 추가' 블록은 'Catch Mind' 카테고리에서, 'backdrop image' 블록은 'Images' 카테고리에서 찾을 수 있습니다.

이 스크립트는 캔버스 스프라이트의 크기만큼 화면의 배경 이미지를 찍어 훈련용 이미지로 추가합니다. 이때 추가되는 버킷은 버튼마다 할당되어 있는 '학습레이블' 변수 값에 의해 지정됩니다.

똑같이 '캔버스' 스프라이트에서 '[그림인식시작] 신호를 받았을 때' 스크립트를 찾습니다.

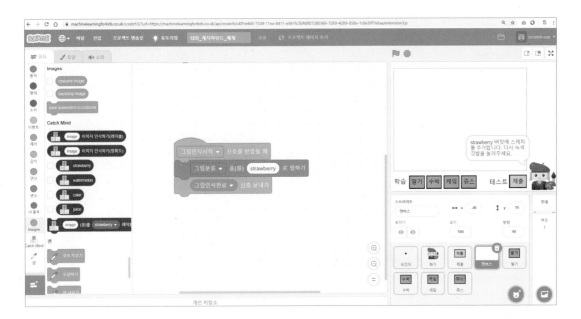

스크립트를 아래와 같이 수정합니다.

이 스크립트는 캔버스 스프라이트의 크기만큼 화면의 배경 이미지를 찍은 후 머신러닝 모델이 인식하도록 합니다. 결과로 나온 레이블을 '그림분류' 변수 값에 넣습니다.

Artificial Intelligence
SCRATCH

3. 머신러닝 모델 훈련 및 테스트

스크래치 프로젝트 제작이 완료되었습니다. 이제 프로젝트를 이용해 훈련용 이미지를 추가해보겠습니다.

🏴 버튼을 클릭하여 프로젝트를 실행합니다.

우선 딸기 그림을 그리고 추가하겠습니다. 마우스를 이용해서 캔버스 영역에 '딸기' 그림을 그립니다.

그리고 딸기 버튼을 클릭합니다.

우리가 그린 그림이 머신러닝 프로젝트의 훈련 이미지로 제대로 추가되었는지 살펴보겠습니다.

스크래치 화면은 그대로 두고, Machine Learning for Kids 사이트 화면으로 이동합니다.

[〈프로젝트로 돌아가기] 버튼을 클릭합니다. [훈련] 버튼을 클릭합니다.

방금 전에 그린 그림이 'strawberry' 버킷에 추가된 것을 볼 수 있습니다.

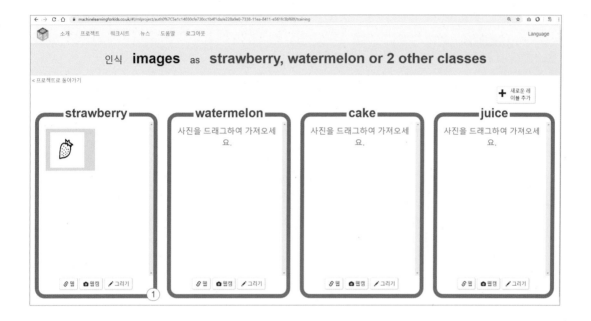

캐치마인드 12장 Artificial Intelligence SCRATCH

스크래치 화면으로 돌아갑니다.

🏳 버튼을 클릭하여 화면을 초기화합니다. 다시 화면에 딸기 그림을 그리고 딸기 버튼을 클릭합니다. 이러한 방식으로 각각 다른 딸기 그림 10개를 'strawberry' 버킷에 추가합니다.

이때 딸기의 모양, 크기, 방향을 다양하게 그려줄수록 머신러닝 모델이 새로운 딸기 그림을 제대로 인식할 가능성이 커집니다.

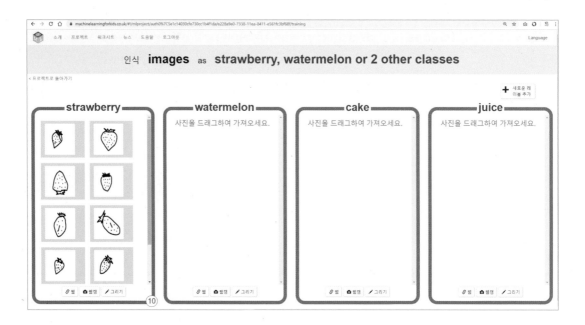

이번에는 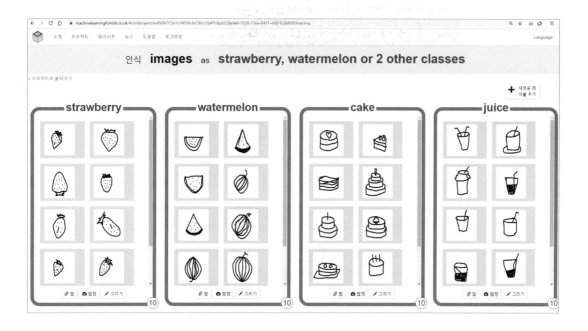 🚩 버튼을 클릭하여 화면을 초기화시킨 후, 수박 그림을 그리고 수박 버튼을 클릭하여 'watermelon' 버킷에 이미지를 추가합니다. 같은 방식으로 남은 버킷에 각각 10개의 그림을 추가합니다.

훈련용 이미지 추가 완료되었다면, [⟨프로젝트로 돌아가기⟩] 버튼을 클릭합니다.

그리고 [학습&평가] 버튼을 클릭합니다. 이곳에서는 여러분이 수집한 데이터의 개수를 살펴볼 수 있습니다.

화면 하단의 [새로운 머신 러닝 모델을 훈련시켜보세요.] 버튼을 클릭합니다.

IBM의 인공지능 API를 이용하여 새로운 머신러닝 모델이 생성되고, 훈련용 이미지를 이용하여 훈련됩니다. 하단에 나타나는 퀴즈는 필수가 아니므로 원하는 경우에만 풀어 보도록 합니다.

이미지 인식 유형의 프로젝트는 이미지의 개수와 서버 상황에 따라 훈련에 3분~15분 정도의 시간이 걸립니다. 만약 버킷의 이미지 개수가 최소 10개가 되지 않으면 훈련이 되지 않으므로, 훈련용 이미지를 추가한 후 다시 진행합니다.

캐치마인드 12장 Artificial Intelligence SCRATCH

훈련이 완료되면 '모델의 상태' 값이 'Available'로 변경됩니다. 그리고 화면 중간에 테스트를 위한 텍스트 박스가 생성됩니다.

머신러닝 모델이 잘 훈련되었는지 테스트해 보겠습니다. [그림 그리기로 테스트하기] 버튼을 클릭합니다. 네 가지 그림 중 하나를 그린 후 [테스트] 버튼을 클릭합니다.

컴퓨터가 그림을 인식하여 결과 레이블(label)과 정확도(confidence)를 출력합니다.
컴퓨터가 여러분의 그림을 잘 인식하고 분류하나요?

만약 머신러닝 모델의 인식 결과가 마음에 들지 않는다면 다시 '훈련' 페이지로 돌아가서 더 많은 훈련용 이미지를 추가합니다. 그리고 다시 '학습&평가' 페이지에서 새로운 머신러닝 모델을 훈련시켜 줍니다. 물론 새로운 머신러닝 모델 훈련에 3분~15분의 시간이 더 필요합니다.

이제 훈련된 머신러닝 모델을 이용해서 스크래치에서 그림을 그리고 테스트해 보겠습니다.
스크래치 화면으로 이동합니다.

▌ 버튼을 클릭하여 프로젝트를 실행하고, 캔버스에 수박 그림을 그립니다. 그리고 이번에는 제출 버튼을 클릭합니다.

캐치마인드 12장 | Artificial Intelligence
SCRATCH

이번에는 우리가 그린 그림을 학습된 머신러닝 모델이 인식하고, 분류합니다. 그리고 '화가' 스프라이트가 결과를 화면에 표시합니다.

다양한 형태의 그림을 그려 테스트해 보세요.

여러분의 그림을 머신러닝 모델이 잘 인식하나요?

스크래치 프로젝트 제작이 완료되었습니다.

완성된 스크래치 프로젝트는 별도로 저장할 수 있습니다.

저장 방법은 상단 메뉴의 파일 〉 컴퓨터에 저장하기를 클릭하면 됩니다. 다운로드 폴더에 프로젝트 파일이 저장됩니다.

혹시 시간이 있다면 다음과 같이 프로젝트를 직접 수정하여 응용해 보세요.

스크래치 프로젝트를 수정하여, 사용자가 스케치한 그림을 인식하면 그림 대신 실제 사진을 화면에 보여주도록 합니다. 예를 들어, 딸기 스케치 그림을 인식하면 스케치 대신 실제 딸기 사진을 화면에 표시합니다.

다음의 단계로 진행해 보세요.

1. 스프라이트 추가
2. 모양 추가
3. 스크립트 추가

컴퓨터 그래픽 카드로 유명한 엔비디아는 2017년에 사용자가 그린 간단한 스케치를 미술 대가의 스타일로 예술작품을 완성시키는 딥러닝 기반 스케치 애플리케이션 '빈센트'를 공개했습니다. 이후 2019년 3월에는 거친 스케치를 사진 수준의 세밀한 풍경 그림으로 만들어주는 이미지 크리에이터 '고갱'을 공개했습니다. 고객은 플리커의 100만 개 풍경 이미지(나무, 산, 꽃, 덤불, 물, 눈, 언덕 등)를 학습하여 스케치로 몇 가지 형태와 선을 제공하면 영화 수준의 고품질 이미지를 만들어 주었습니다.

포토샵과 일러스트레이터로 유명한 어도비는 2018년 3월 스케치를 분석해 짧은 시간 안에 포스터를 완성하는 '센세이'를 공개 시연했습니다. 디자이너가 연필로 그린 캥거루, 코알라 그림을 앱으로 촬영하면 이미지 분석에 특화된 센세이가 스케치를 분석하여 해당 동물의 실제 이미지를 화면에 보여주고, 동시에 동물과 어울리는 배경 사진도 제시해 주었습니다. 센세이는 디자인, 애니메이션, 일러스트, 비디오 등으로 구성된 콘텐츠를 이해하는 인공지능 모델입니다.

국내 그래픽 인공지능 전문기업인 펄스나인은 2019년 10월 역삼동에 세계 최초의 인공지능 아트 전문 갤러리 'AI아트 갤러리, 아이아'를 오픈했습니다. 또한 펄스나인의 일러스트 인공지능 '페인틀리'는 오래된 명작이나 저작권이 없는 사진 등 기존의 이미지를 선정해 새로운 스타일로 재해석하고 재창조하여 예술작품을 만들어 냅니다. 특히 문재인 대통령 부부와 이세돌 씨를 그린 초상화를 선물하여 화제가 되었습니다.

그림뿐만 아니라 음악에서도 인공지능이 활약하고 있습니다. 독일에서는 베토벤의 탄생 250주년인 2020년을 맞아 인공지능으로 베토벤의 미완성 10번 교향곡을 완성시키는 프로젝트가 진행 중입니다. 음악학자들과 프로그래머들이 머신러닝 기술을 이용해 베토벤의 모든 작품을 학습하게 한 후 교향곡을 작곡하고 있는데, 완성된 작품은 베토벤의 고향인 독일 본에서 오케스트라가 정식으로 연주할 예정입니다.

[채널A뉴스] 그림에 디자인까지…인공지능 피카소 따라해보니
https://youtu.be/He6wmb0clQM

[NVIDIA] 이미지 크리에이터 '고갱' 온라인 체험
http://nvidia-research-mingyuliu.com/gaugan/

Artificial Intelligence
SCRATCH

13장
도서 표지 분류

동영상 강의   http://hellosoft.fun/bookais13

1. 프로젝트 소개

인공지능은 다른 IT 분야보다 빠르게 성장하고 있습니다. 스탠퍼드 대학의 연구에 따르면 인공지능의 발전속도는 2012년 이후 3.4개월마다 두 배씩 늘어나고 있습니다. 이는 컴퓨터 칩의 성능이 2년마다 2배씩 향상된다는 무어의 법칙보다 7배나 빠른 것입니다.

이에 따라 인공지능 알고리즘을 훈련시키는 데 걸리는 시간도 단축되었습니다. 스탠퍼드 대학의 클라우드 기반 이미지 분류 시스템 '이미지넷'의 경우 훈련 시간이 2017년에는 3시간이 걸렸으나 2019년 7월에는 88초밖에 걸리지 않습니다.

또한 이미지 인식의 정확도도 높아졌습니다. 2019년 1400만 개의 공공 데이터 이미지를 이용해 분석한 결과 이미지 인식의 정확도가 85% 이상으로 나타났습니다. 이는 2013년의 62%에 비해 매우 높아진 것입니다.

이번 프로젝트에서 우리는 책의 표지 이미지를 인식하여·네 가지 도서 분야 중 하나로 책을 분류하는 '이미지 분류기'를 제작합니다. 단순하고 반복되는 업무를 인공지능 기술을 통해 자동화할 수 있습니다. 컴퓨터는 '딥러닝'을 통해 복잡한 이미지를 구분할 수 있습니다.

여러분은 다양한 도서 분야 중에서 여러분이 직접 네 가지 분야를 선택하고 그것에 맞게 스크래치 프로젝트를 수정하게 됩니다. 그리고 머신러닝 프로젝트를 만들어 분야별 베스트셀러 표지 이미지를 이용해 머신러닝 모델을 훈련시킵니다. 학습된 머신러닝 모델을 이용하여 새로운 도서 이미지를 인식하고 분류가 잘 되는지 결과, 정확도, 소요 시간 등을 확인합니다.

우리는 먼저 예제 파일을 열어 프로젝트가 어떻게 동작하는지 살펴봅니다. 스프라이트별 각각의 역할과 신호에 따라 프로그램이 작동하는 흐름을 살펴봅니다. 그 다음으로 우리는 '머신러닝' 프로젝트를 만들어 훈련시키고 스크래치 프로젝트에 연결합니다.

우선 미리 만들어져 제공되는 예제 파일을 살펴보도록 하겠습니다.

컴퓨터의 웹브라우저 프로그램을 실행하고, https://scratch.machinelearningforkids.co.uk/ 사이트에 접속합니다.

스크래치3 에디터 화면이 나타납니다. 예제 파일을 찾아 불러오겠습니다.

상단 메뉴의 파일 〉 Load from you computer 메뉴를 클릭합니다.

예제 파일 폴더에서 '13장_도서표지분류_예제.sb3' 파일을 선택하고, [열기] 버튼을 클릭합니다.

예제 파일이 없는 경우에는 헬로소프트 홈페이지 http://hellosoft.fun/aiscratch에서 예제 파일을 다운로드 받을 수 있습니다.

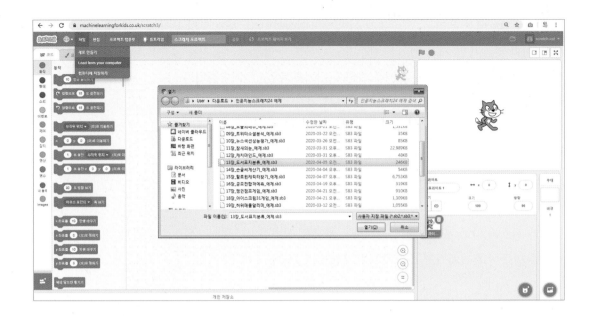

예제 파일이 열리면 미리 제작된 '도서표지'와 버튼, 분야 스프라이트를 볼 수 있습니다.

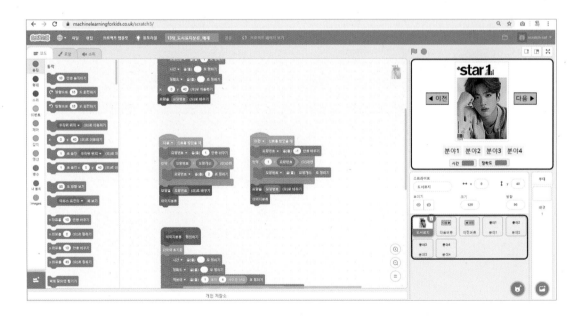

'도서표지' 스프라이트는 '모양'에 책 표지 이미지를 가지고 있고, 이미지를 머신러닝 모델에 인식시키는 가장 중요한 역할을 합니다.

'이전버튼'과 '다음버튼' 스프라이트는 '도서표지' 스프라이트의 모양을 바꾸고, 머신러닝 모델이 인식하도록 신호를 보내는 역할을 합니다.

'분야' 스프라이트는 머신러닝 모델의 테스트 결과를 표시하는 역할을 합니다.

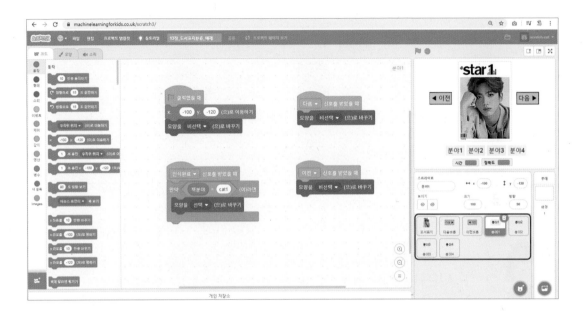

도서 표지 분류 13장 | Artificial Intelligence SCRATCH

⚑ 버튼을 클릭하여 프로젝트를 실행합니다.

다음 ▶ 또는 ◀ 이전 버튼을 클릭하면 표지 이미지가 바뀌고, 분야1부터 분야4까지 분야 중의 하나가 표시되고, 소요 시간과 정확도가 나타납니다.

아직은 책 표지도 두 개밖에 없고 머신러닝 모델이 연결되지 않아 제대로 결과가 나오지 않습니다.

2. 머신러닝 모델 훈련

이제 머신러닝 모델을 만들어 스크래치 프로젝트에 연결하겠습니다.

우선 열려 있는 스크래치 화면은 저장하지 않고 닫습니다.

새로운 웹브라우저 창을 열고, https://machinelearningforkids.co.uk/ 사이트에 접속합니다.

상단 메뉴에서 [로그인] 버튼을 클릭합니다. 다시 [로그인] 버튼을 클릭합니다.
본인의 아이디(username)와 비밀번호(password)를 입력하여 로그인합니다.
상단 메뉴의 [프로젝트] 를 클릭합니다.
화면 오른쪽 상단의 [+ 프로젝트 추가] 버튼을 클릭합니다.

프로젝트 이름은 'Book Cover Category', 인식 방법은 '이미지'를 선택합니다. 프로젝트 이름에는
한글을 사용할 수 없으므로 주의하도록 합니다. [만들기] 버튼을 클릭합니다.

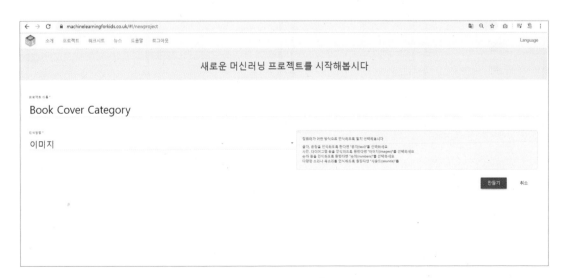

화면에 회색으로 'Book Cover Category' 회색 박스가 만들어진 것을 볼 수 있습니다. 박스를 클릭합니다.

'훈련', '학습&평가', '만들기' 메뉴가 나타납니다. 훈련 메뉴에서 훈련용 이미지를 입력하고, 학습&평가 메뉴에서 훈련용 이미지를 이용해서 머신러닝 모델을 만들어 냅니다. 그 다음 만들기 메뉴에서 머신러닝 모델을 이용한 스크래치 프로젝트를 만들게 됩니다.

먼저 [훈련] 버튼을 클릭합니다.

화면 오른쪽에 [+ 새로운 레이블 추가] 버튼을 클릭합니다.

레이블은 머신러닝 모델이 이미지를 인식하고 분류하여 내놓는 결과를 의미합니다.

우리는 네 가지 분야의 표지 이미지를 학습시키고 인식시킬 것이므로, 레이블이 네 개 필요합니다.

카테고리의 약자를 이용해서 각각 cat1, cat2, cat3, cat4 레이블을 만들어 줍니다.

이제 각각의 버킷 안에 분야별 표지 이미지를 추가해 주어야 하는데, 그전에 여러분이 직접 책의 분야를 선택하도록 하겠습니다.

새로운 웹브라우저 창을 연 후, 아래와 같은 온라인서점 홈페이지에 접속합니다.

알라딘: https://www.aladin.co.kr/
교보문고: http://www.kyobobook.co.kr/
예스24: http://www.yes24.com/

책의 전체 카테고리를 살펴본 후 그중에서 이번 프로젝트에서 사용할 네 개의 카테고리를 선택합니다.

저는 알라딘에서 '경제(cat1)', '소설(cat2)', '어린이(cat3)', '잡지(cat4)' 카테고리를 선택했습니다. 하지만 이번 프로젝트는 여러분이 직접 카테고리를 선택하는 것이기 때문에, 각자 다른 카테고리를 선택해 주세요.

도서 표지 분류 13장 | Artificial Intelligence SCRATCH

여러분이 첫 번째로 선택한 카테고리로 이동합니다. 카테고리별 책보기를 해도 좋고, 베스트셀러 화면에서 해당 카테고리를 선택해도 좋습니다.

이제 웹브라우저 창을 조정해서 '온라인서점'과 '학습' 페이지가 화면 좌우에 오도록 만듭니다.

'온라인서점' 페이지에 있는 책표지 이미지를 마우스로 끌어 '훈련' 페이지의 'cat1' 버킷에 드래그 앤 드롭을 합니다. 버킷에 책 표지 이미지가 추가됩니다.

같은 방식으로 'cat1' 버킷에 동일한 카테고리의 이미지 10개를 추가합니다.

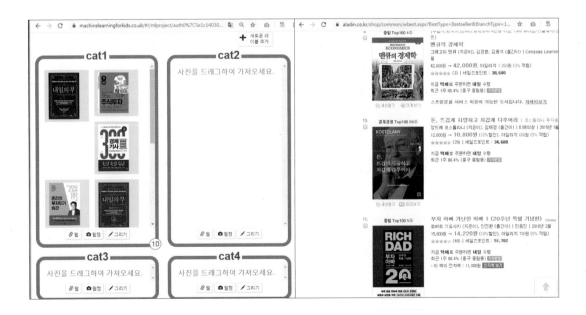

지금 'cat1' 버킷에 추가한 10개의 표지 이미지는 머신러닝 모델을 '훈련'시키기 위해 필요한 이미지입니다. 우리는 추가로 머신러닝 모델을 '테스트'하기 위한 이미지를 컴퓨터에 다운로드 받아야 합니다. 테스트용 이미지는 카테고리별로 5개를 사용하겠습니다.

훈련용 이미지와 중복되지 않는 책표지 이미지 위에서 마우스 오른쪽 버튼을 클릭한 후, '이미지를 다른 이름으로 저장(V)...' 메뉴를 클릭합니다.

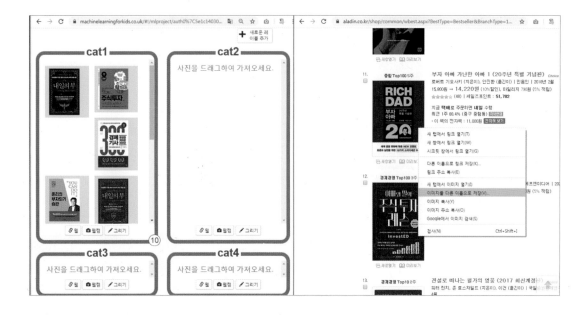

폴더 선택창에서 '다운로드', '바탕화면', '사진' 등의 폴더 중 하나를 선택한 후 [저장(S)] 버튼을 클릭합니다. 또는 별도의 폴더를 만들어 저장해도 좋습니다. 저장하는 폴더는 꼭 기억해두도록 합니다.

같은 방식으로 첫 번째 카테고리에서 5장의 책표지 이미지를 선택하여 내 컴퓨터에 다운로드 받습니다.

첫 번째 카테고리의 훈련용, 테스트용 이미지 수집이 끝났습니다. 이제 나머지 세 개 카테고리도 동일하게 작업을 해줍니다. 카테고리별로 10장의 이미지는 '훈련' 페이지의 버킷에 추가하고, 5장의 이미지는 컴퓨터에 다운로드해 줍니다.

작업을 완료하면 버킷별로 10개씩 총 40개의 이미지가 '훈련' 페이지에 추가됩니다.

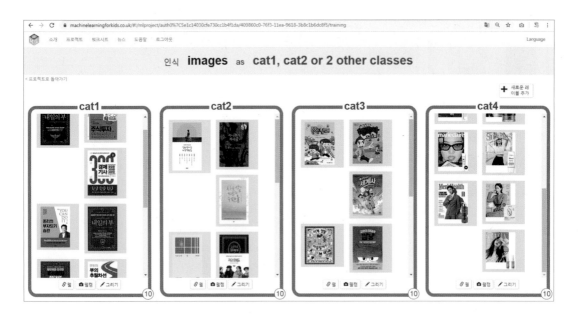

또 총 20개의 책 표지 이미지가 컴퓨터에 다운로드됩니다.

[〈프로젝트로 돌아가기〉] 버튼을 클릭합니다.

그리고 [학습&평가] 버튼을 클릭합니다. 이곳에서는 여러분이 수집한 데이터의 개수를 살펴볼 수 있습니다.

화면 하단의 [새로운 머신 러닝 모델을 훈련시켜보세요.] 버튼을 클릭합니다.

이미지 인식 유형의 프로젝트는 이미지의 개수와 서버 상황에 따라 훈련에 3분~15분 정도의 시간이 걸립니다. 훈련이 완료되면 '모델의 상태' 값이 'Available'로 변경됩니다. 그리고 화면 중간에 테스트를 위한 텍스트 박스가 생성됩니다. 만약 시간이 충분하다면 여기에서 모델을 테스트하고 성능 개선을 위해 다시 훈련 데이터를 추가하고 새로운 머신러닝 모델을 훈련시킬 수 있습니다.

3. 스크래치 프로젝트 제작

이제 훈련된 머신러닝 모델을 이용한 스크래치 프로젝트를 제작하도록 하겠습니다.

[〈프로젝트로 돌아가기〉] 버튼을 클릭합니다. [만들기] 버튼을 클릭합니다.

[스크래치 3] 버튼을 클릭합니다.

[스크래치 3 열기] 버튼을 클릭합니다.

스크래치 에디터 화면이 나타납니다. 예제 파일을 다시 한번 불러오겠습니다.

상단 메뉴에서 파일 〉Load from your computer를 클릭합니다. 예제 파일 폴더에서 '13장_도서표지분류_예제.sb3' 파일을 찾아 [열기]를 해줍니다.

프로젝트가 열립니다. 화면 좌측의 블록 카테고리 맨 아래에 'Book Cover Category' 카테고리가
새롭게 생긴 것을 볼 수 있습니다. 카테고리를 클릭하면 우리가 만든 레이블 블록과 인공지능 모델
실행 블록을 볼 수 있습니다.

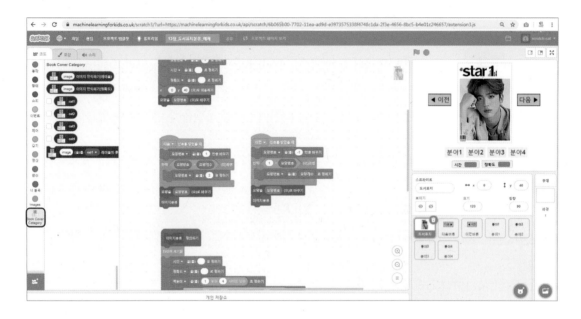

우선 여러분이 선택한 카테고리에 맞게 스프라이트의 모양을 수정하겠습니다.
'도서표지' 스프라이트의 '모양' 탭을 클릭합니다.

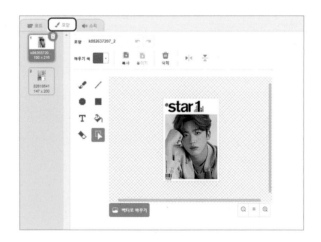

화면 왼쪽 하단의 '모양 업로드하기' 아이콘을 클릭합니다.

'파일 열기' 창이 나타나면 테스트용으로 저장했던 20개 이미지를 찾아 모두 선택한 후 [열기] 버튼을 클릭합니다.

기존에 있었던 1번, 2번 모양은 휴지통 아이콘을 클릭하여 삭제합니다.

테스트용 이미지가 준비되었습니다.

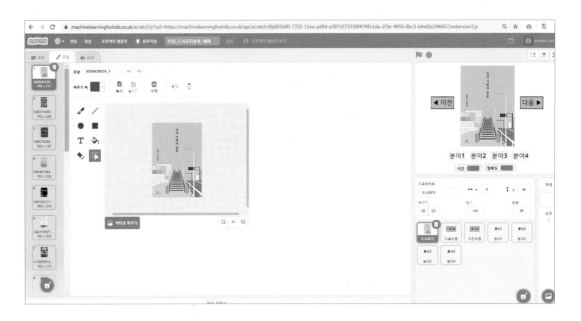

이제 분야(카테고리) 명칭을 수정하겠습니다.

'분야1' 스프라이트를 선택하고 '모양' 탭을 선택합니다.

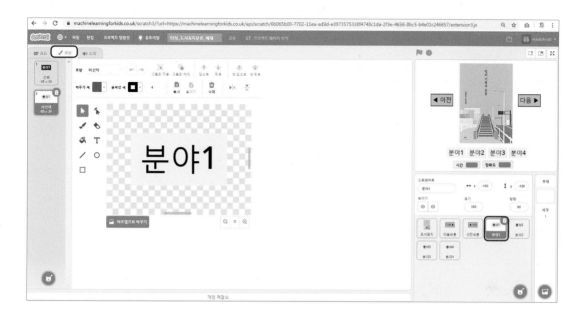

'분야1' 텍스트를 더블 클릭하면 글자를 변경할 수 있습니다. 여러분이 선택한 첫 번째 카테고리 (cat1)를 입력합니다.

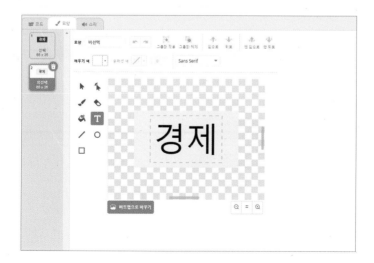

하나의 스프라이트에는 '선택'과 '비선택' 모양이 있습니다. 두 가지 모양 모두 텍스트를 변경해 줍니다.

같은 방식으로 분야2, 분야3, 분야4 스프라이트의 모양을 모두 각각의 카테고리 이름으로 변경해 줍니다.

이제 스크립트를 수정하겠습니다.

'도서표지' 스프라이트를 선택하고, '코드' 탭을 클릭합니다.

'[이미지분류] 정의하기' 스크립트를 찾습니다.

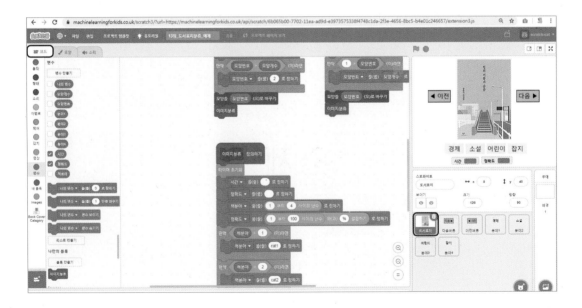

스크립트를 아래와 같이 수정합니다.

이 스크립트는 현재의 모양(책표지) 이미지를 머신러닝 모델이 인식하여 결과 레이블을 '책분야' 변수에 넣습니다. 그리고 인식 정확도는 '정확도' 변수에 넣은 후 뒤에 '%' 기호를 추가합니다.

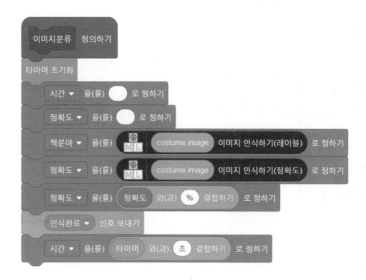

Artificial Intelligence
SCRATCH

스크래치 프로젝트 제작이 완료되었습니다. 이제 프로젝트를 테스트해 보겠습니다.

⚑ 버튼을 클릭하여 프로젝트를 실행합니다.

다음▶ 또는 ◀이전 버튼을 클릭하면 표지 이미지가 순서대로 바뀌고 머신러닝 모델이 이미지를 인식하여 카테고리를 분류합니다. 네 가지 분야 중 하나가 화면에 표시되고, 소요 시간과 정확도가 나타납니다.

여러분이 만든 머신러닝 모델이 도서 표지를 제대로 인식하나요? 인식에 걸리는 시간과 정확도는 어느 정도인가요?

스크래치 프로젝트 제작이 완료되었습니다.

완성된 스크래치 프로젝트는 별도로 저장할 수 있습니다.

저장 방법은 상단 메뉴의 파일 〉 컴퓨터에 저장하기를 클릭하면 됩니다. 다운로드 폴더에 프로젝트 파일이 저장됩니다.

혹시 시간이 있다면 다음과 같이 프로젝트를 직접 수정하여 응용해 보세요.

교재에 나온 것과 유사한 새로운 프로젝트를 제작합니다.

1. 음악 앨범 표지 : 컴퓨터가 음악 앨범의 표지를 인식하여 음악의 장르를 분류할 수 있도록 훈련시켜 보세요. 팝
   뮤직 앨범과 힙합 앨범의 표지는 서로 다른가요?
2. 영화 포스터 : 컴퓨터가 영화 포스터를 인식하여 영화의 장르를 분류할 수 있도록 훈련시켜 보세요. 액션 영화와
   드라마 영화의 포스터가 서로 다른가요?

인공지능 이미지 필터링 기술의 활용사례

이미지 필터링이란 부적절한 내용을 담은 이미지가 웹사이트, 웹하드에 등록될 경우 이를 실시간으로 감지해 검색 노출을 방지하거나 콘텐츠 삭제 및 이용제한 조치를 하는 인공지능 이미지 인식 기술을 활용한 기능입니다.

카카오는 2014년 인공지능 기반의 성인 이미지 추천시스템을 다음, 카카오TV, 블로그, 티스토리 등의 서비스에 적용했습니다. 카카오는 하나의 이미지를 숫자로 바꾸고, 이미지를 하나의 행렬로 표현합니다. 인공지능 모델의 규칙에 따라서 행렬 데이터를 잘게 나누고 벌집처럼 나누어서 적용 알고리즘에 따라 특징을 분석하게 됩니다. 카카오는 인공지능 기술을 활용해 이미지뿐만 아니라 글, 동영상, 음악, 파일 등 다양한 콘텐츠의 유해성을 관리하고 있습니다.

네이버는 2017년 음란물 필터링 인공지능 기술 '네이버 X-eye'를 이미지와 동영상에 적용했습니다. 축적된 방대한 이미지를 형태별로 분류해 10개월 동안 인공지능 모델을 학습시켰습니다. 당시 400만 장의 이미지(정상+음란물) 필터링 내부 실험에서 98.1%의 높은 적중률을 기록했습니다. 네이버는 네모난 돋보기로 그림을 보듯 이미지의 각 부분을 순차적으로 훑어 특징을 추출하고, 추출된 특징들로 다시 하나의 새로운 레이어를 만드는 작업을 반복합니다. 최종적인 결과물을 기존 학습데이터의 카테고리로 분류해 음란성 여부를 판독합니다. 또한 동영상에서 일정 구간마다 프레임을 추출하여 음란물 지수가 특정 수준 이상이 되면 해당 동영상은 '임시 재생 중지' 상태로 바꾸고 10분 안에 검수자가 검토하도록 했습니다.

2019년부터 웹하드 사이트에서 불법 음란물이나 협박 영상물을 차단하는 DNA 필터가 의무화되었습니다. DNA 필터는 동영상을 변조해도 변하지 않는 질감, 움직임, 특정 장면의 색상비율을 추출해 원본과 비교하는 기술입니다. DNA 필터는 막대한 양의 불법 영상물 원본이 필요한데 이를 확보하기 위해 인공지능이 사용됩니다. 인공지능에 동영상 10만여 건을 학습시킨 후 동영상의 화면과 음성을 분석했더니 10초 안에 96%의 정확도로 유해성을 판단하게 되었습니다. 이를 통해 불법 영상물의 색상을 바꾸고, 화질을 낮추고, 재생속도를 바꾸어도 이를 차단할 수 있게 되었습니다.

인스타그램은 2019년 9월 인공지능 기술을 활용하여 유해 콘텐츠를 찾아내고 자동으로 신고하는 기능을 추가했습니다. 샘플 콘텐츠를 이용해 인공지능 모델을 지속적으로 학습시켜 테러, 스팸, 혐오발언 등의 가이드라인 위반 게시물을 찾는 기술입니다. 그리고 검찰은 2020년 인공지능 기반 불법 촬영물 유포 탐지 및 피해자 지원 시스템을 이용하여 불법 촬영물을 탐지해 삭제한다는 방침을 세웠습니다.

[SBS뉴스] 야동 잡는 AI 정확도는 98%
https://youtu.be/ji4ftnJq9Kg

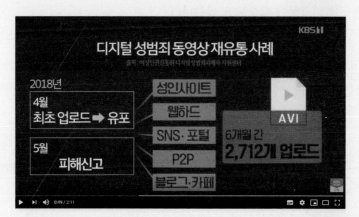

[KBS뉴스] 디지털 성범죄, 심의만 매일 백여 건
https://youtu.be/6Aa7YKyAuIk

14장
손글씨 계산기

동영상 강의   http://hellosoft.fun/bookais14

1. 프로젝트 소개

사진 속에 있는 문자를 인식해 컴퓨터가 활용할 수 있는 텍스트로 바꾸는 기술을 광학문자인식(OCR)이라고 부릅니다. 자동화 시대를 맞이해 수요가 높아진 분야로 번역, 명함 인식, 자율 주행차의 표지판 인식 등에 다양하게 활용되고 있습니다.

이 광학문자인식 기술을 활용하면 문서를 카메라로 촬영한 후 이미지 파일이 아닌 수정과 편집이 가능한 엑셀, 워드 파일로 변환할 수 있습니다. 최근 인공지능을 접목하여 다양한 언어와 높은 정확도로 시각 정보를 텍스트 정보로 바꿀 수 있어 영수증, 택배송장, 수출입 업무 등의 효율성을 높일 수 있습니다.

이 프로젝트에서 우리는 손글씨로 그려진 수식을 계산할 수 있는 사칙연산 계산기를 제작합니다. 우리는 스크래치 프로젝트 안에서 마우스를 이용해 글씨를 적습니다. 손글씨로 숫자(0~9)와 사칙연산기호(+, −, ×, ÷)를 적고, 머신러닝 모델을 훈련시킵니다. 그리고 손글씨로 수식을 만들어 훈련된 머신러닝 모델이 숫자와 연산기호를 인식하여 사람 대신 수식을 계산할 수 있는지 테스트합니다.

특히 이번 프로젝트에서는 머신러닝 모델을 두 개 만들고, 하나의 스크래치 프로젝트에서 두 모델을 함께 사용할 것입니다. Machine Learning for Kids 사이트에서 이미지 인식 유형의 프로젝트를 만들면, 프로젝트마다 10개의 글자를 인식할 수 있습니다. 이번에 우리가 사용할 글자는 14개이므로, 프로젝트를 두 개 만들어 스크래치에서 동시에 사용할 것입니다.

우리는 먼저 예제 파일을 열어 프로젝트가 어떻게 동작하는지 살펴봅니다. 스프라이트별 각각의 역할과 신호에 따라 프로그램이 작동하는 흐름을 살펴봅니다. 그 다음으로 우리는 '머신러닝' 프로젝트를 만들고, 스크래치 프로젝트에 연결합니다.

이번 프로젝트에서는 학습용 이미지(손글씨)를 외부에서 가져오지 않고, 스크래치 안에서 직접 제작하여 불러옵니다. 우리가 그린 손글씨를 이용하여 훈련시키고, 학습된 모델을 이용하여 새로운 손글씨를 인식하고 정답을 맞추도록 합니다.

우선 미리 만들어져 제공되는 예제 파일을 살펴보도록 하겠습니다.

컴퓨터의 웹브라우저 프로그램을 실행하고, https://scratch.machinelearningforkids.co.uk/ 사이트에 접속합니다.

스크래치3 에디터 화면이 나타납니다. 예제 파일을 찾아 불러오겠습니다.

상단 메뉴의 파일 〉 Load from you computer 메뉴를 클릭합니다.

예제 파일 폴더에서 '14장_손글씨계산기_예제.sb3' 파일을 선택하고, [열기] 버튼을 클릭합니다.

예제 파일이 없는 경우에는 헬로소프트 홈페이지 http://hellosoft.fun/aiscratch에서 예제 파일을 다운로드 받을 수 있습니다.

예제 파일은 윈도우 탐색기에서 파일을 더블 클릭해서 열 수 없습니다. 반드시 스크래치3 에디터 화면에서 불러오기 기능을 이용해서 열어야 합니다.

예제 파일이 열리면 미리 제작된 '구역', '선생님', '포인터'와 여러 버튼 스프라이트를 볼 수 있습니다.

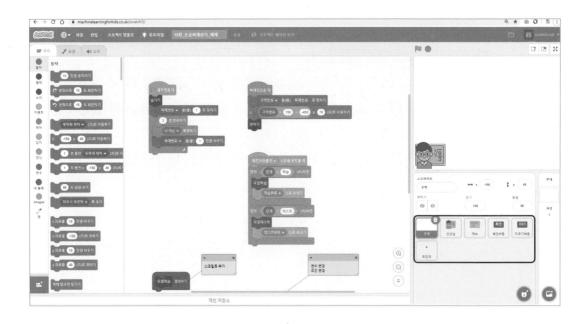

우선 이 프로젝트에서는 '펜' 확장기능이 사용되었습니다. 펜 확장기능은 화면에 펜으로 그림을 그릴 수 있습니다. '펜' 확장기능 이외에도 화면 왼쪽 하단의  '확장 기능 추가하기' 버튼을 클릭하면 다른 확장기능을 프로젝트에 추가하여 사용할 수 있습니다.

'포인터' 스프라이트는 일정한 영역에서 마우스 드래그를 이용해 선을 그리는 역할을 합니다. '펜 내리기'를 하면 마우스 포인터를 따라 선이 그려지고, '펜 올리기'을 하면 그려지지 않습니다.

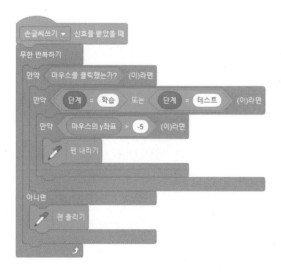

손글씨 계산기 14장

Artificial Intelligence
SCRATCH

'선생님' 스프라이트는 현재 상황이나 작업에 대해 설명을 해주는 역할입니다. 이번 프로젝트에서 우리는 14개의 손글씨를 학습시켜야 하는데, 이때 무엇을 학습시키는지 안내해 줍니다. 그리고 나중에 인공지능 모델이 손글씨 수식을 계산하면, 결과를 화면에 표시해 줍니다.

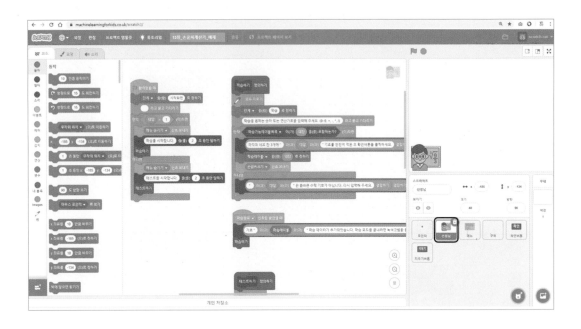

'구역' 스프라이트는 속이 비어 있는 테두리인데, 우리가 손글씨를 그리는 영역이 됩니다. 화면에 세 개의 구역을 만들고, 각각의 구역에 적힌 손글씨를 훈련 데이터로 저장하거나 인식하여 계산에 사용합니다.

'메뉴', '확인 버튼', '지우기 버튼'은 학습과 테스트에 사용하는 화면 UI입니다.

🏳 버튼을 클릭하여 프로젝트를 실행합니다.

학습 모드와 테스트 모드를 선택할 수 있습니다.

우선 학습 모드를 살펴보겠습니다. '1'을 입력합니다.

우리는 14개의 숫자 또는 연산기호를 학습시킬 수 있습니다. 학습시킬 기호를 입력합니다.

곱하기 기호는 별표(*), 나누기 기호는 슬래시(/)를 대신 입력합니다.

'1'을 입력합니다.

세 개의 구역에 마우스로 각각 '1'을 쓴 후, 확인 버튼을 클릭합니다.

만약 글씨를 잘못 썼다면, 지우기 버튼을 클릭해 쓴 글씨를 지울 수 있습니다.

학습이 완료되면 다시 훈련 모드 화면으로 돌아가 계속해서 다른 글씨를 학습시킬 수 있습니다.

이번에는 테스트 모드를 살펴보겠습니다.

🏳 버튼을 클릭하여 프로젝트를 다시 실행합니다.

모드 선택에서 '2'를 입력합니다.

한 자릿수와 한 자릿수의 계산식을 세 개의 구역에 나누어 쓰고 확인 버튼을 클릭합니다.

예를 들면 '1 + 2', '3 − 4', '5 × 6', '7 ÷ 8'처럼 쓸 수 있습니다.

Artificial Intelligence
SCRATCH

숫자와 연산기호를 인식하여 수식의 계산 결과를 알려줍니다.

아직은 인공지능 모델이 연결되지 않았기 때문에 제대로 된 정답이 나오지는 않습니다.

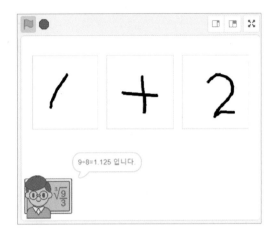

2. 머신러닝 프로젝트 제작

이제 머신러닝 모델을 만들어 스크래치 프로젝트에 연결하겠습니다.

우선 열려 있는 스크래치 화면은 저장하지 않고 닫습니다.

새로운 웹브라우저 창을 열고, https://machinelearningforkids.co.uk/ 사이트에 접속합니다.

상단 메뉴에서 [로그인] 버튼을 클릭합니다. 다시 [로그인] 버튼을 클릭합니다.

본인의 아이디(username)와 비밀번호(password)를 입력하여 로그인합니다.

상단 메뉴의 [프로젝트]를 클릭합니다

화면 오른쪽 상단의 [+ 프로젝트 추가] 버튼을 클릭합니다.

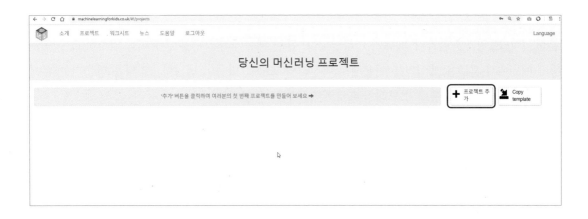

우리는 두 개의 프로젝트를 만들 것입니다. Machine Learning for Kids 사이트에서 이미지 인식 유형의 프로젝트는 10개의 레이블만 가질 수 있습니다. 하지만 우리는 14개의 레이블이 필요합니다. 그래서 두 개의 프로젝트를 따로 만든 후에 같이 사용할 것입니다.

첫 번째 프로젝트는 숫자 0~9까지 인식하는 머신러닝 모델입니다.
프로젝트 이름은 'Calculator-Numbers', 인식 방법은 '이미지'를 선택합니다. [만들기] 버튼을 클릭합니다.

화면에 회색으로 'Calculator-Numbers' 회색 박스가 만들어진 것을 볼 수 있습니다. 박스를 클릭합니다.

'훈련', '학습&평가', '만들기' 메뉴가 나타납니다. 훈련 메뉴에서 훈련용 손글씨를 입력하고, 학습&평가 메뉴에서 훈련용 데이터를 이용해서 머신러닝 모델을 만들어 냅니다. 그 다음 만들기 메뉴에서 머신러닝 모델을 이용한 스크래치 프로젝트를 만들게 됩니다.

먼저 [훈련] 버튼을 클릭합니다.

화면 오른쪽에 [+ 새로운 레이블 추가] 버튼을 클릭합니다.

레이블은 머신러닝 모델이 이미지를 인식하고 분류하여 내놓는 결과를 의미합니다.

이 프로젝트는 0~9까지 총 10개의 숫자를 인식할 것이므로, 레이블이 10개 필요합니다.

새로운 레이블 추가 팝업창에 '0'을 입력하고 [추가] 버튼을 클릭합니다.

'0' 버킷이 만들어집니다. 같은 방식으로 1~9까지 레이블을 추가합니다.

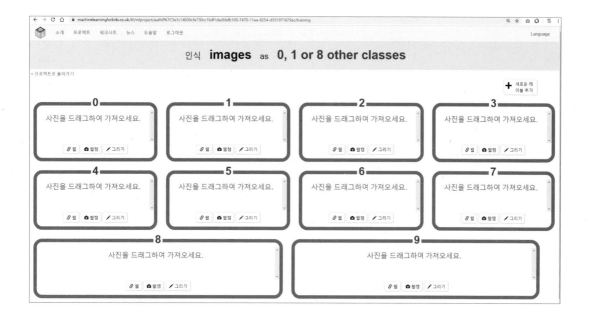

다음으로 우리는 연산기호를 인식하는 프로젝트를 하나 더 만들겠습니다.

[〈프로젝트로 돌아가기] 버튼을 클릭합니다.

상단 메뉴의 [프로젝트]를 클릭합니다

화면 오른쪽 상단의 [+ 프로젝트 추가] 버튼을 클릭합니다.

손글씨 계산기 14장 | Artificial Intelligence SCRATCH

프로젝트 이름은 'Calculator-Operators', 인식 방법은 '이미지'를 선택합니다. [만들기] 버튼을 클릭합니다.

기존에 만들었던 'Calculator-Numbers' 프로젝트 위에 'Calculator-Operators' 프로젝트가 하나 더 생겼습니다. 새롭게 만들어진 프로젝트를 클릭합니다.

[훈련] 버튼을 클릭합니다. [+ 새로운 레이블 추가] 버튼을 클릭합니다.

이 프로젝트는 더하기(+), 빼기(−), 곱하기(×), 나누기(÷)의 네 가지 연산기호를 인식할 것이므로, 레이블이 4개 필요합니다. 레이블 이름에는 툭수기호를 사용할 수 없으므로 대신 영어 단어를 입력하겠습니다. 더하기 'plus', 빼기 'minus', 곱하기 'multiply', 나누기 'divide' 레이블을 각각 추가합니다.

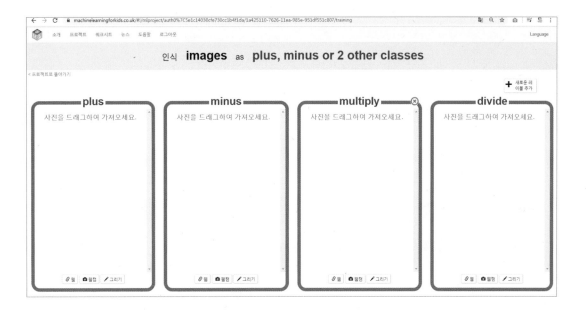

손글씨 계산기를 위한 레이블은 모두 만들었습니다. 훈련용 이미지는 스크래치에서 직접 추가하도록 하겠습니다.

[〈프로젝트로 돌아가기〉] 버튼을 클릭합니다. [만들기] 버튼을 클릭합니다.

[스크래치 3] 버튼을 클릭합니다.

'**훈련된 모델이 없습니다**'라는 문구가 나타납니다. 아직 우리가 머신러닝 모델을 훈련시키지 않았기 때문에 나타나는 문구입니다. 우리는 먼저 스크래치 프로젝트를 만든 후 모델을 훈련시킬 것입니다.

[straight into Scratch] 버튼을 클릭합니다.

스크래치 에디터 화면이 나타납니다.

화면 좌측 블록 카테고리 맨 아래에 'Calculator-Operators' 카테고리에서 우리가 만든 레이블과 머신러닝 모델을 다루는 실행 블록을 볼 수 있습니다.

예제 파일을 불러오겠습니다.

상단 메뉴에서 파일 > Load from your computer 를 클릭합니다. 예제 파일 폴더에서 '14장_손글씨계산기_예제.sb3' 파일을 찾아 [열기]를 해줍니다.

프로젝트가 열리면, 다시 저장해 주도록 하겠습니다.

상단 메뉴의 파일 > 컴퓨터에 저장하기 메뉴를 클릭합니다. '다운로드' 폴더에 '14장_손글씨계산기.sb3' 파일명으로 저장됩니다(크롬 기준).

스크래치 에디터창은 그대로 닫습니다.

Machine Learning for Kids 사이트로 이동합니다.

상단 메뉴의 [프로젝트]를 클릭합니다

이번에는 'Calculator-Numbers' 프로젝트를 선택합니다.

[만들기] 버튼을 클릭합니다.

[스크래치 3] 버튼을 클릭합니다.

[straight into Scratch] 버튼을 클릭합니다.

스크래치 에디터 화면이 나타납니다.

화면 좌측 블록 카테고리 맨 아래에 'Calculator-Numbers' 카테고리를 볼 수 있습니다.

이전에 우리가 따로 저장했던 파일을 불러오겠습니다.

이번에는 예제 파일 폴더가 아니라 '다운로드' 폴더에서 파일을 찾아야 합니다.

상단 메뉴에서 파일 > Load from your computer 를 클릭합니다. 다운로드 폴더에서 이전에 저장했던 '14장_손글씨계산기_예제.sb3' 파일을 찾아 [열기]를 해줍니다.

프로젝트가 열립니다.

이번에는 화면 좌측 블록 카테고리에 'Calculator-Numbers' 카테고리와 'Calculator-Operators' 카테고리를 동시에 볼 수 있습니다. 이제 우리는 하나의 스크래치 프로젝트에서 두 개의 Machine Learning for Kids 프로젝트를 불러와서 사용할 수 있게 되었습니다!

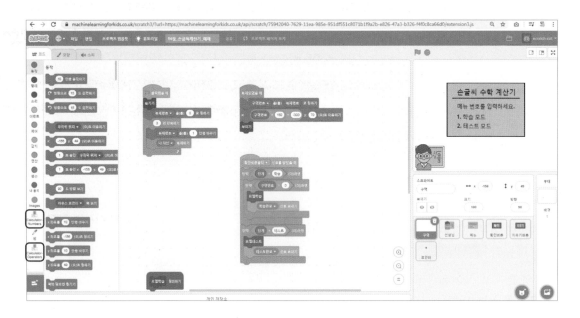

이제 머신러닝 모델과 스크래치 프로젝트를 연결하기 위한 스크립트를 수정하겠습니다.
'구역' 스프라이트에서 '[모델학습] 정의하기' 스크립트를 찾습니다.

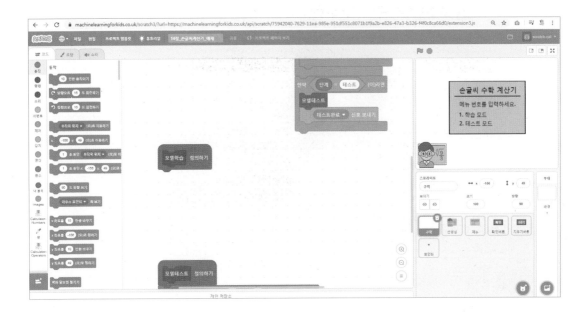

스크립트를 아래와 같이 수정합니다.

이때 주의할 것이 있습니다. 첫 번째 '훈련 데이터로 추가' 블록은 'Calculator-Numbers' 카테고리에서 가져와야 하고, 두 번째 '훈련 데이터로 추가' 블록은 'Calculator-Operators' 카테고리에서 가져와야 합니다. 만약 블록이 뒤바뀌게 되면 제대로 작동하지 않습니다!

손글씨 계산기 14장 | Artificial Intelligence SCRATCH

스크립트를 다시 아래와 같이 수정합니다.

'backdrop image' 블록은 'Images' 카테고리에서, '학습레이블' 블록은 '변수' 카테고리에서 찾을 수 있습니다. 이 스크립트는 0~9까지의 숫자는 'Calculator-Numbers' 프로젝트에, 연산기호는 'Calculator-Operators' 프로젝트의 훈련 데이터로 추가합니다.

이번에는 '구역' 스프라이트에서 '[모델테스트] 정의하기' 스크립트를 찾습니다.

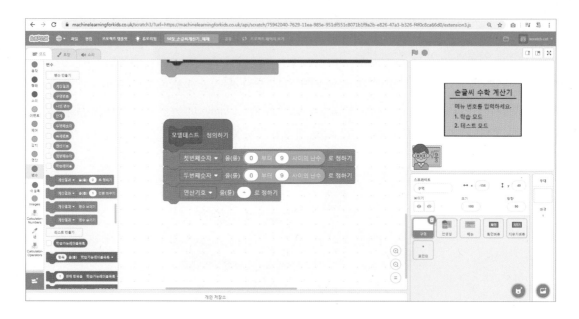

스크립트를 아래와 같이 수정합니다.

이때 주의할 점이 있습니다. 첫 번째와 세 번째 '이미지 인식하기(레이블)' 블록은 'Calculator-Numbers' 카테고리에서 가져와야 하고, 두 번째 '이미지 인식하기(레이블)' 블록은 'Calculator-Operators' 카테고리에서 가져와야 합니다. 만약 블록이 뒤바뀌게 되면 제대로 작동하지 않습니다!

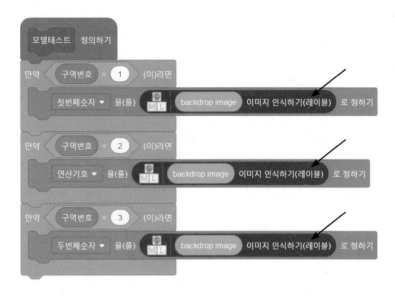

이 스크립트는 구역 스프라이트의 크기만큼 손글씨 이미지를 생성한 후 각각의 머신러닝 모델이 이미지를 인식하도록 합니다. 이미지 인식 결과로 나온 레이블을 각각의 변수에 집어넣습니다.

3. 머신러닝 모델 훈련 및 테스트

스크래치 프로젝트 제작이 완료되었습니다. 이제 프로젝트를 이용해 훈련용 손글씨를 추가해보겠습니다.

🏳 버튼을 클릭하여 프로젝트를 실행합니다.

메인 메뉴에서 '1'을 입력하여 학습 모드로 들어갑니다. 학습시킬 기호로 '1'를 입력합니다.

마우스를 이용해 네모 칸에 '1'을 쓴 후 확인 버튼을 클릭합니다.

손글씨 이미지가 추가되었다는 메시지가 나타납니다.

우리가 쓴 손글씨가 머신러닝 프로젝트의 훈련 이미지로 제대로 추가되었는지 살펴보겠습니다.

스크래치 화면은 그대로 두고, Machine Learning for Kids 사이트 화면으로 이동합니다.

상단 메뉴의 [**프로젝트**]를 클릭합니다

이번에는 'Calculator-Numbers' 프로젝트를 선택합니다.

[**훈련**] 버튼을 클릭합니다.

방금 전에 쓴 손글씨 3개가 '1' 버킷에 추가된 것을 볼 수 있습니다.

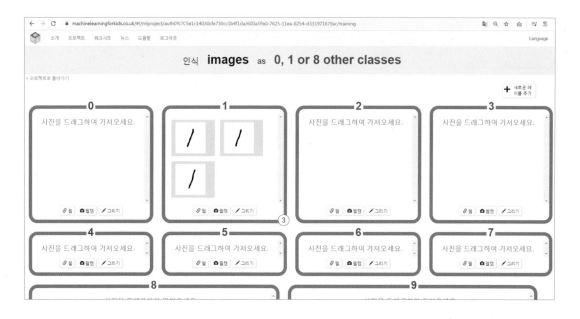

이미지 인식 유형의 프로젝트는 버킷별로 최소 10개 이상의 훈련용 이미지가 필요합니다. 스크래치에서 학습할 때마다 3개씩 추가되므로, 네 번 반복하면 12개의 손글씨가 추가됩니다.

하지만 주의할 점이 하나의 프로젝트에 추가할 수 있는 이미지는 100개 제한이 걸려있습니다. 'Calculator-Numbers' 프로젝트에는 10개의 레이블이 있으므로, 레이블당 10개의 이미지가 최대입니다.

손글씨 계산기 14장 | Artificial Intelligence SCRATCH

때문에 우선 스크래치에서 버킷별로 12개의 손글씨를 훈련 이미지로 추가한 후에 '훈련' 페이지에서 2개의 이미지는 삭제해 줍니다. 이미지의 X 아이콘을 클릭하여 이미지를 삭제할 수 있습니다. 특히 전체 이미지의 개수가 100개를 초과하면 더 이상 이미지가 추가되지 않으므로, 필요 없는 이미지를 삭제하면서 이미지를 추가해 주어야 합니다.

이와 같은 방식으로 버킷별로 10개의 훈련용 이미지(손글씨)를 추가합니다. 이 작업에는 대략 20분의 시간이 소요됩니다.

0~9까지의 손글씨는 'Calculator-Numbers' 프로젝트에 추가되고, +,−,×,÷ 연산기호는 'Calculator-Operators' 프로젝트에 저장됩니다.

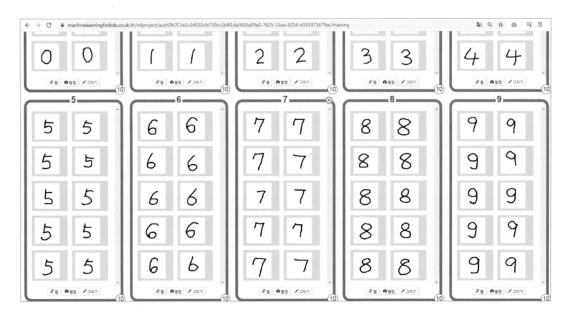

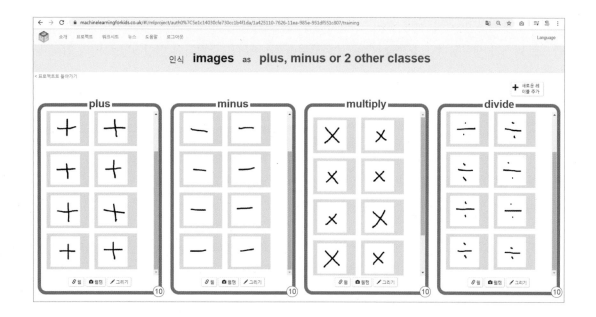

이제 두 개의 머신러닝 모델을 훈련시켜 주겠습니다.

상단 메뉴의 **[프로젝트]**를 클릭합니다

먼저 'Calculator-Numbers' 프로젝트를 선택합니다.

[학습&평가] 버튼을 클릭합니다.

화면 하단의 **[새로운 머신 러닝 모델을 훈련시켜보세요.]** 버튼을 클릭합니다.

상단 메뉴의 **[프로젝트]**를 클릭합니다

이번에는 'Calculator-Operators' 프로젝트를 선택합니다.

[학습&평가] 버튼을 클릭합니다.

화면 하단의 **[새로운 머신 러닝 모델을 훈련시켜보세요.]** 버튼을 클릭합니다.

이미지 인식 유형의 프로젝트는 이미지의 개수와 서버 상황에 따라 훈련에 3~15분 정도의 시간이 걸립니다. 특히 'Calculator-Numbers' 프로젝트는 이미지의 개수가 많아 10분 이상의 시간이 필요합니다.

Artificial Intelligence
SCRATCH

훈련이 완료되면 '모델의 상태' 값이 'Available'로 변경됩니다. 그리고 화면 중간에 테스트를 위한 텍스트 박스가 생성됩니다. [그림 그리기로 테스트하기] 버튼을 클릭하여 머신러닝 모델의 인식 성능을 바로 테스트해 볼 수도 있습니다.

이제 훈련된 머신러닝 모델을 이용해서 스크래치에서 손글씨로 수식을 쓰고 테스트해 보겠습니다. 스크래치 화면으로 이동합니다.
⚑ 버튼을 클릭하여 프로젝트를 실행합니다.
메인 메뉴에서 '2'를 입력해 테스트 모드를 실행합니다.

첫 번째 칸에 숫자, 두 번째 칸에 연산자, 세 번째 칸에 숫자를 쓰고 확인 버튼을 클릭합니다. 머신러닝 모델이 손글씨를 인식하여 수식을 계산합니다. 그리고 결과를 화면에 표시합니다.

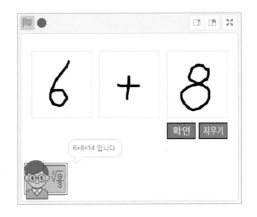

다양한 수식을 손글씨로 입력하여 테스트해 보세요.

여러분의 손글씨를 머신러닝 모델이 잘 인식하나요?

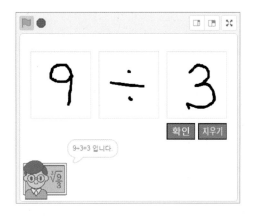 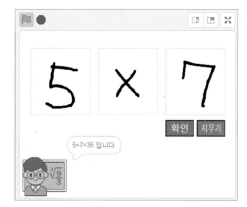

스크래치 프로젝트 제작이 완료되었습니다.

완성된 스크래치 프로젝트는 별도로 저장할 수 있습니다.

저장 방법은 상단 메뉴의 파일 〉 컴퓨터에 저장하기를 클릭하면 됩니다. 다운로드 폴더에 프로젝트

파일이 저장됩니다.

혹시 시간이 있다면 다음과 같이 프로젝트를 직접 수정하여 응용해 보세요.

스크래치 프로젝트를 수정하여, 컴퓨터가 간단한 수학 문제를 내면 우리가 정답을 입력하여 맞추는 게임을 제작합니다. 예를 들어, 컴퓨터가 '5 * 7 = ?'라고 문제를 내면 '035'라고 손글씨로 써야 합니다. 컴퓨터는 우리가 쓴 손글씨를 인식하여 정답이 맞는지 알려줍니다.

더 알아보기
인공지능 광학문자인식(OCR) 기술의 활용 사례

구글은 2019년 8월 인공지능 기반의 광학문자인식 기술을 '구글 포토'에 도입했습니다. 사용자는 클라우드에 올라간 사진 안에서 발견한 텍스트를 복사, 붙여넣기를 할 수 있습니다. 책 내용을 찍은 사진에 포함된 문장을 바로 복사해서 활용할 수 있고, 복잡한 와이파이 비밀번호도 사진으로 촬영해 불러올 수 있습니다. 이 기술을 통해 사용자가 텍스트를 직접 입력하는 번거로움을 줄일 수 있습니다.

LG CNS의 사내 벤처 '햄프킹'은 로봇 업무 자동화 기술과 인공지능을 이용해 수입 통관 자동화 솔루션을 도입했습니다. 전 세계 각지에서 접수되는 인보이스(송장)를 OCR로 읽어낸 후 인공지능 이미지인식 기술을 이용해 인보이스 문서에서 필요 없는 항목(물품번호, 도착일, 보험료 등)은 제외하고 관세 시스템에 입력하는 필수 정보(품목, 수량, 단가, 금액 등)만 추출하여 입력합니다. 덕분에 해외에서 들어오는 컨테이너 1개 물량 기준으로 통관 처리 시간을 5시간에서 5분으로 줄였습니다.

네이버는 2019년 10월 공모전을 통해 접수한 손글씨 2만 5천여 종에서 109종을 골라 광학문자인식과 인공지능 기술을 활용해 글꼴로 만들어 무료로 배포했습니다. 국내 최고 수준의 OCR 기술을 통해 사용자의 손글씨를 컴퓨터로 인식하고 이미지 생성기술을 이용해 글꼴을 제작했습니다. 특히 클로바 인공지능 기술을 통해 주어진 양식에 맞춰 쓴 손글씨 250자를 학습시키고 손글씨 특징을 분석해 자동으로 1만 1,172개의 글자 조합을 만들어 냈습니다.

그 외에 많은 분야에서 OCR이 도입되어 사용자의 편의성을 높이고 있습니다. SKT 음원 플랫폼 플로는 다른 음원 플랫폼에서 만든 플레이리스트를 화면 캡처해서 올리면, 자동으로 인식해 동일한 플레이리스트를 만들어 줍니다. 삼성의 인공지능 플랫폼 빅스비 비전은 카메라를 가져다 대면 외국어를 인식한 뒤 바로 번역해 화면에 보여줍니다. 한화생명은 '클레임 인공지능 자동심사 시스템'을 도입하여 영수증, 진단서 입력과 분석, 처리까지 자동으로 해결하여 보험금 수령까지 걸리는 시간을 절반으로 줄였습니다.

Artificial Intelligence
SCRATCH

[YTN사이언스] CCTV 속 번호판 복원하는 AI
https://youtu.be/pThN2EdU-G8

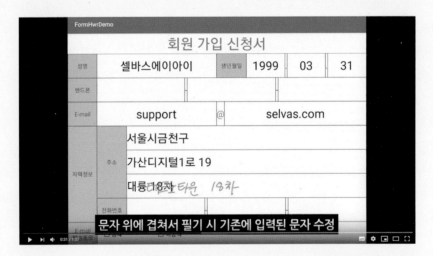

[SELVAS AI] 전자문서 필기인식 데모
https://youtu.be/b7Afo3AZpHE

15장
핼러윈 캐릭터 찾기

동영상 강의 http://hellosoft.fun/bookais15

1. 프로젝트 소개

혹시 여러분은 『월리를 찾아라』라는 책을 본 적이 있나요? 페이지 속에 무수히 많은 사람들 중에서 빨간 줄무늬 옷을 입은 캐릭터를 찾는 그림책입니다. 전 세계적으로 큰 인기를 얻어 게임과 만화로도 제작되었고 우리 나라에서도 1990년에 책이 출판되어 선풍적인 인기를 끌었습니다.

전체 이미지에서 특정한 객체의 특징을 찾아내 인식하는 것을 '객체 인식' 기술이라고 부릅니다. 객체 인식은 지능형 CCTV에서 수상한 행동을 하는 사람을 찾아낸다거나 해변에서 물에 빠진 사람을 찾아내는 등 다양한 분야에서 사용합니다.

이 프로젝트에서 우리는 그림 속에 숨겨진 캐릭터를 자동으로 찾아주는 프로젝트를 제작합니다. 우리는 스크래치에서 30개의 핼러윈 캐릭터 중의 하나를 선택하고, 컴퓨터가 캐릭터를 찾을 수 있도록 훈련시킵니다. 그런 후 프로젝트를 실행하면 컴퓨터가 자동으로 우리의 캐릭터를 찾아줍니다!

Artificial Intelligence
SCRATCH

특히 이번 프로젝트에서 우리는 스크래치 화면을 48개의 구역으로 분할합니다. 그리고 각각의 구역에 우리가 선택한 캐릭터가 있는지 없는지 컴퓨터에게 알려줍니다. 이렇게 구역을 분할하여 탐색하는 방식은 컴퓨터가 캐릭터의 위치를 쉽게 찾을 수 있도록 도와줍니다.

우리는 먼저 예제 파일을 열어 프로젝트가 어떻게 동작하는지 살펴봅니다. 스프라이트별 각각의 역할과 신호에 따라 프로그램이 작동하는 흐름을 살펴봅니다. 그 다음으로 우리는 '머신러닝' 프로젝트를 만들고, 스크래치 프로젝트에 연결합니다.

우선 미리 만들어져 제공되는 예제 파일을 살펴보도록 하겠습니다.

컴퓨터의 웹브라우저 프로그램을 실행하고, https://scratch.machinelearningforkids.co.uk/ 사이트에 접속합니다.

스크래치3 에디터 화면이 나타납니다. 예제 파일을 찾아 불러오겠습니다.

상단 메뉴의 파일 > Load from you computer 메뉴를 클릭합니다.

예제 파일 폴더에서 '15장_핼러윈캐릭터 찾기_예제.sb3' 파일을 선택하고, [열기] 버튼을 클릭합니다.

예제 파일이 없는 경우에는 헬로소프트 홈페이지 http://hellosoft.fun/aiscratch에서 예제 파일을 다운로드 받을 수 있습니다.

예제 파일이 열리면 미리 제작된 '캐릭터', '구역', '안내', 그리고 버튼 스프라이트를 볼 수 있습니다.

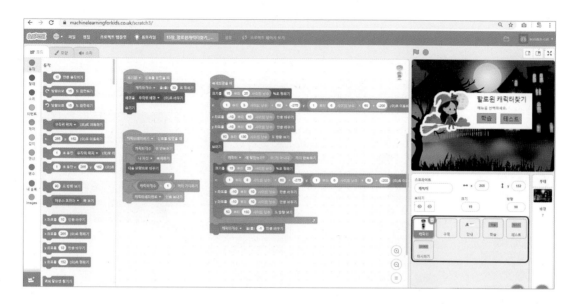

'캐릭터' 스프라이트는 30여 종의 핼러윈 캐릭터를 화면에 복제하여 배치하는 역할을 합니다.
'캐릭터' 스프라이트를 선택하고 '모양' 탭을 클릭하면 캐릭터를 볼 수 있습니다.

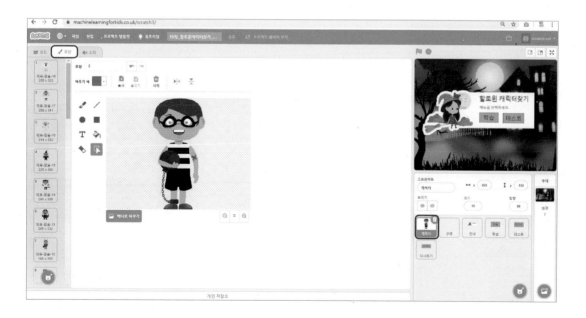

Artificial Intelligence
SCRATCH

'구역' 스프라이트는 스크래치 화면을 가로 8칸, 세로 6칸으로 총 48개의 구역으로 나누는 역할을 합니다. 그리고 각각의 구역을 머신러닝 모델의 학습용 이미지로 추가하거나, 학습이 완료된 머신러닝 모델이 인식할 수 있도록 만들어 줍니다.

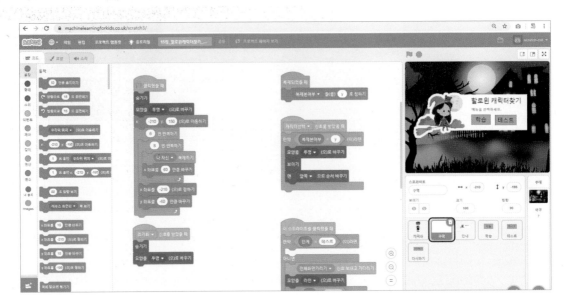

'안내' 스프라이트는 귀여운 꼬마 마녀의 모습을 하고 있으며, 현재 상황이나 작업에 대해 설명해주는 역할입니다.

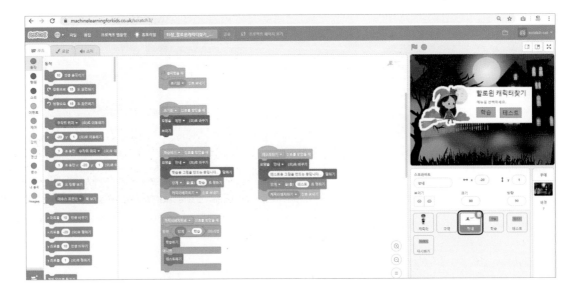

'학습', '테스트', '다시하기' 버튼 스프라이트는 메뉴를 선택할 때 사용합니다.

🏳 버튼을 클릭하여 프로젝트를 실행합니다.

학습 모드와 테스트 모드를 선택할 수 있습니다.

우선 학습 모드를 살펴보겠습니다. 학습 버튼을 클릭합니다.

화면에 30개의 캐릭터가 배치됩니다. 캐릭터는 15~25 사이의 크기와 50~130도 사이의 각도를 랜덤하게 가집니다. 또한 캐릭터끼리 서로 겹치지 않도록 위치를 조정합니다.

먼저 여러분이 선택한 캐릭터를 찾아 클릭해 달라는 안내 메시지가 나타납니다.

캐릭터 하나를 선택해 마우스로 클릭합니다. 그러면 48개의 구역 중에서 해당 구역이 표시되고, 해당 구역의 이미지가 머신러닝 모델의 '정답' 훈련용 이미지로 추가됩니다(아직은 머신러닝 모델이 연결되지 않아 작동하지 않습니다.).

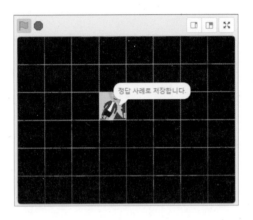

이번에는 캐릭터가 없는 곳을 클릭해달라는 안내 메시지가 나타납니다.

여러분이 선택한 캐릭터가 없는 구역을 아무 곳이나 클릭합니다. 해당 구역이 표시되고, 머신러닝 모델의 '오답' 훈련용 이미지로 추가됩니다.

자동으로 메인화면이 나타납니다.

이번에는 테스트 버튼을 클릭하여 테스트 모드를 시작합니다. 새로운 그림이 자동으로 생성되고, 컴퓨터가 캐릭터의 위치를 찾게 됩니다(아직은 작동하지 않습니다.).

2. 머신러닝 프로젝트 제작

이제 머신러닝 모델을 만들어 스크래치 프로젝트에 연결하겠습니다.

우선 열려 있는 스크래치 화면은 저장하지 않고 닫습니다.

새로운 웹브라우저 창을 열고, https://machinelearningforkids.co.uk/ 사이트에 접속합니다.

상단 메뉴에서 [로그인] 버튼을 클릭합니다. 다시 [로그인] 버튼을 클릭합니다.

본인의 아이디(username)와 비밀번호(password)를 입력하여 로그인합니다.

상단 메뉴의 [프로젝트]를 클릭합니다

화면 오른쪽 상단의 [+ 프로젝트 추가] 버튼을 클릭합니다.

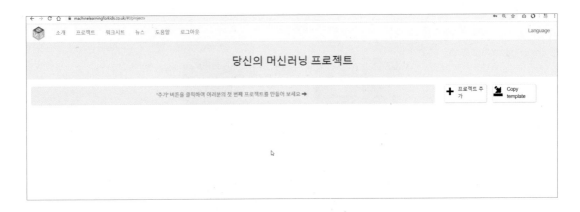

프로젝트 이름은 'Find Character', 인식 방법은 '이미지'를 선택합니다. [만들기] 버튼을 클릭합니다.

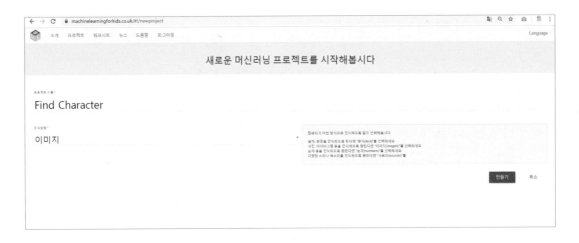

화면에 회색으로 **'Find Character'** 회색 박스가 만들어진 것을 볼 수 있습니다. 박스를 클릭합니다.

먼저 [훈련] 버튼을 클릭합니다.

화면 오른쪽에 [+ 새로운 레이블 추가] 버튼을 클릭합니다.

레이블은 머신러닝 모델이 이미지를 인식하고 분류하여 내놓는 결과를 의미합니다.

이 프로젝트는 화면을 48개 구역으로 나누어, 캐릭터가 있고(found) 없고(not found)를 인식할 것이므로, 레이블은 두 개가 필요합니다.

새로운 레이블 추가 팝업창에 'found'을 입력하고 추가 버튼을 클릭합니다. 'found' 버킷이 만들어집니다. 같은 방식으로 'not found' 버킷을 만들어 줍니다.

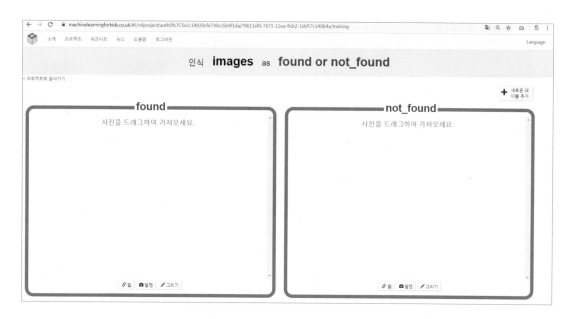

훈련용 이미지는 스크래치에서 직접 추가하도록 하겠습니다.

[〈프로젝트로 돌아가기 〉] 버튼을 클릭합니다. 만들기 버튼을 클릭합니다.

스크래치 3 버튼을 클릭합니다.

'훈련된 모델이 없습니다' 라는 문구가 나타납니다. 아직 우리가 머신러닝 모델을 훈련시키지 않았기 때문에 나타나는 문구입니다. 우리는 먼저 스크래치 프로젝트를 만든 후 모델을 훈련시킬 것입니다.

[straight into Scratch] 버튼을 클릭합니다.

스크래치 에디터 화면이 나타납니다.

화면 좌측 블록 카테고리 맨 아래에 'Find Character' 카테고리에서 우리가 만든 레이블과 머신러닝 모델을 다루는 실행 블록을 볼 수 있습니다.

예제 파일을 불러오겠습니다.

상단 메뉴에서 파일 〉 Load from your computer 를 클릭합니다. 예제 파일 폴더에서 '15장_핼러윈캐릭터 찾기_예제.sb3' 파일을 찾아 [열기]를 해줍니다.

프로젝트가 열립니다.

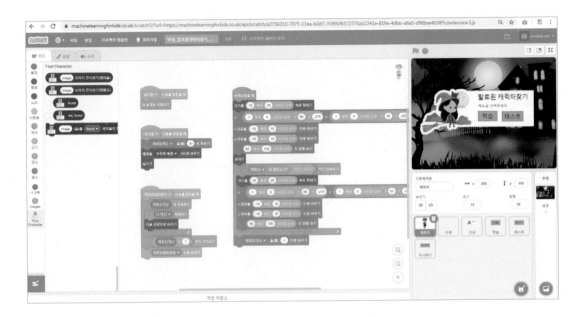

이제 머신러닝 모델과 스크래치 프로젝트를 연결하기 위한 스크립트를 수정하겠습니다.

'구역' 스프라이트에서 '[정답데이터저장] 정의하기' 스크립트를 찾습니다.

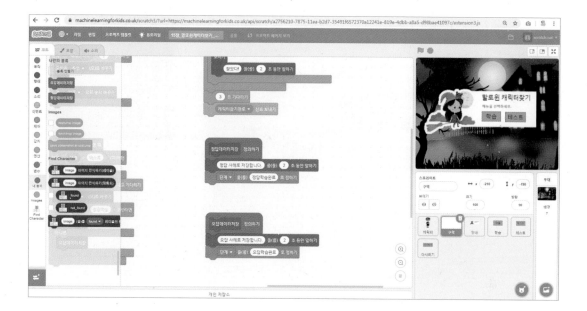

스크립트를 아래와 같이 수정합니다.

이 스크립트는 해당 구역의 이미지를 캡처하여 'found' 버킷에 추가합니다.

'구역' 스프라이트에서 '[오답데이터저장] 정의하기' 스크립트를 찾습니다.

스크립트를 아래와 같이 수정합니다.

이 스크립트는 해당 구역의 이미지를 캡처하여 'not_found' 버킷에 추가합니다.

이번에는 '구역' 스프라이트에서 '[캐릭터 찾기] 신호를 받았을 때' 스크립트를 찾습니다.

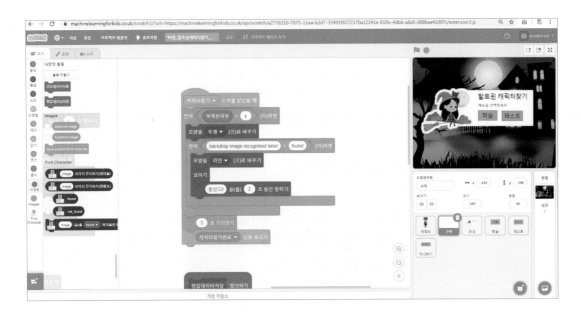

스크립트를 아래와 같이 수정합니다.

이 스크립트는 48개 구역의 각각의 이미지를 머신러닝 모델에 인식시키고, 결과가 'found'라면 화면에 표시합니다.

핼러윈 캐릭터 찾기 **15장** │ Artificial Intelligence SCRATCH

3. 머신러닝 모델 훈련 및 테스트

스크래치 프로젝트 제작이 완료되었습니다. 이제 프로젝트를 이용해 머신러닝 모델에 훈련용 이미지를 추가해보겠습니다.

🚩 버튼을 클릭하여 프로젝트를 실행합니다.

30명의 핼러윈 캐릭터가 화면에 랜덤하게 배치됩니다. 캐릭터를 하나 선택하여 클릭합니다.

저는 백설 공주 캐릭터를 선택했습니다. 해당 구역이 정답 사례로 저장됩니다.

이번에는 해적 캐릭터가 없는 구역을 아무 곳이나 클릭합니다.

저는 오른쪽 아래 영역을 클릭했습니다. 해당 구역이 오답 사례로 저장됩니다.

핼러윈 캐릭터 찾기 15장 Artificial Intelligence SCRATCH

우리가 선택한 구역이 머신러닝 프로젝트의 훈련 이미지로 제대로 추가되었는지 살펴보겠습니다.
스크래치 화면은 그대로 두고, Machine Learning for Kids 사이트 화면으로 이동합니다.
[〈프로젝트로 돌아가기 〉] 버튼을 클릭합니다.

[훈련] 버튼을 클릭합니다.

백설 공주 캐릭터가 속해 있던 구역이 'found' 버킷에, 캐릭터가 없던 구역이 'not_found' 버킷에
추가된 것을 볼 수 있습니다.

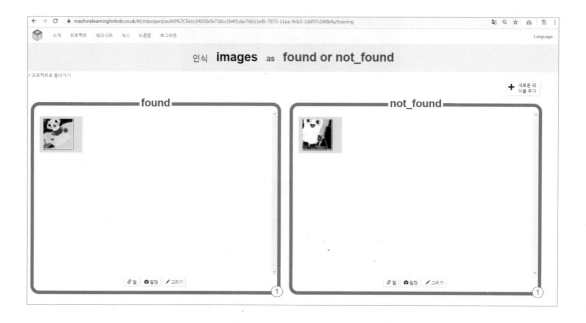

스크래치 화면으로 되돌아갑니다.

[학습] 버튼을 클릭하고, 훈련을 계속합니다. 이번에도 정답으로 여러분이 선택한 캐릭터(백설 공주)를 지정하고, 오답으로 랜덤한 위치를 지정합니다.

이미지 인식 유형의 프로젝트는 버킷별로 최소 10개 이상의 훈련용 이미지가 필요합니다. 학습을 반복하여 이미지를 추가하는데, 더 많은 이미지를 추가할수록 컴퓨터가 캐릭터를 찾는 성능이 향상됩니다.

[<프로젝트로 돌아가기] 버튼을 클릭합니다.

그리고 [학습&평가] 버튼을 클릭합니다. 이곳에서는 여러분이 수집한 데이터의 개수를 살펴볼 수 있습니다.

화면 하단의 [새로운 머신 러닝 모델을 훈련시켜보세요.] 버튼을 클릭합니다.

이미지 인식 유형의 프로젝트는 이미지의 개수와 서버 상황에 따라 훈련에 3~15분 정도의 시간이 걸립니다.

핼러윈 캐릭터 찾기 15장

훈련이 완료되면 '모델의 상태' 값이 'Available'로 변경됩니다. 그리고 화면 중간에 테스트를 위한 텍스트 박스가 생성됩니다. 하지만 이번 프로젝트는 스크래치 안에서만 테스트가 가능합니다.

이제 훈련된 머신러닝 모델을 이용해서 스크래치에서 캐릭터를 찾아보겠습니다.

스크래치 화면으로 이동합니다.

🏳 버튼을 클릭하여 프로젝트를 실행합니다.

메인화면에서 [테스트] 버튼을 클릭합니다.

새로운 화면이 생성되고 컴퓨터가 자동으로 캐릭터를 찾아 화면에 표시합니다.

[다시하기] 버튼을 클릭하거나,  을 클릭하여 여러 번 테스트해 보세요.

여러분의 머신러닝 모델이 캐릭터를 잘 찾아내나요?

스크래치 프로젝트 제작이 완료되었습니다.

완성된 스크래치 프로젝트는 별도로 저장할 수 있습니다.

저장 방법은 상단 메뉴의 파일 〉컴퓨터에 저장하기를 클릭하면 됩니다. 다운로드 폴더에 프로젝트 파일이 저장됩니다.

혹시 시간이 있다면 다음과 같이 프로젝트를 직접 수정하여 응용해 보세요.

머신러닝 프로젝트를 수정하여, 둘 이상의 캐릭터를 찾을 수 있도록 합시다. 예를 들면, 컴퓨터가 늑대인간과 좀비 캐릭터를 각각 찾아낼 수 있도록 훈련시킵니다. 그리고 스크래치 프로젝트를 수정하여, 늑대인간을 찾으면 "늑대 인간 찾았다!"라고 표시하고, 좀비 캐릭터를 찾으면 "좀비 인간 찾았다!"라고 표시하도록 합니다.

지능형 CCTV의 활용 사례

지능형 CCTV는 인공지능을 기반으로 한 영상분석 시스템으로 카메라를 이용해 영상 기반 행동을 분석하고 이상 행위를 탐지해 특정한 상황(배회, 침입, 방화 등)을 자동으로 인식하고 처리하는 시스템입니다.

행정안전부에 따르면 전국에 설치된 CCTV는 2008년 15만 대에서 2018년 103만 대로 증가했습니다. 하지만 제한된 인력으로 모든 CCTV를 일일이 확인하는 것이 불가능합니다. 지능형 CCTV는 관제 인력의 한계를 해소하고, 원활한 초동 대처를 위한 시스템입니다. 전 세계 지능형 CCTV 시장은 2016년 16조 원에서 2021년 24조 원으로 성장할 것으로 전망됩니다.

한국전자통신연구원(ETRI)은 2019년부터 CCTV 상황을 분석해 어떤 유형의 범죄가 발생할지 확률적으로 보여주는 '예측적 영상보안 원천기술'을 개발하고 있으며, 2022년 상용화를 목표로 하고 있습니다. 과거 범죄통계정보와 CCTV 실시간 상황을 반영하여 인공지능 모델이 특정지역에서 특정시간대에 범죄가 발생할 확률을 알려줍니다. 예를 들어, 우범지대로 특정된 지역에서 새벽 시간에 남녀가 일정한 거리를 두고 걸어간다면 매우 높은 비율의 우범률이 표시되는 방식입니다.

이밖에도 다양한 지자체에서 지능형 CCTV를 도입하고 있습니다. 은평구는 지능형 CCTV를 이용하여 경찰 수배차량과 세금 체납자의 차량이 지나가면 번호판을 구분합니다. 만약 공영주차장에 세금 체납자의 차량이 들어서면 담당 공무원에게 '알림' 문자가 전송됩니다. 광진구는 지능형 CCTV를 이용하여 쓰레기 무단투기를 막고 있습니다. 쓰레기 무단투기 장면을 포착하면 경고방송을 하고, 그래도 쓰레기를 버리는 사람은 50미터까지 추적이 가능합니다. 순천시는 지능형 CCTV를 이용하여 중요 목조문화재를 보호하고 있습니다. 사찰에 설치된 CCTV는 화재나 침입자 발생시 스스로 감지해 관리자에게 경고 알림을 전송합니다.

LG유플러스가 홍천 비발디파크의 수영장 물 속에 설치한 CCTV는 일정시간 움직임이 없는 사람을 감지하면 안전관리 요원에게 위급상황을 알려줍니다. 또한 스키장 슬로프에 앉아 있거나 쓰러짐, 이탈 등 위험한 행동을 하는 사람을 감지하고 관리자에게 알려줍니다. 이밖에도 에스원과 함께 인공지능 클라우드 기반 U+지능형 CCTV 서비스를 출시했습니다. 이 서비스는 소규모 상점, 매장이나 사무실 등에서 CCTV감지, 알림, 긴급신고, 피해보상 서비스를 손쉽게 이용할 수 있는 종합 보안 솔루션입니다.

핼러윈 캐릭터 찾기 **15장**

Artificial Intelligence
SCRATCH

[YTN사이언스] 위험요소 감지하는 CCTV
https://youtu.be/iTXJe6XcGeQ

[LG U PLUS] U+지능형CCTV 홍보영상
https://youtu.be/PHmb2M7vu7M

4편

숫자 인식 프로젝트

데이터를 수집하고, 분석해 규칙성을 찾아내는 인공지능 모델 알고리즘은 '확률과 통계'에 기반을 두고 있습니다.

4편에서 우리는 '숫자'와 관련된 프로젝트 3개를 제작합니다. 예측, 게임 지도학습, 강화학습에 대해 살펴보고 머신러닝 모델을 이용한 스크래치 프로젝트를 제작하고 테스트합니다. 또한 흐름도와 의사결정트리 모델에 대해 알아봅니다.

 학습목차

16장
공모전 합격 예측

동영상 강의 http://hellosoft.fun/bookais16

1. 프로젝트 소개

실생활의 다양한 정보를 한눈에 알아보기 쉽게 수치로 나타내는 것을 '통계'라고 부릅니다. 이 통계 자료는 현재 상황을 정확하게 분석하거나, 다른 분야를 간접적으로 연구하거나, 미래를 예측하는 데 사용됩니다. 인공지능이 방대한 데이터를 분석하고 특징을 찾아내 학습하는 과정에는 다양한 통계적, 수학적 분석이 사용됩니다.

컴퓨터도 '통계'를 위해 발명되었습니다. 1889년 미국은 한 번에 7~8년이 걸리는 인구조사 작업시간을 단축하기 위해 효율적인 처리방식을 공모했는데 이때 선정된 기계가 허먼 홀러리스의 천공카드 시스템이 바로 컴퓨터의 전신인 기계식 자동 계산기입니다. 이 시스템을 통해 미국의 인구조사에 소요되는 시간은 조사 기간 6주, 최종 결과 3년으로 줄어들었습니다. 이때 세워진 회사가 나중에 IBM으로 성장했습니다.

이 프로젝트에서 우리는 점수를 입력하면 합격 여부를 알려주는 프로그램을 제작합니다. 우리는 기존의 합격, 불합격 점수 데이터를 이용하여 컴퓨터가 합격 여부를 판단하는 알고리즘을 만들어 낼 수 있도록 훈련시킵니다. 훈련된 인공지능 모델은 새로운 점수 데이터를 입력받아 합격 여부를 예측합니다.

우리는 먼저 예제 파일을 열어 프로젝트가 어떻게 동작하는지 살펴봅니다. 스프라이트별 각각의 역할과 신호에 따라 프로그램이 작동하는 흐름을 살펴봅니다. 그 다음으로 우리는 '머신러닝' 프로젝트를 만들고, 스크래치 프로젝트에 연결합니다.

우선 미리 만들어져 제공되는 예제 파일을 살펴보도록 하겠습니다.
컴퓨터의 웹브라우저 프로그램을 실행하고, https://scratch.machinelearningforkids.co.uk/ 사이트에 접속합니다.
스크래치3 에디터 화면이 나타납니다. 예제 파일을 찾아 불러오겠습니다.
상단 메뉴의 파일 〉 Load from you computer 메뉴를 클릭합니다.

공모전 합격 예측 16장

Artificial Intelligence
SCRATCH

예제 파일 폴더에서 '16장_공모전합격예측_예제.sb3' 파일을 선택하고, [열기] 버튼을 클릭합니다.

예제 파일이 없는 경우에는 헬로소프트 홈페이지 http://hellosoft.fun/aiscratch에서 예제 파일을 다운로드 받을 수 있습니다.

예제 파일은 윈도우 탐색기에서 파일을 더블 클릭해서 열 수 없습니다. 반드시 스크래치3 에디터 화면에서 불러오기 기능을 이용해서 열어야 합니다.

예제 파일이 열리면 미리 제작된 '데이터', '학습', '테스트' 버튼과 '심사위원' 스프라이트를 볼 수 있습니다.

'데이터' 스프라이트는 첫 번째 버튼으로 미리 입력되어 있는 공모전 합격, 불합격 사례 점수 데이터를 가지고 있는 리스트를 화면에 보이거나 숨기는 역할을 합니다.

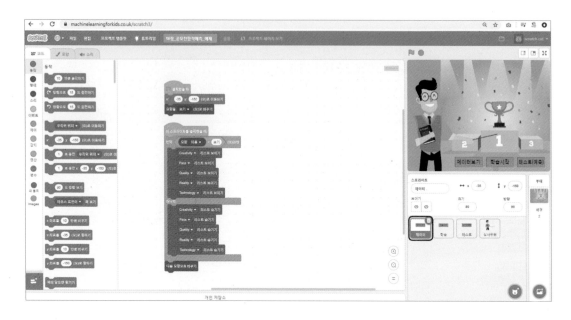

'학습' 스프라이트는 두 번째 버튼으로 리스트의 데이터를 Machine Learning for Kids 프로젝트의 훈련 데이터로 추가하고, 머신러닝 모델을 만들어내는 역할을 합니다.

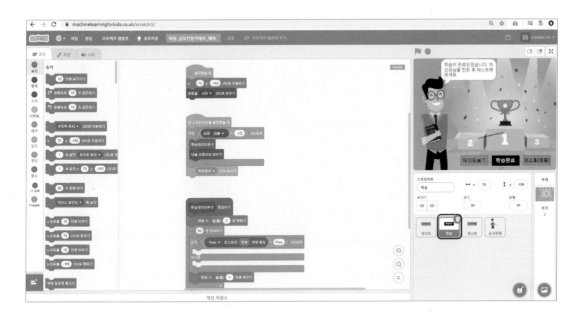

'테스트' 스프라이트는 세 번째 버튼으로 '심사위원' 스프라이트에 테스트 작업을 시작하는 신호를 보내는 역할을 합니다.

공모전 합격 예측 16장 | Artificial Intelligence SCRATCH

'심사위원' 스프라이트는 학습된 인공지능 모델을 테스트할 때 필요한 점수를 입력받고, 예측 결과를 출력하는 역할을 합니다.

📍 버튼을 클릭하여 프로젝트를 실행합니다.

데이터보기 버튼을 클릭합니다.

화면에 창의성(Creativity), 기술성(Technology), 현실성(Reality), 완성도(Quality), 통과여부 (Pass) 리스트가 나타납니다.

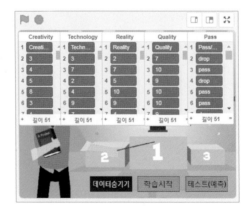

우리가 분석할 공모전은 '인공지능을 활용한 창작 경진대회'입니다. 제공되는 데이터는 작년의 예선 결과 데이터입니다. 우리는 작년의 데이터를 이용해서 항목별 가중치와 합격 커트라인을 찾아내야 합니다.

예선 합격 여부는 창의성, 기술성, 현실성, 완성도의 네 가지 평가 항목 점수를 반영하여 결정됩니다.

• 평가항목마다 1~10점의 점수가 부여됩니다.

• 항목 점수에 각각의 가중치를 곱하여 산출 점수를 계산합니다.

• 산출 점수가 기준점수 이상이면 통과, 아니면 탈락합니다.

• 평가 항목별 가중치와 통과 기준 점수는 공개되지 않았습니다.

아래는 리스트에 입력되어 있는 훈련용 데이터입니다.

여러분은 이 표를 보고 예선 통과 커트라인을 알아낼 수 있나요?

리스트명	Creativity	Technology	Reality	Quality	Pass/Drop
1	3	3	2	7	drop
2	4	7	7	10	pass
3	5	2	5	9	drop
4	8	4	10	10	pass
5	3	9	9	10	pass
6	1	7	4	9	drop
7	6	5	1	4	drop
8	8	1	9	3	pass
9	10	5	6	6	pass
10	3	2	8	2	drop
11	10	3	10	10	pass
12	1	3	1	8	drop
13	1	1	3	8	drop
14	10	5	1	4	pass
15	4	2	8	9	drop
16	9	6	8	10	pass
17	5	6	5	7	drop
18	10	8	1	4	pass
19	8	1	3	4	drop

공모전 합격 예측 16장 | Artificial Intelligence SCRATCH

리스트명	Creativity	Technology	Reality	Quality	Pass/Drop
20	10	1	3	7	pass
21	4	7	1	3	drop
22	5	6	6	5	drop
23	9	8	5	3	pass
24	1	9	4	4	drop
25	10	10	4	6	pass
26	1	6	2	10	drop
27	5	4	9	1	drop
28	6	4	4	10	pass
29	7	3	7	6	pass
30	10	10	3	10	pass
31	10	5	10	6	pass
32	5	7	9	5	pass
33	10	2	9	9	pass
34	2	6	5	3	drop
35	5	9	2	8	pass
36	1	5	7	8	drop
37	8	6	5	8	pass
38	5	4	10	6	pass
39	7	2	5	2	drop
40	8	2	4	5	pass
41	1	4	4	3	drop
42	2	4	3	7	drop
43	10	1	10	6	pass
44	6	6	4	7	pass
45	7	3	9	4	pass
46	1	4	7	6	drop
47	2	5	6	4	drop
48	2	7	5	10	drop
49	8	4	10	10	pass
50	10	8	10	7	pass

 버튼을 클릭하여 리스트를 다시 화면에서 숨깁니다.

이번에는  버튼을 클릭합니다. 버튼의 텍스트가 '학습완료'로 바뀝니다.

 버튼을 클릭합니다.

나타나는 입력창에 창의성, 기술성, 현실성, 완성도 항목의 점수를 각각 입력합니다. 입력된 점수를 분석하여 통과여부를 알려줍니다. 아직은 머신러닝 모델을 연결하지 않았기 때문에 무조건 합격으로 나타납니다.

공모전 합격 예측 16장

Artificial Intelligence
SCRATCH

2. 머신러닝 프로젝트 제작

이제 머신러닝 모델을 만들어 스크래치 프로젝트에 연결하겠습니다.

우선 열려 있는 스크래치 화면은 저장하지 않고 닫습니다.

새로운 웹브라우저 창을 열고, https://machinelearningforkids.co.uk/ 사이트에 접속합니다.

상단 메뉴에서 [로그인] 버튼을 클릭합니다. 다시 [로그인] 버튼을 클릭합니다.

본인의 아이디(username)와 비밀번호(password)를 입력하여 로그인합니다.

상단 메뉴의 [프로젝트] 를 클릭합니다

화면 오른쪽 상단의 [+ 프로젝트 추가] 버튼을 클릭합니다.

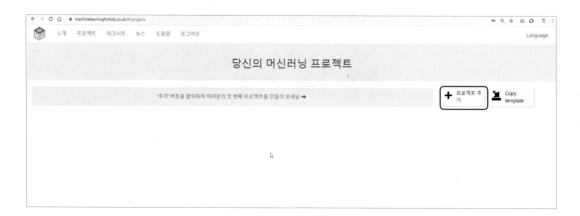

프로젝트 이름은 'Contest Prediction', 인식 방법은 '숫자'를 선택합니다. [ADD A VALUE] 버튼을 클릭합니다.

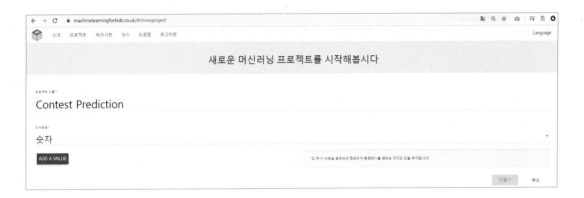

'Value 1'에 'Creativity'를 입력하고, '유형'은 '숫자'를 선택합니다. [ADD ANOTHER VALUE] 버튼을 클릭합니다.

같은 방식으로 'Technology', 'Reality', 'Quality'를 숫자 유형으로 추가해 줍니다.
[만들기] 버튼을 클릭합니다.

공모전 합격 예측 16장

Artificial Intelligence
SCRATCH

화면에 회색으로 'Contest Prediction' 회색 박스가 만들어진 것을 볼 수 있습니다. 박스를 클릭합니다.

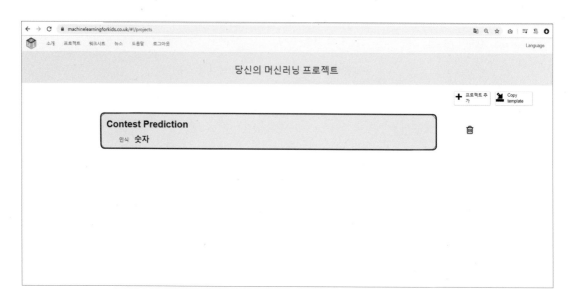

먼저 [훈련] 버튼을 클릭합니다.

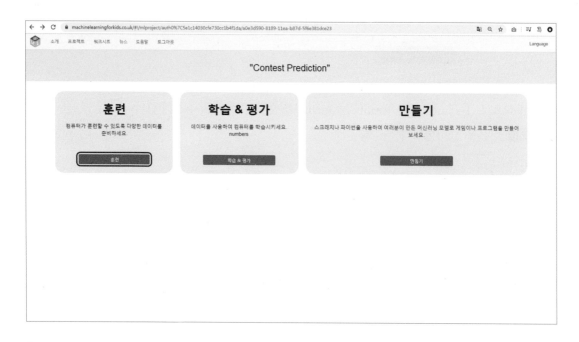

화면 오른쪽에 [+ 새로운 레이블 추가] 버튼을 클릭합니다.

레이블은 머신러닝 모델이 이미지를 인식하고 분류하여 내놓는 결과를 의미합니다.

이번 프로젝트는 공모전의 합격 여부(pass/drop)가 결과이므로 레이블은 두 개가 필요합니다.

새로운 레이블 추가 팝업창에 'pass'를 입력하고 [추가] 버튼을 클릭합니다. 'pass' 버킷이 만들어
집니다. 같은 방식으로 'drop' 버킷을 만들어 줍니다.

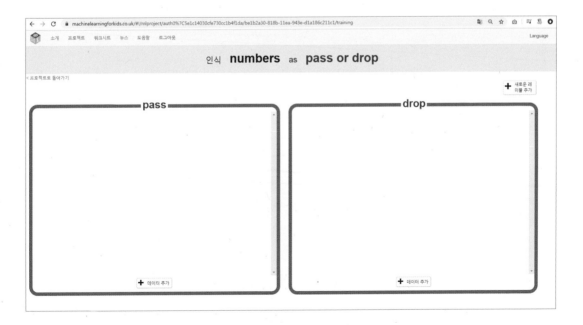

훈련용 데이터는 스크래치에서 직접 추가하도록 하겠습니다.

[〈프로젝트로 돌아가기] 버튼을 클릭합니다. [만들기] 버튼을 클릭합니다.

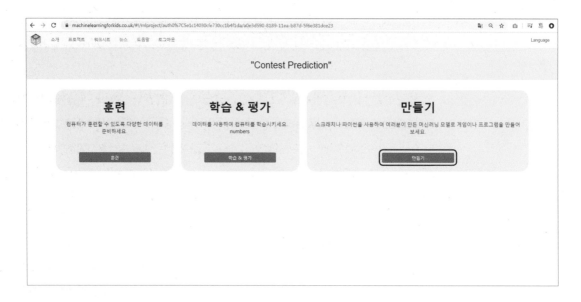

[스크래치 3] 버튼을 클릭합니다.

'훈련된 모델이 없습니다'라는 문구가 나타납니다. 아직 우리가 머신러닝 모델을 훈련시키지 않았기 때문에 나타나는 문구입니다. 우리는 먼저 스크래치 프로젝트를 만든 후 모델을 훈련시킬 것입니다.

[straight into Scratch] 버튼을 클릭합니다.

스크래치 에디터 화면이 나타납니다.

화면 좌측 블록 카테고리 맨 아래에 'Contest Prediction' 카테고리에서 우리가 만든 레이블과 머신러닝 모델을 다루는 실행 블록을 볼 수 있습니다.

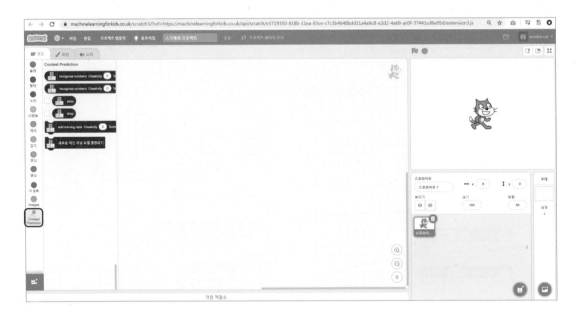

예제 파일을 불러오겠습니다.

상단 메뉴에서 파일 〉 Load from your computer 를 클릭합니다. 예제 파일 폴더에서 '16장_공모전 합격예측_예제.sb3' 파일을 찾아 [열기]를 해줍니다.

프로젝트가 열립니다.

이제 머신러닝 모델과 스크래치 프로젝트를 연결하기 위한 스크립트를 수정하겠습니다.
'학습' 스프라이트에서 '[학습데이터추가] 정의하기' 스크립트를 찾습니다.

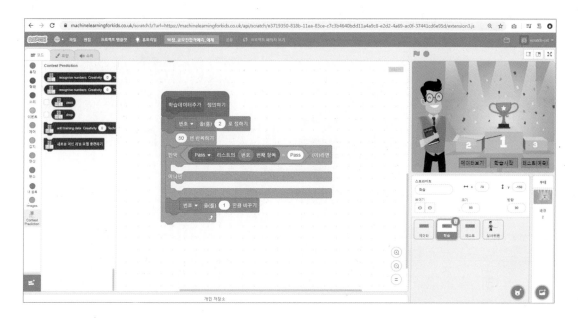

스크립트를 아래와 같이 수정합니다.

이 스크립트는 '번호' 변수를 2번부터 51번까지 1씩 증가시키면서 각 리스트의 번호 번째 값을
'pass' 버킷 또는 'drop' 버킷에 추가합니다. 그리고 새로운 머신러닝 모델을 훈련시킵니다.

공모전 합격 예측 16장 | Artificial Intelligence
SCRATCH

'심사위원' 스프라이트에서 '[예측하기] 정의하기' 스크립트를 찾습니다.

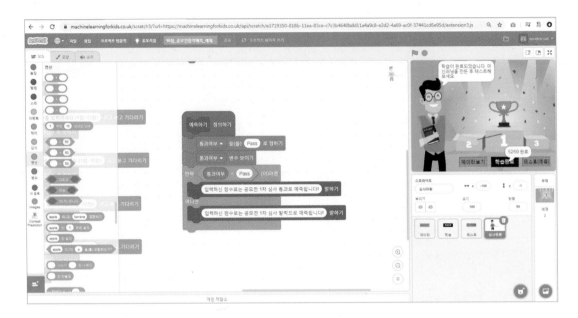

스크립트를 아래와 같이 수정합니다.

이 스크립트는 입력받은 점수를 훈련된 머신러닝 모델이 인식하여 예측 결과(pass/drop)를 '통과여부' 변수에 넣고, 그에 따라 결과를 말해줍니다.

3. 머신러닝 모델 훈련 및 테스트

스크래치 프로젝트 제작이 완료되었습니다. 이제 프로젝트를 이용해 머신러닝 모델을 훈련시키고 테스트해 보겠습니다.

우선 스크래치의 스크립트를 수정하면서 실수로 블록이 실행되어 훈련 데이터가 추가되었는지 확인하겠습니다. 스크래치 화면은 그대로 두고, Machine Learning for Kids 사이트 화면으로 이동합니다.

[〈프로젝트로 돌아가기] 버튼을 클릭합니다.

[훈련] 버튼을 클릭합니다.

만약 버킷에 데이터가 추가되어 있다면, X 아이콘을 클릭하여 모든 데이터를 삭제해 줍니다.

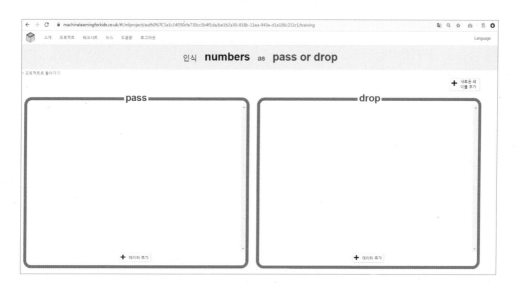

공모전 합격 예측 16장 | Artificial Intelligence SCRATCH

스크래치 화면으로 돌아갑니다.

▶ 버튼을 클릭하여 프로젝트를 실행합니다.

[학습시작] 버튼을 클릭합니다. 리스트의 항목들이 하나씩 훈련 데이터로 추가되고, 새로운 머신러닝이 훈련이 완료됩니다.

[테스트(예측)] 버튼을 클릭합니다.

결과를 알아내기 위한 항목별 점수를 입력합니다. 창의성, 기술성, 현실성, 완성도 점수를 1~10점 사이의 숫자로 입력합니다. 잠시 후 공모전 예선 합격 예측 결과가 출력됩니다.

이제 머신러닝 모델의 훈련이 어떻게 이루어졌는지 살펴보겠습니다.

Machine Learning for Kids 사이트 화면으로 이동합니다.

[〈프로젝트로 돌아가기 〉] 버튼을 클릭합니다.

[훈련] 버튼을 클릭합니다.

'pass' 버킷에 27개, 'drop' 버킷에 23개의 데이터가 추가된 것을 볼 수 있습니다.

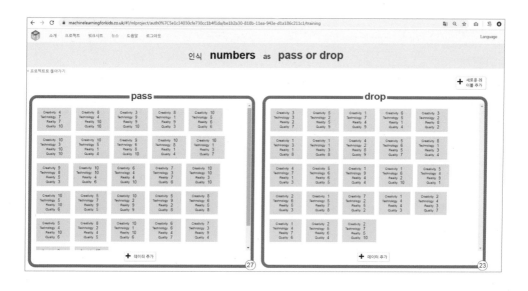

[〈프로젝트로 돌아가기〉] 버튼을 클릭합니다.

[학습&평가] 버튼을 클릭합니다.

머신러닝 모델이 생성되어 있는 것을 확인할 수 있습니다.

[테스트] 버튼 옆에 있는 [Describe your model(beta)] 버튼을 클릭합니다.

여러분의 모델이 잘 학습되었는지 확인하기 위해 숫자를 넣어보세요.

Creativity

Technology

Reality

Quality

테스트 Describe your model! **beta**

트레이닝 컴퓨터 정보:

시작한 시간: Sunday, April 19, 2020 2:49 AM
모델의 상태: Available

모델 삭제

새로운 머신 러닝 모델을 훈련시켜보세요

화면에 50개의 훈련 데이터를 기반으로 공모전 결과를 예측하는 '의사결정트리'가 나타납니다.

Machine Learning for Kids의 숫자 유형 프로젝트는 훈련을 통해 이런 의사결정트리 모델을 만들어 냅니다. 의사결정트리는 머신러닝의 지도학습 방식을 통해 생성되는 모델 중에서 빠르고 이해하기 쉬운 모델 중의 하나입니다.

의사결정트리를 이용해 새로운 데이터를 테스트할 때, 컴퓨터는 트리의 맨 위에 있는 상자(노드)에서 시작하여 맨 아래에 있는 상자에 도착할 때까지 상자 속 맨 위에 있는 조건식에 따라 이동합니다. 테스트 데이터가 조건식을 만족(true)하면 왼쪽 화살표로 이동하고, 만족하지 않으면(false) 오른쪽 화살표로 이동합니다. 더 이상 이동할 수 없는 상자에 도착했을 때 '클래스' 값이 예측 결과가 됩니다.

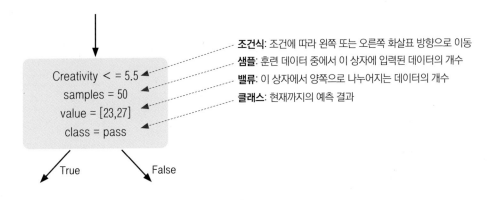

의사결정모델의 노드

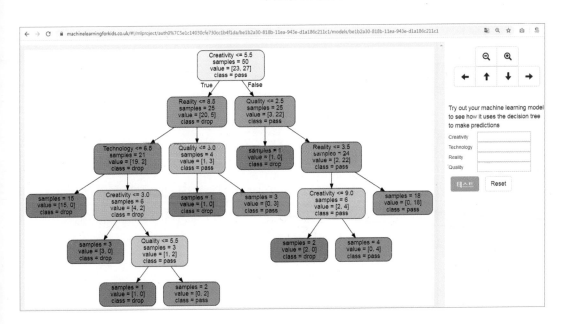

공모전 합격 예측 16장

Artificial Intelligence
SCRATCH

화면 오른쪽에 테스트 데이터를 입력한 후 <kbd>테스트</kbd> 버튼을 클릭하면 해당 데이터로 결과를 예측하는 경로가 표시됩니다. 예를 들어 5,7,5,5를 입력하면 다음과 같은 경로를 통해 'drop' 결과가 출력됩니다. 이처럼 의사결정트리는 나무 구조로 표현되기 때문에 결과가 나온 이유를 쉽게 이해하고 설명할 수 있습니다.

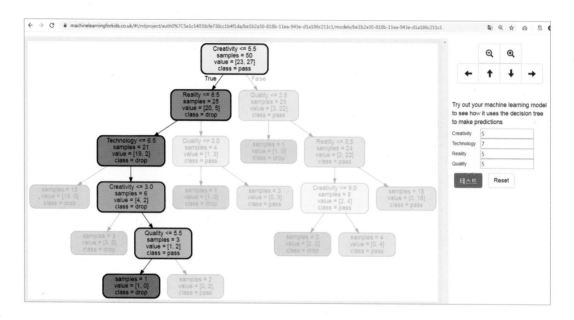

훈련에 사용된 50개의 데이터는 다음과 같이 생성되었습니다.

산출점수 = 창의성×5 + 기술성×2 + 현실성×2 + 완성도×1

산출점수가 55점 이상이면 합격, 아니면 불합격

사실 의사결정트리는 미리 정해진 결과(레이블)로 데이터를 **분류**하는 모델입니다. 하지만 이번 프로젝트에서는 미래를 예측하는 목적으로 사용되었습니다. 일반적으로 수치를 **예측**하는 데는 회귀분석 모델이 널리 사용됩니다.

스크래치 프로젝트 제작이 완료되었습니다.

완성된 스크래치 프로젝트는 별도로 저장할 수 있습니다.

저장 방법은 상단 메뉴의 <kbd>파일 〉 컴퓨터에 저장하기</kbd>를 클릭하면 됩니다. 다운로드 폴더에 프로젝트 파일이 저장됩니다.

프로젝트 응용하기

혹시 시간이 있다면 다음과 같이 프로젝트를 직접 수정하여 응용해 보세요.

스크래치 프로젝트를 수정하여, '머신러닝 모델이 예측한 결과'와 원래의 '산출점수 계산결과'를 비교할 수 있도록 해 보세요. 산출점수 계산을 이용한 조건식은 아래와 같습니다.

만약, (창의성×5 + 기술성×2 + 현실성×2 + 완성도×1) >= 55 라면

     합격

아니면,

     탈락

더 알아보기

인공지능 활용 예측 서비스 사례

우리는 한정된 자원과 시간을 가지고 살아갑니다. 만약 미래를 정확하게 예측할 수 있다면, 선택과 집중을 통해 한정된 자원을 더 효율적으로 활용할 수 있습니다. 또한 사고나 재난, 사회적 문제를 더 적극적으로 해결해 나갈 수 있습니다.

학생들이 쉽게 접할 수 있는 예측 서비스는 수능 모의지원/합격 예측 서비스입니다. 수능을 마친 수험생들이 자신의 성적을 입력하고 원하는 대학/학과에 모의지원하면 자신과 같은 의도로 모의지원한 여러 사람과 성적을 비교해 자신의 위치를 파악하고 합격 가능성이 있는지 예측하는 서비스입니다.

최근에는 인공지능 기술을 통해 기존에는 버려졌던 방대한 빅데이터를 분석하여 정확성을 높인 예측 서비스가 만들어지고 있습니다.

경상남도는 2020년 4월부터 인공지능이 예측한 농산물가격 정보를 실시간으로 제공하고 있습니다. 깻잎, 딸기, 부추, 풋고추 등 10개 농산물의 전국 32개 도매시장 가격정보를 기상청, 통계청, 농촌진흥청의 국가 정보 시스템의 정보와 연계하여 가격을 예측합니다. 거의 모든 품목의 정확성 확률이 80% 이상으로 높으며, 농산물가격 안정을 위한 농산물 수급조절과 안정적인 농가소득을 보장하는 역할을 하게 됩니다.

서울대병원은 2020년 4월 세계 최초로 심혈관질환으로 인한 사망 위험을 예측할 수 있는 인공지능을 개발했습니다. 연구진은 12년간 축적된 빅데이터를 활용해 15,408개의 안구 사진을 기반으로 동맥경화증 여부를 찾아내는 인공지능 모형을 만들었습니다. 기존에는 경동맥 초음파를 통해서만 알 수 있는 경동맥 경화를 안구 영상으로 정확하게 평가할 수 있게 되었습니다. 인공지능은 국내외에서 흔히 사용되는 심혈관 프래밍험 위험점수보다 환자의 심혈관 사망 위험을 더 잘 예측하는 것으로 나타났습니다.

[연합뉴스] 교통상황도 예측하는 AI
https://youtu.be/JB9mEwnJqi8

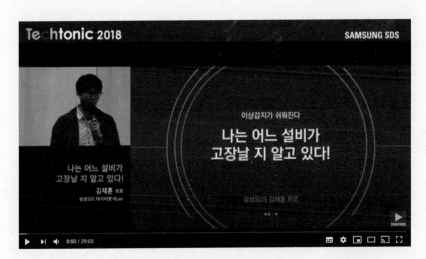

[삼성SDS] 설비 이상감지와 수명예측 사례
https://youtu.be/ItAMGE2vLvk

공모전 합격 예측 16장

Artificial Intelligence
SCRATCH

17장
펭귄 점프 게임

동영상 강의 | http://hellosoft.fun/bookais17

1. 프로젝트 소개

여러분이 좋아하는 게임에도 게임 속 재미를 극대화시키고, 다른 게임과 차별성을 위해 인공지능 기술이 활용되고 있습니다. 인공지능은 게임 기획, 아트 제작, 개발 검증과 같은 게임 개발 과정뿐만 아니라 채팅, 게임 중계, 편의 기능 등 게임 서비스 과정에도 적극적으로 활용됩니다.
인공지능을 가진 게임 속 몬스터는 단순히 아이템을 주는 존재가 아니라 플레이어 간의 전쟁을 조율하는 역할도 하게 됩니다. 예를 들어 엔씨소프트의 리니지2M 게임에 나오는 보스 몬스터 '여왕개미'는 자신의 영역에서 싸우는 여러 플레이어의 능력을 파악하고, 싸움에 적절하게 개입하여 더 많은 플레이어가 죽도록 스스로 판단하고 행동합니다.

이번 프로젝트에서 우리는 게임을 스스로 플레이하는 인공지능 캐릭터를 제작합니다. 우리는 캐릭터에게 게임의 규칙(먹이, 적 캐릭터, 이동 방법 등)을 알려주지 않습니다. 단지 우리가 게임을 플레이하는 사례를 보여줍니다. 캐릭터는 우리의 플레이를 보고 학습하여 스스로 게임을 플레이하게 됩니다.

이와 같은 훈련 방식을 '지도학습'이라고 부릅니다. 우리가 게임을 플레이하면서 다양한 행동 데이터를 입력하면 머신러닝 모델이 스스로 알고리즘(프로그램)을 만들어 냅니다. 이것이 기존의 '규칙 기반' 인공지능 모델과 다른 점입니다.

우리는 먼저 예제 파일을 열어 프로젝트가 어떻게 동작하는지 살펴봅니다. 스프라이트별 각각의 역할과 신호에 따라 프로그램이 작동하는 흐름을 살펴봅니다. 그 다음으로 우리는 '머신러닝' 프로젝트를 만들고, 스크래치 프로젝트에 연결합니다.

우선 미리 만들어져 제공되는 예제 파일을 살펴보도록 하겠습니다.

컴퓨터의 웹브라우저 프로그램을 실행하고, https://scratch.machinelearningforkids.co.uk/ 사이트에 접속합니다.

스크래치3 에디터 화면이 나타납니다. 예제 파일을 찾아 불러오겠습니다.

상단 메뉴의 파일 > Load from you computer 메뉴를 클릭합니다.

예제 파일 폴더에서 '17장_펭귄점프게임_예제.sb3' 파일을 선택하고, [열기] 버튼을 클릭합니다.

Artificial Intelligence
SCRATCH

예제 파일이 없는 경우에는 헬로소프트 홈페이지 http://hellosoft.fun/aiscratch에서 예제 파일을 다운로드 받을 수 있습니다.

예제 파일은 윈도우 탐색기에서 파일을 더블클릭해서 열 수 없습니다. 반드시 스크래치3 에디터 화면에서 불러오기 기능을 이용해서 열어야 합니다.

예제 파일이 열리면 미리 제작된 '펭귄', '물고기', '꽃게', '게임엔진' 스프라이트를 볼 수 있습니다.

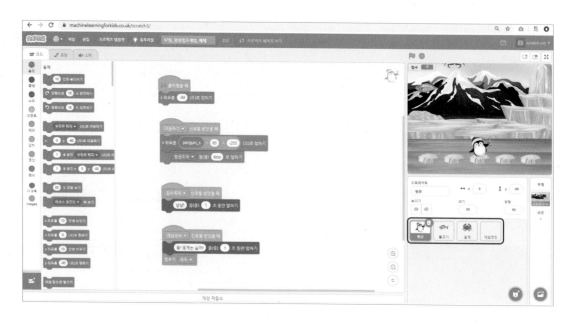

'펭귄' 스프라이트는 얼음 위를 점프하여 이동하는 주인공 캐릭터입니다. 키보드의 왼쪽, 오른쪽 방향키를 이용하여 좌우로 한 칸씩 이동 시킬 수 있습니다.

'물고기' 스프라이트는 펭귄의 먹이입니다. 랜덤한 위치에서 하늘에서 아래로 떨어집니다. 펭귄이 물고기를 먹으면 점수가 올라갑니다.

'꽃게' 스프라이트는 펭귄을 공격합니다. 랜덤한 위치에서 하늘에서 떨어집니다. 펭귄이 꽃게에 닿으면 게임이 종료됩니다.

'게임엔진' 스프라이트는 프로젝트를 동작시키는 스크립트가 들어 있습니다.

게임엔진의 작동과정은 다음의 흐름도와 같습니다.

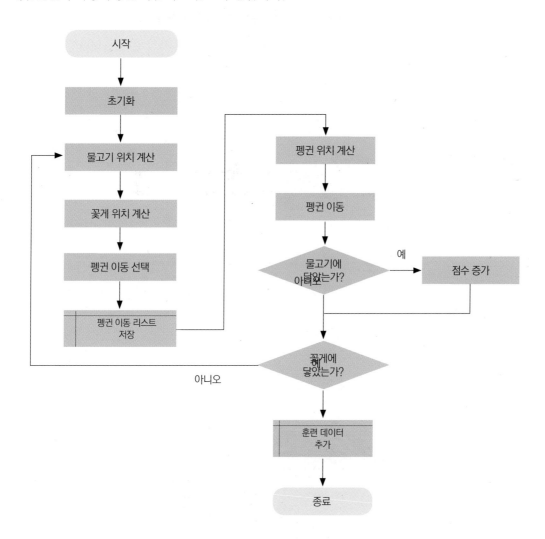

버튼을 클릭하여 프로젝트를 실행합니다.

하늘에서 '물고기', '꽃게' 캐릭터가 나타나 0.5초마다 아래로 이동하면서 떨어집니다. 우리는 키보드의 좌우 방향키를 이용하여 0.5초마다 펭귄을 좌우로 한 칸씩 이동시킬 수 있습니다.

만약 펭귄이 물고기 캐릭터를 먹게 되면, 점수가 1씩 증가합니다.

만약 펭귄이 꽃게 캐릭터에 닿으면 게임이 종료됩니다.

2. 머신러닝 프로젝트 제작

이제 머신러닝 모델을 만들어 스크래치 프로젝트에 연결하겠습니다.

우선 열려 있는 스크래치 화면은 저장하지 않고 닫습니다.

새로운 웹브라우저 창을 열고, https://machinelearningforkids.co.uk/ 사이트에 접속합니다.

상단 메뉴에서 [로그인] 버튼을 클릭합니다. 다시 [로그인] 버튼을 클릭합니다.

본인의 아이디(username)와 비밀번호(password)를 입력하여 로그인합니다.

상단 메뉴의 [프로젝트]를 클릭합니다

화면 오른쪽 상단의 [+ 프로젝트 추가] 버튼을 클릭합니다.

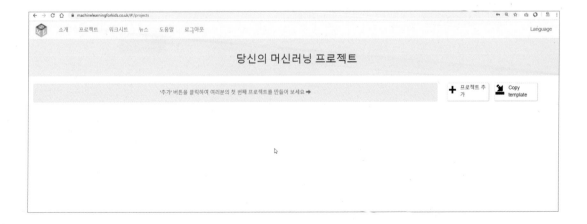

펭귄 점프 게임 17장 | Artificial Intelligence SCRATCH

프로젝트 이름은 'Penguin Jump', 인식 방법은 '숫자'를 선택합니다. $\boxed{\text{ADD A VALUE}}$ 버튼을 클릭합니다.

'Value 1'에 'penguin_x'를 입력하고, '유형'은 '숫자'를 선택합니다. $\boxed{\text{ADD ANOTHER VALUE}}$ 버튼을 클릭합니다.

같은 방식으로 'fish_x', 'fish_y', 'crab_x', 'crab_y' 이름의 'Value'를 추가하고, '유형'은 모두 '숫자'를 선택합니다. [만들기] 버튼을 클릭합니다.

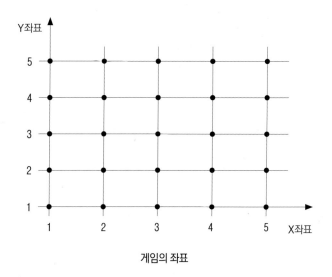

이 다섯 개의 Value에는 머신러닝 모델이 펭귄의 이동을 판단할 때 고려하는 각 캐릭터들의 현재 좌표가 저장됩니다. 이 게임에는 가로 5칸, 세로 5칸의 좌표가 사용됩니다.

게임의 좌표

펭귄 점프 게임 17장 | Artificial Intelligence SCRATCH

다음과 같이 캐릭터가 배치되어 있다면, 펭귄은 어느 방향으로 이동하는 것이 좋을까요?

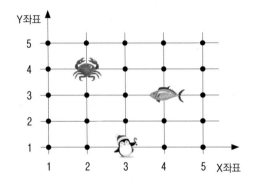

펭귄 X	3
물고기 X	4
물고기 Y	3
꽃게 X	2
꽃게 Y	4
펭귄의 이동?	오른쪽

펭귄 X	4
물고기 X	2
물고기 Y	3
꽃게 X	2
꽃게 Y	4
펭귄의 이동?	왼쪽

캐릭터의 배치에 따른 펭귄 이동 예시

화면에 회색으로 'Penguin Jump' 회색 박스가 만들어진 것을 볼 수 있습니다. 박스를 클릭합니다.

먼저 [훈련] 버튼을 클릭합니다.

화면 오른쪽에 [+ 새로운 레이블 추가] 버튼을 클릭합니다.

레이블은 머신러닝 모델이 이미지를 인식하고 분류하여 내놓는 결과를 의미합니다.

이번 프로젝트는 컴퓨터가 자신의 차례에 숫자를 몇 개 증가시키는가가 결과입니다. 증가시킬 수 있는 개수는 한 개부터 세 개까지 가능합니다.

펭귄 점프 게임 17장

Artificial Intelligence
SCRATCH

새로운 레이블 추가 팝업창에 'left'를 입력하고 [추가] 버튼을 클릭합니다. 'left' 버킷이 만들어집니다. 같은 방식으로 'right', 'stop' 버킷을 만들어 줍니다.

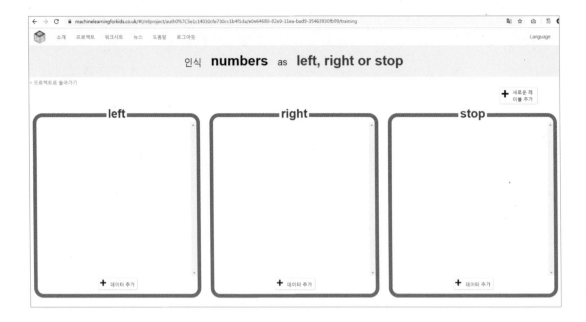

훈련용 데이터는 스크래치에서 직접 추가하도록 하겠습니다.

[〈프로젝트로 돌아가기] 버튼을 클릭합니다. [만들기] 버튼을 클릭합니다.

[스크래치 3] 버튼을 클릭합니다.

'훈련된 모델이 없습니다'라는 문구가 나타납니다. 아직 우리가 머신러닝 모델을 훈련시키지 않았기 때문에 나타나는 문구입니다. 우리는 먼저 스크래치 프로젝트를 만든 후 모델을 훈련시킬 것입니다.

[straight into Scratch] 버튼을 클릭합니다.

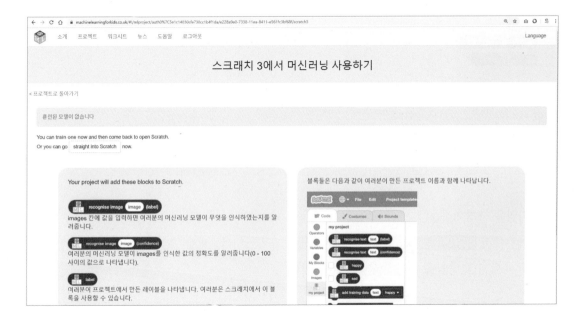

펭귄 점프 게임 17장 | Artificial Intelligence SCRATCH

스크래치 에디터 화면이 나타납니다.

화면 좌측 블록 카테고리 맨 아래에 'Penguin Jump' 카테고리에서 우리가 만든 레이블과 머신러닝 모델을 다루는 실행 블록을 볼 수 있습니다.

예제 파일을 불러오겠습니다.

상단 메뉴에서 파일 〉Load from your computer 를 클릭합니다. 예제 파일 폴더에서 '17장_펭귄점 프게임_예제.sb3' 파일을 찾아 [열기]를 해줍니다.

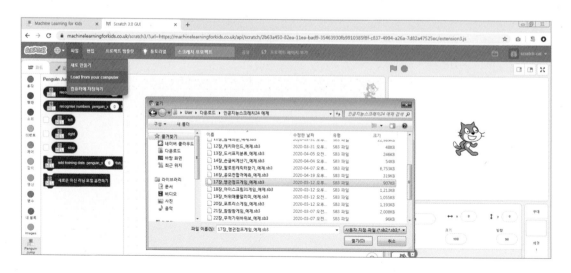

프로젝트가 열립니다.

이제 머신러닝 모델과 스크래치 프로젝트를 연결하기 위한 스크립트를 수정하겠습니다.

'게임엔진' 스프라이트에서 '[인공지능-펭귄학습] 정의하기' 스크립트를 찾습니다.

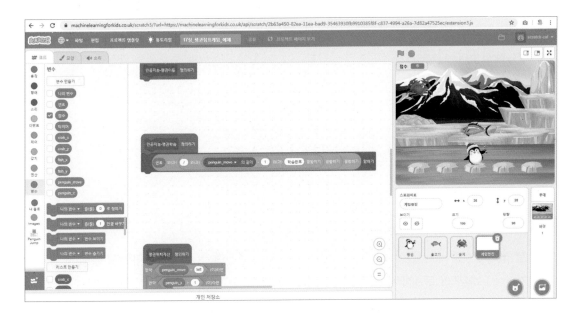

스크립트를 아래와 같이 수정합니다.

이 스크립트는 게임이 끝난 후 각각의 리스트에 저장되어 있는 데이터를 하나씩 가져와 머신러닝 모델의 훈련 데이터로 추가합니다.

머신러닝 모델의 훈련을 위한 프로젝트 제작이 완료되었습니다.

우선, 프로젝트를 새로운 이름으로 저장합니다.

Artificial Intelligence
SCRATCH

상단 메뉴의 프로젝트 이름을 클릭하고 '17장_펭귄점프게임_훈련'으로 변경합니다.

상단 메뉴에서 파일 〉 컴퓨터에 저장하기를 클릭합니다. 다운로드 폴더에 프로젝트 파일이 저장됩니다.

3. 머신러닝 모델 훈련 및 테스트

이제 게임을 플레이하면서 컴퓨터를 학습시킵니다!

🏁을 클릭하고 점수가 50점이 될 때까지 플레이합니다. 펭귄이 꽃게에 잡혀야만 학습이 진행되므로 마지막에는 일부러 꽃게에게 잡히도록 합니다.

꽃게에게 잡혀 게임이 종료되면 지금까지의 플레이 내역이 머신러닝 모델의 훈련 데이터로 추가됩니다. 데이터 추가가 완료될 때까지 기다려주세요.

플레이 내역이 학습 데이터로 추가되었는지 확인해 보겠습니다.

스크래치 창은 그대로 두고, 열려 있는 Machine Learning for Kids 사이트로 이동합니다.

[⟨프로젝트로 돌아가기⟩] 버튼을 클릭합니다. 그리고 [훈련] 버튼을 클릭합니다.

게임에서 추가된 훈련 데이터를 볼 수 있습니다.

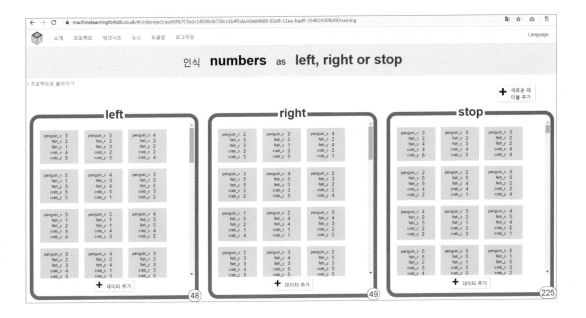

Artificial Intelligence
SCRATCH

[⟨프로젝트로 돌아가기⟩] 버튼을 클릭합니다.

[학습&평가] 버튼을 클릭합니다.

화면 하단의 [새로운 머신 러닝 모델을 훈련시켜보세요.] 버튼을 클릭합니다.

바로 새로운 머신러닝 모델이 생성되고 훈련됩니다.

이제 훈련된 머신러닝 모델을 이용하여 게임을 자동으로 플레이해 보겠습니다.

스크래치 화면으로 이동합니다.

'게임엔진' 스프라이트에서 '[인공지능–펭귄이동] 정의하기' 스크립트를 찾습니다.

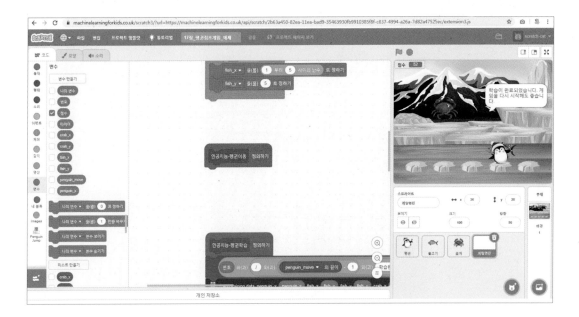

스크립트를 아래와 같이 수정합니다.

이 스크립트는 훈련된 머신러닝 모델이 현재 캐릭터의 좌표를 인식하여 펭귄의 이동을 선택하고,

결과를 'penguin_move' 변수에 집어넣습니다.

'[게임오버] 신호를 받았을 때' 스크립트를 찾은 후 '멈추기' 블록 아래의 블록을 떼어냅니다. 이 부분은 머신러닝 모델을 훈련시키는 부분인데 테스트에는 실행할 필요가 없습니다.

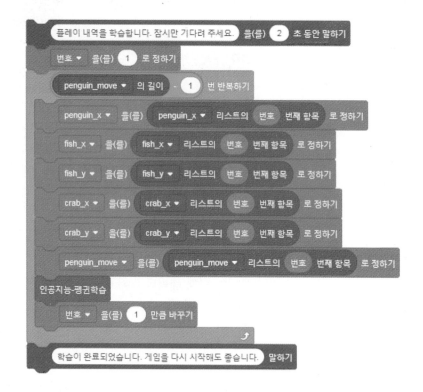

'🏳을 클릭했을 때' 스크립트를 찾은 후 '(0.3)초 기다리기' 블록을 떼어냅니다. 머신러닝 모델이 판단을 내리는 데 시간이 소요되므로 딜레이 시간을 줄여야 속도가 빨라집니다.

훈련된 머신러닝 모델의 테스트를 위한 프로젝트 제작이 완료되었습니다.

프로젝트를 새로운 이름으로 저장합니다.

프로젝트 이름을 '17장_펭귄점프게임_테스트'로 변경합니다.

파일 〉 컴퓨터에 저장하기를 클릭합니다. 다운로드 폴더에 프로젝트 파일이 저장됩니다.

버튼을 클릭하여 프로젝트를 실행합니다.

여러분이 학습시킨 펭귄 캐릭터가 자동으로 꽃게를 피하고 물고기를 먹는 것을 감상해 보세요!

펭귄이 점수를 얼마나 획득하는지 반복해서 실행해 보세요!

여러분은 지도학습 방식을 통해 펭귄에게 꽃게를 피해 물고기를 잡는 방법을 가르쳤습니다.

펭귄의 실력이 마음에 들지 않는다면 추가적인 훈련을 통해 성능을 향상시킬 수 있습니다.

훈련용 프로젝트를 열어 머신러닝 모델을 추가적으로 훈련시키는 방법은 다음과 같습니다.
- 상단 메뉴 파일 〉 Load from your computer 클릭
- 다운로드 폴더에서 '17강_펭귄점프게임_훈련.sb3' 파일 열기
- ⚑ 클릭 후 게임 플레이
- Machine Learning for Kids 사이트로 이동
- [〈프로젝트로 돌아가기] 버튼 클릭
- [학습&평가] 버튼 클릭
- [새로운 머신 러닝 모델을 훈련시켜보세요.] 버튼 클릭

추가 훈련을 완료하고 다시 게임을 테스트하는 방법은 다음과 같습니다.
- 스크래치 화면으로 이동
- 상단 메뉴 파일 〉 Load from your computer 클릭
- 다운로드 폴더에서 '17강_펭귄점프게임_테스트.sb3' 파일 열기
- ⚑ 클릭 후 게임 플레이

인공지능은 보이지 않는 곳에서 게임 개발과 운영에 활용되고 있습니다. 게임 환경을 망치는 불법 프로그램을 감지하기도 하고, 유저(user)의 실력과 심리를 분석해 적절한 콘텐츠를 제공하기도 합니다. 게임 개발 과정에서 단순한 작업을 대신해 주기도 하고, 새롭게 출시하는 게임의 예상 수익을 알려줄 수 있습니다. 국내 빅3 게임업체들은 별도의 인공지능 연구개발 조직을 만들고 인공지능 연구에 앞장서고 있습니다.

'리니지', '아이온', '블레이드 앤 소울' 등의 게임을 개발한 엔씨소프트는 국내 게임업체 중에서 인공지능 분야에서 가장 앞서 있는 기업입니다. 엔씨소프트는 2011년 게임 업체 최초로 인공지능 연구 조직을 만들었습니다. 2020년 기준 AI센터에 150여 명의 전문 인력이 있습니다.

엔씨소프트는 인공지능을 활용해 게임 속 콘텐츠를 만들고 있습니다. 예를 들어, '블레이드 앤 소울' 게임은 여러 나라에서 현지어로 서비스되고 있는데 수많은 대사가 잘 발음되고 있는지 평가하고 개선하는 데 인공지능이 사용됩니다.

'바람의 나라', '메이플스토리', '던전앤파이터' 등을 서비스하고 있는 넥슨은 2017년 인텔리전스랩스 조직을 설립해 머신러닝, 딥러닝을 활용한 시스템을 개발하고 게임에 적용하고 있습니다. 2020년 기준 200여 명의 전문 인력이 있습니다.

넥슨은 이용자의 행동을 분석해 기계적인 행동, 반복적인 플레이를 탐지하는 인공지능 어뷰징 탐지 시스템을 활용하고 있습니다. 텍스트 탐지 시스템은 딥러닝을 이용해 욕설, 도박, 광고 등을 차단합니다.

'모두의 마블', '스톤에이지', '세븐나이츠' 등을 서비스하는 넷마블은 2018년 인공지능 전담조직 NARC를 신설했습니다. 2020년 기준 80여 명의 전문 인력이 있습니다. 게임 테스트를 자동화하는 기술부터 블록체인 기반의 게임 난이도 조절, 핵 및 매크로 탐지 방법 등 현재까지 65건에 달하는 인공지능 관련 특허를 출원했습니다.

[엔씨소프트] NC AI DAY 2019 현장
https://youtu.be/98UxGGKoLd4

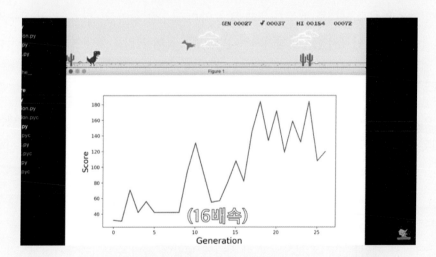

[빵형의 개발도상국] 인공지능 공룡게임 플레이
https://youtu.be/84WWGD3x2FQ

Artificial Intelligence
SCRATCH

18장
아이스크림31 게임

동영상 강의 http://hellosoft.fun/bookais18

1. 프로젝트 소개

우리는 무언가를 빠르고 제대로 배우기 위해 그 분야의 고수를 찾아갑니다. 그리고 고수의 지식과 노하우를 학습합니다. 인공지능도 마찬가지입니다. 예를 들어 게임을 플레이하는 인공지능 모델을 훈련시킬 때 고수의 플레이를 학습시킨 경우와 하수의 플레이를 학습시킨 경우에 실제 테스트에서 실력 차이가 심하게 나타납니다.

그렇다면 어떻게 인공지능 모델에게 고수의 행동을 학습시킬 수 있을까요? 첫 번째 방법은 우리가 고수의 행동 데이터만 따로 추출하여 훈련 데이터로 만든 후 학습시키는 것입니다. 두 번째 방법은 인공지능 모델이 고수와 하수를 직접 구분하고 학습하는 것입니다.

이번 프로젝트에서 우리는 '아이스크림31' 게임으로 사람과 대결하는 인공지능 모델을 제작합니다. 아이스크림31 게임은 1부터 시작해서 한 사람씩 번갈아 가며 수를 1개에서 3개까지 증가시키는데 최종적으로 31을 부르는 사람이 지게 되는 게임입니다.

우리는 인공지능 모델을 학습시키기 위해 별도로 훈련 데이터를 만들지 않습니다. 컴퓨터가 훈련되지 않은 상태에서 바로 게임을 진행합니다. 그리고 승부가 나면 컴퓨터는 이긴 사람(컴퓨터)의 플레이 기록을 선택하여 학습을 진행합니다.

처음에는 당연히 컴퓨터의 실력이 형편없습니다. 하지만 게임을 반복하면서 컴퓨터는 상대적으로 더 뛰어난 플레이 기록을 학습하게 됩니다. 게임을 진행하면 할수록 컴퓨터의 실력이 향상되어 결국 사람이 이기기 힘들 정도의 실력을 갖추게 됩니다.

이와 같은 훈련 방식을 '강화학습'이라고 부릅니다. 우리는 컴퓨터에 정답을 찾으라고 지시하지 않습니다. 대신 인공지능의 행동에 대해 보상(피드백)을 해줍니다. 이번 프로젝트에서 보상은 바로 승리한 사람의 게임 플레이를 더욱더 학습하는 것입니다.

우리는 먼저 예제 파일을 열어 프로젝트가 어떻게 동작하는지 살펴봅니다. 스프라이트별 각각의 역할과 신호에 따라 프로그램이 작동하는 흐름을 살펴봅니다. 그 다음으로 우리는 '머신러닝' 프로젝트를 만들고, 스크래치 프로젝트에 연결합니다.

우선 미리 만들어져 제공되는 예제 파일을 살펴보도록 하겠습니다.

컴퓨터의 웹브라우저 프로그램을 실행하고, https://scratch.machinelearningforkids.co.uk/ 사이트에 접속합니다.

스크래치3 에디터 화면이 나타납니다. 예제 파일을 찾아 불러오겠습니다.

상단 메뉴의 파일 〉 Load from you computer 메뉴를 클릭합니다.

예제 파일 폴더에서 '18장_아이스크림31게임_예제.sb3' 파일을 선택하고, [열기] 버튼을 클릭합니다.

예제 파일이 없는 경우에는 헬로소프트 홈페이지 http://hellosoft.fun/aiscratch에서 예제 파일을 다운로드 받을 수 있습니다.

예제 파일은 윈도우 탐색기에서 파일을 더블 클릭해서 열 수 없습니다. 반드시 스크래치3 에디터 화면에서 불러오기 기능을 이용해서 열어야 합니다.

예제 파일이 열리면 미리 제작된 '컴퓨터'와 '플레이어', 그리고 버튼 스프라이트를 볼 수 있습니다.

'훈련', '대결', '메뉴' 버튼 스프라이트는 실행 초기에 훈련 모드와 대결 모드를 선택하는 역할을 합니다.

'컴퓨터' 스프라이트는 스스로 게임을 통해 머신러닝 모델을 훈련시키거나, 훈련된 머신러닝을 이용해 게임을 진행하는 역할을 합니다.

'플레이어' 스프라이트는 사용자의 입력을 받아 컴퓨터와 게임을 진행하는 역할을 합니다.

버튼을 클릭하여 프로젝트를 실행합니다.

우선 화면 메뉴에서 훈련 버튼을 클릭합니다.

‘컴퓨터’ 스프라이트가 가상의 ‘컴퓨터 A’와 ‘컴퓨터 B’를 만들어 게임을 진행합니다. 게임이 끝나도 계속해서 새로운 게임을 진행합니다.

버튼을 다시 클릭하여 프로젝트를 재시작합니다.

대결 버튼을 클릭합니다.

우선 선플레이어를 랜덤하게 선택하고 이후 한 번씩 번갈아 가면서 수를 말합니다.

만약 ‘플레이어’가 먼저 시작하는 경우 입력창에 ‘3’을 입력합니다. 이 수는 현재의 ‘게임숫자’를 한 번에 몇 개나 증가시킬지를 나타내는 ‘개수’입니다.

'게임숫자'는 상대방이 마지막으로 말한 숫자입니다. 초기 값은 0이므로, 플레이어 캐릭터는 '1, 2, 3'을 말하게 됩니다.

이제 컴퓨터의 차례이고, 게임숫자는 3이 되었습니다. 컴퓨터는 1~3 사이의 난수로 '개수'를 선택합니다. 만약 개수가 '2'라면, '4,5'라고 말하게 됩니다. 이제 게임숫자는 5가 됩니다. 같은 방식으로 서로 번갈아 가며 게임숫자를 선택한 개수만큼 증가시킵니다.

먼저 '31' 이상의 수를 말하는 캐릭터가 게임에서 지게 됩니다.

컴퓨터는 아직 이 게임을 학습하지 않았습니다. 기계적으로 1~3 사이의 개수를 선택합니다. 따라서 플레이어가 조금만 노력해도 컴퓨터를 이길 수 있습니다. 이제 컴퓨터를 훈련시켜 게임을 잘하도록 만들어 봅시다.

아이스크림31 게임 **18장** | Artificial Intelligence SCRATCH

2. 머신러닝 프로젝트 제작

이제 머신러닝 모델을 만들어 스크래치 프로젝트에 연결하겠습니다.

우선 열려 있는 스크래치 화면은 저장하지 않고 닫습니다.

새로운 웹브라우저 창을 열고, https://machinelearningforkids.co.uk/ 사이트에 접속합니다.

상단 메뉴에서 [로그인] 버튼을 클릭합니다. 다시 [로그인] 버튼을 클릭합니다.

본인의 아이디(username)와 비밀번호(password)를 입력하여 로그인합니다.

상단 메뉴의 [프로젝트] 를 클릭합니다.

화면 오른쪽 상단의 [+ 프로젝트 추가] 버튼을 클릭합니다.

프로젝트 이름은 'Ice Cream 31', 인식 방법은 '숫자'를 선택합니다. [ADD A VALUE] 버튼을 클릭합니다.

'Value 1'에 'Number'를 입력하고, '유형'은 '숫자'를 선택합니다. [만들기] 버튼을 클릭합니다.

화면에 회색으로 'Ice Cream 31' 회색 박스가 만들어진 것을 볼 수 있습니다. 박스를 클릭합니다.

먼저 [훈련] 버튼을 클릭합니다.

화면 오른쪽에 [+ 새로운 레이블 추가] 버튼을 클릭합니다.

레이블은 머신러닝 모델이 이미지를 인식하고 분류하여 내놓는 결과를 의미합니다.

이번 프로젝트는 컴퓨터가 자신의 차례에 숫자를 몇 개 증가시키는가가 결과입니다. 증가시킬 수 있는 개수는 한 개부터 세 개까지 가능합니다.

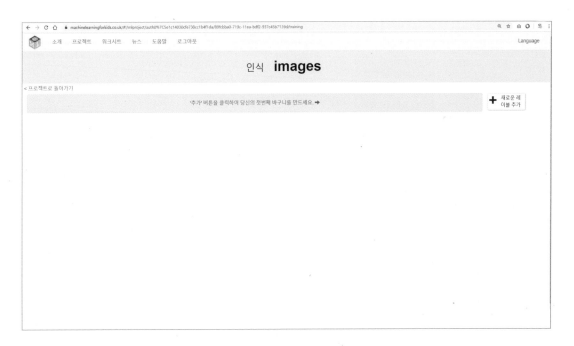

새로운 레이블 추가 팝업창에 'n1'를 입력하고 [추가] 버튼을 클릭합니다. 'n1' 버킷이 만들어집니다. 같은 방식으로 'n2', 'n3' 버킷을 만들어집니다.

레이블의 이름은 그냥 숫자의 형태(1,2,3)로도 만들어집니다만, 나중에 스크래치에서 훈련 데이터가 추가되지 않는 오류가 있습니다. 따라서 알파벳을 추가하도록 합니다.

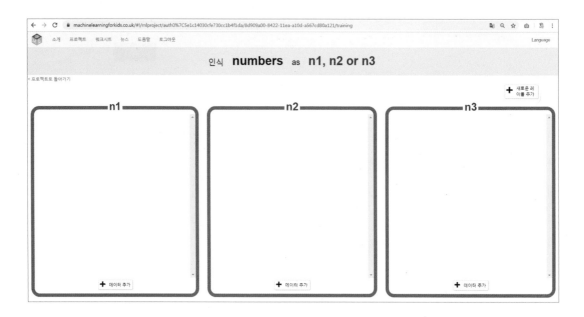

훈련용 데이터는 스크래치에서 직접 추가하도록 하겠습니다.

[〈프로젝트로 돌아가기] 버튼을 클릭합니다. [만들기] 버튼을 클릭합니다.

[스크래치 3] 버튼을 클릭합니다.

'훈련된 모델이 없습니다'라는 문구가 나타납니다. 아직 우리가 머신러닝 모델을 훈련시키지 않았기 때문에 나타나는 문구입니다. 우리는 먼저 스크래치 프로젝트를 만든 후 모델을 훈련시킬 것입니다.

[straight into Scratch] 버튼을 클릭합니다.

스크래치 에디터 화면이 나타납니다.

화면 좌측 블록 카테고리 맨 아래에 'Ice Cream 31' 카테고리에서 우리가 만든 레이블과 머신러닝 모델을 다루는 실행 블록을 볼 수 있습니다.

예제 파일을 불러오겠습니다.

상단 메뉴에서 파일 〉Load from your computer를 클릭합니다. 예제 파일 폴더에서 '18장_아이스크림31게임_예제.sb3' 파일을 찾아 [열기]를 해줍니다.

프로젝트가 열립니다.

이제 머신러닝 모델과 스크래치 프로젝트를 연결하기 위한 스크립트를 수정하겠습니다.

'컴퓨터' 스프라이트에서 '[훈련-컴퓨터A 승리] 신호를 받았을 때' 스크립트를 찾습니다.

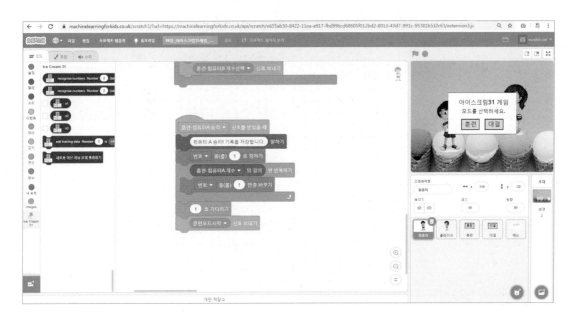

스크립트를 아래와 같이 수정합니다.

이 스크립트는 훈련에서 컴퓨터 A가 이겼을 때, 리스트에 저장되어 있는 컴퓨터 A의 '게임숫자'와 '개수' 기록을 하나씩 불러내 머신러닝 모델의 훈련 데이터로 추가하고 새로운 머신러닝 모델을 훈련시킵니다.

아이스크림31 게임 18장 | Artificial Intelligence SCRATCH

'컴퓨터' 스프라이트에서 '[훈련-컴퓨터B 승리] 신호를 받았을 때' 스크립트를 찾습니다.

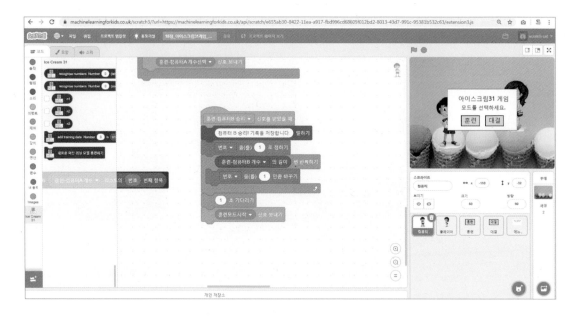

스크립트를 아래와 같이 수정합니다.

이 스크립트는 훈련에서 컴퓨터 B가 이겼을 때, 리스트에 저장되어 있는 컴퓨터 B의 '게임숫자'와 '개수' 기록을 하나씩 불러내 머신러닝 모델의 훈련 데이터로 추가하고 새로운 머신러닝 모델을 훈련시킵니다.

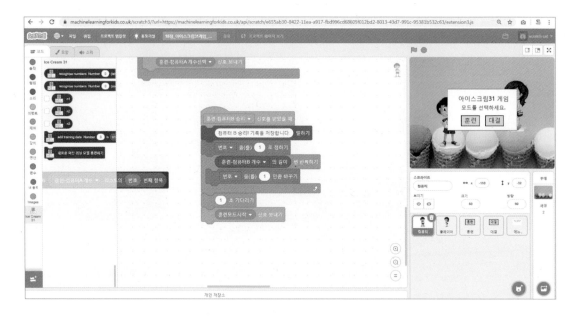

'컴퓨터' 스프라이트에서 '[대결-컴퓨터 개수선택] 신호를 받았을 때' 스크립트를 찾습니다.

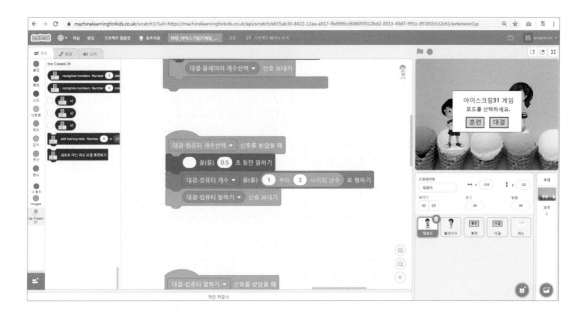

스크립트를 아래와 같이 수정합니다.

이 스크립트는 컴퓨터가 사람과 대결할 때, 훈련된 머신러닝 모델을 사용하여 '개수'를 선택하게 됩니다. 우리는 개수 1,2,3을 각각 'n1', 'n2', 'n3'로 저장했기 때문에 불러올 때는 2번째 글자만 추출합니다.

아이스크림31 게임 18장
Artificial Intelligence
SCRATCH

스크래치 프로젝트 제작이 완료되었습니다.

이 프로젝트는 훈련과 대결이라는 두 가지 모드로 작동합니다. 훈련 모드는 컴퓨터가 스스로 자신과 게임을 진행하며 학습하는 단계입니다. 그리고 대결 모드는 학습을 완료한 컴퓨터와 사람이 게임을 진행하는 단계입니다.

훈련 모드를 선택하면 다음과 같은 흐름으로 프로그램이 작동합니다.

가상의 '컴퓨터 A'와 '컴퓨터 B'는 서로 번갈아 가며 랜덤하게 1~3 사이의 '개수'를 선택하여 '게임숫자'를 증가시킵니다. 컴퓨터가 매순간 선택했던 '개수'와 '게임숫자'가 각각의 리스트에 저장됩니다.

서로 '게임숫자'를 계속 증가시키다가 31 이상이 되면 상대 컴퓨터가 이기게 됩니다. 이긴 컴퓨터의 플레이가 기록된 리스트의 내용은 머신러닝 모델의 훈련 데이터로 추가됩니다.

한 게임이 끝나면 두 컴퓨터 중에서 이긴 컴퓨터의 플레이 기록만 머신러닝 모델 학습에 사용됩니다. 반대로 진 컴퓨터의 플레이 기록은 사라집니다. 결국 컴퓨터는 혼자서 게임을 반복하면서 게임에서 이기는 방법을 스스로 학습하게 됩니다. 우리는 이것을 강화학습이라고 부릅니다.

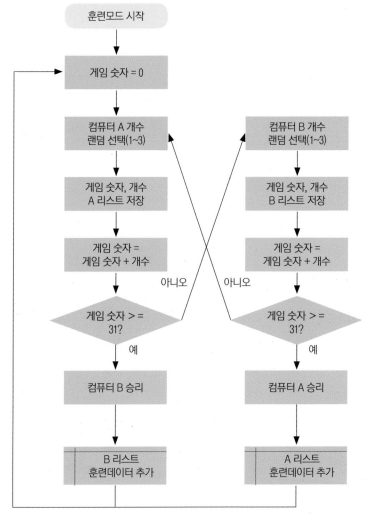

훈련 모드의 흐름도

대결 모드를 선택하면 다음과 같은 흐름으로 프로그램이 작동합니다.
기본적인 프로그램의 흐름은 훈련 모드와 동일합니다. 다만 이번에는 컴퓨터와 사람이 서로 대결합니다.

아이스크림31 게임 **18장** | Artificial Intelligence SCRATCH

우선 선플레이어를 랜덤하게 고릅니다. 컴퓨터는 훈련된 머신러닝 모델이 현재의 '게임숫자'를 인식해서 나온 결과값으로 '개수'를 선택합니다. 플레이어는 직접 '개수'를 선택하여 입력창에 입력합니다.

각자가 선택한 '개수'만큼 '게임숫자'를 증가시키다가 31 이상이 되면 상대방이 이기게 됩니다. 대결 모드에서는 승부가 난 후 별도로 플레이 기록을 저장하지 않고 프로그램을 종료합니다.

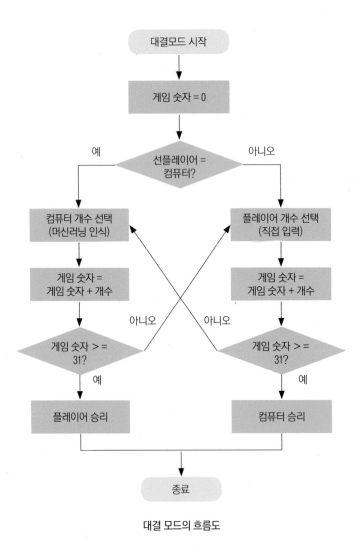

대결 모드의 흐름도

3. 머신러닝 모델 훈련 및 테스트

이제 프로젝트를 이용해 머신러닝 모델을 훈련시키고 테스트해 보겠습니다.

🏳 버튼을 클릭하여 프로젝트를 실행합니다.

[훈련] 버튼을 클릭합니다. 훈련 횟수가 '5'가 될 때까지 컴퓨터를 훈련시킵니다. 훈련 횟수가 '5'가 되면 빨간 버튼을 클릭해 프로젝트를 정지시킵니다.

이제 머신러닝 모델의 훈련이 어떻게 이루어졌는지 살펴보겠습니다.

Machine Learning for Kids 사이트 화면으로 이동합니다.

[〈프로젝트로 돌아가기 〉] 버튼을 클릭합니다.

[훈련] 버튼을 클릭합니다.

각각의 버킷에 데이터가 추가된 것을 볼 수 있습니다.

n1, n2, n3는 컴퓨터가 랜덤하게 선택했던 '개수'입니다. 그리고 각각의 버킷 안에 들어 있는 Number는 컴퓨터가 개수를 선택할 당시의 '게임숫자'입니다.

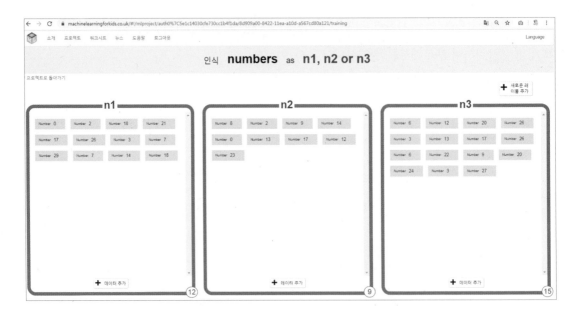

스크래치에서 학습이 끝난 후 자동으로 머신러닝 모델을 생성하고 훈련시켰습니다. 확인해 보겠습니다.

[〈프로젝트로 돌아가기] 버튼을 클릭합니다.

[학습&평가] 버튼을 클릭합니다.

머신러닝 모델이 만들어져 있는 것을 확인할 수 있습니다.

[테스트] 버튼 옆에 있는 [Describe your model(beta)] 버튼을 클릭합니다.

여러분의 모델이 잘 학습되었는지 확인하기 위해 숫자를 넣어보세요.

Number

테스트   Describe your model! beta

트레이닝 컴퓨터 정보:

시작한 시간: Wednesday, April 22, 2020 8:10 AM
모델의 상태: Available

모델 삭제

새로운 머신 러닝 모델을 훈련시켜보세요.

머신러닝 모델 훈련을 통해 생성된 의사결정트리 모델을 볼 수 있습니다.

이제 컴퓨터와 대결을 해보도록 하겠습니다.

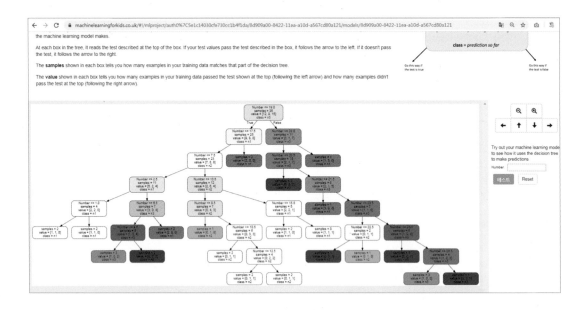

훈련 횟수에 따른 컴퓨터의 실력 차이를 알아보기 위해 우리는 약 5번만 컴퓨터를 훈련시켰습니다.

스크래치 화면으로 돌아옵니다.

🚩 버튼을 클릭하여 프로젝트를 실행하고, 대결 버튼을 클릭합니다.

컴퓨터와 게임을 진행합니다.

아마도 아직은 컴퓨터의 실력 향상을 체험하기 힘듭니다. 왜냐하면 지금까지 컴퓨터가 훈련한 내용은 주사위를 던져서 나온 개수였기 때문입니다. 그러니까 우연히 이긴 것을 학습한 것입니다. 이제 훈련할 때 컴퓨터가 학습한 내용을 토대로 개수를 선택하고, 이긴 컴퓨터의 기록을 다시 학습하는 과정을 진행하겠습니다.

'컴퓨터' 스프라이트에서 '[훈련-컴퓨터A 개수선택] 신호를 받았을 때' 스크립트를 찾습니다.

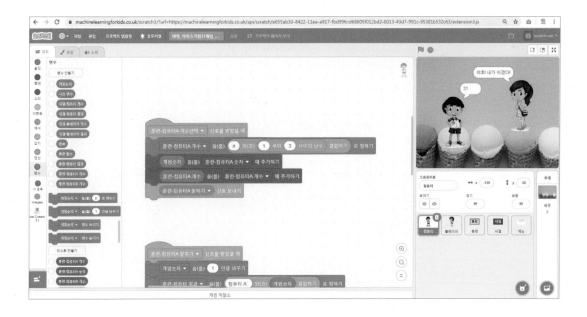

스크립트를 다음과 같이 수정합니다.

이 스크립트는 훈련 시에 컴퓨터A가 선택하는 '개수'를 훈련된 머신러닝 모델에서 가지고 옵니다.

이제 자신이 훈련한 결과를 이용해 다시 훈련을 진행하는 것입니다.

📐 버튼을 클릭하여 프로젝트를 재시작하고, 훈련 버튼을 클릭합니다.

훈련 횟수가 '30'이 될 때까지 훈련을 진행합니다.

여러분은 훈련에서 컴퓨터A의 승률이 80%가 넘는 것을 볼 수 있습니다. 왜냐하면 컴퓨터A는 학습을 했고, 컴퓨터B는 학습하지 않고 주사위를 던져 게임을 하고 있기 때문입니다. 훈련을 반복할수록 컴퓨터A의 승률은 점점 더 높아집니다.

 버튼을 클릭하여 프로젝트를 실행하고, 대결 버튼을 클릭합니다.
컴퓨터와 게임을 진행해 보세요. 컴퓨터의 실력이 늘어난 것이 보이나요?

현재 컴퓨터의 게임 실력을 평가해 보세요. 몇 살 정도의 실력을 가지고 있나요?
컴퓨터가 훈련을 많이 할수록 컴퓨터의 선택 결과는 우승에 더 가까워집니다. 결국 여러분이 컴퓨터를 이기는 경우가 점점 더 줄어들게 됩니다.
훈련과 대결을 반복하면서 강화학습과 반복학습을 통해 머신러닝 모델의 성능이 어떻게 향상되는지 확인해 보세요.

스크래치 프로젝트 제작이 완료되었습니다.
완성된 스크래치 프로젝트는 별도로 저장할 수 있습니다.
저장 방법은 상단 메뉴의 파일 > 컴퓨터에 저장하기를 클릭하면 됩니다. 다운로드 폴더에 프로젝트 파일이 저장됩니다.

Artificial Intelligence
SCRATCH

혹시 시간이 있다면 다음과 같이 프로젝트를 직접 수정하여 응용해 보세요.

스크래치 프로젝트를 수정하여, 컴퓨터B도 훈련된 머신러닝 모델을 활용하여 게임을 플레이하도록 해 보세요. 반복훈련을 통해 컴퓨터의 실력을 향상시킨 후 주변의 다른 사람(친구, 가족, 선생님 등)들과 컴퓨터를 대결시켜 보세요. 다른 사람들은 컴퓨터의 실력을 어떻게 평가하나요?

더 알아보기

인공지능 강화학습 기술 활용 사례

NHN은 2019년 자체 개발한 인공지능 바둑 프로그램 '한돌'이 국내 정상급 프로 바둑기사 5명을 모두 이겼다고 밝혔습니다. '한돌'와 '알파고'는 모두 강화학습을 통해 탄생했습니다. 강화학습이란 인간이 가공한 데이터를 학습하는 것이 아니라 스스로 경기를 통해 데이터를 만들고 이를 학습하는 방법입니다.

경기에서 이기고 지는 기본적인 규칙만 제공하면 컴퓨터가 복제된 자신과 대결을 하고, 그 속에서 점차 이기는 방법을 알아가게 됩니다. 인공지능 개발에서 큰 부분을 차지하는 학습 데이터 제작에 필요한 시간을 줄일 수 있는 획기적인 방법입니다.

이세돌 9단과 대결한 '알파고 리' 버전은 지도학습과 강화학습을 함께 사용했습니다. 기존 프로기사의 기보(데이터)를 학습한 이후 스스로 대결을 펼치는 강화학습을 통해 실력을 향상시켰습니다. 강화학습은 다양한 상황에 따른 예측 분석이 가능해 금융, 핀테크 분야에서도 널리 활용되고 있습니다.

신한금융은 2020년 4월 국내 최초의 강화학습 인공지능 알고리즘을 적용한 투자자문 플랫폼 NEO를 출시했습니다. 과거 30년 이상의 빅데이터를 빠르게 분석해 금융시장을 예측하고 최적의 포트폴리오와 상품을 추천해주는 플랫폼입니다. 특히 증권투자신탁은 딥러닝과 강화학습을 통해 해외 주식, 채권, 원자재에 대한 비중을 조절해 안정적인 수익률을 만들어 주는 자산 배분형 펀드입니다.

한화생명은 2020년 4월 보험금 심사 효율성을 높이는 인공지능 보험금 심사시스템을 도입했습니다. 머신러닝과 강화학습을 통해 스스로 보험금 지급 결정과 관련된 기준을 만들고 '지급', '불가', '조사' 등의 의사결정을 내립니다. 1,100만 건의 보험금 청구 데이터를 활용해 3만 5천 번의 학습 과정을 거쳐 만들어졌습니다. 한화생명은 현재의 보험금 지급 자동심사 비율을 25%에서 50%까지 늘려 향후 5년간 100억 원 이상의 비용을 절감할 계획이라고 밝혔습니다.

[연합뉴스] 인공지능 vs 인공지능 축구대회
https://youtu.be/XI62hwMsVYE

[넥슨NDC] 강화학습 블러드 앤 소울 비무
https://youtu.be/iQHi-bI8JMY